알아두면 쓸데 있는 유쾌한 상식사전

— 최초 · 최고 편 —

알아두면 쓸데 있는
유쾌한 상식사전 　–최초·최고 편–

초판 1쇄 발행일 2021년 8월 24일

지은이 조홍석
펴낸이 박희연
대표 박창흠

펴낸곳 트로이목마
출판신고 2015년 6월 29일 제315-2015-000044호
주소 서울시 강서구 양천로 344, B동 449호(마곡동, 대방디엠시티 1차)
전화번호 070-8724-0701
팩스번호 02-6005-9488
이메일 trojanhorsebook@gmail.com
페이스북 https://www.facebook.com/trojanhorsebook
네이버포스트 http://post.naver.com/spacy24

개별 ISBN 979-11-87440-81-9 (04030)
세트 ISBN 979-11-87440-35-2 (04030)

* 책값은 뒤표지에 있습니다.
* 잘못된 책은 구입하신 곳에서 바꾸어 드립니다.

가리지날 시리즈 ⑤

알아두면 쓸데 있는 유쾌한 상식사전

― 최초 · 최고 편 ―

조홍석 지음

트로이목마

들어가며

안녕하세요, 조홍석입니다.

지난 10년여간 지인들에게 보내던 글을 모아 2018년부터 출간 중인 《알아두면 쓸 데 있는 유쾌한 상식사전》 시리즈가, '일상생활 편', '과학·경제 편', '언어·예술 편', '한국사 편'에 이어 다섯 번째 이야기 '최초·최고 편'으로 돌아왔습니다.

'가리지날'이란 오리지날이 아님에도 오랫동안 널리 알려져 이제는 오리지날보다 더 유명해진 것을 의미하는 제 나름의 용어입니다. 🐨

사실 지나치게 전문화한 세상이어서 각자 자신의 분야는 잘 알지만 전체를 통찰하는 거대 담론이 사라지다 보니, 서로가 자기의 입장에서 이야기할 뿐 타인의 시각이나 입장을 이해하기까지 오랜 시간이 걸리기도 합니다. 하지만 이 세상 학문은 서로 연관되어 있고 의외의 곳에서 서로 만나기도 한답니다.

제5권에서도 여러분과 함께 우주의 시작부터 지금의 우리가 있기까지, 여러 분야에서 최초로 시작되었거나 최고였던 내용에 대해 잘 알려지지 않은 이야기를 다루어볼까 합니다. 🐻

1부는 인류 탄생 이전의 최초, 최고에 대한 이야기입니다.

이 모든 삼라만상의 시작인 우주의 탄생 이야기부터 공룡 이야기까지, 우주와 지구에서 벌어진 최초의 사건들에 대한 이야기입니다. 다소 어려운 내용일 수 있지만 쉽게 풀고자 노력했습니다.

2부는 의식주 관련 최초, 최고에 대한 이야기입니다.

문익점 조상님이 가져오신 목화씨 이야기부터 공룡의 맛(?), 고려인삼에 이르기까지 의식주와 관련된 다양하고 흥미로운 이야기를 풀어보았습니다.

3부는 과학 및 경제 분야의 최초, 최고에 대한 이야기입니다.

최근 전 세계를 마비 상태로 몰아넣은 코로나19 등, 역사 속 감염병이 만들어 온 사회의 변화, 그럼에도 인류에게 새로운 희망을 보여주는 로봇 개발의 역사, 그리고 이 같은 역경을 이겨나가게 한 최고의 리더십과 팔로워십에 대한 이야기입니다.

4부는 언어 및 예술 관련 최초, 최고에 대한 이야기입니다.

인류가 소통하고 지식을 쌓고 후손에게 전달하고자 만든 문자를 기록하기 위해 만든 다양한 필기구, 타자기, 그리고 시각장애인의 글자인 점자의 개발 역사를 찾아보고, 영화음악의 거장 엔니오 모리꼬네 이야기를 풀어보았습니다.

5부는 우리나라 근현대사의 최초, 최고에 대한 이야기입니다.

지난 '한국사 편'에서 미처 다루지 못했던 우리나라 근현대사에 굵직한 발자취를 남긴 인물과 사건에 대한 숨은 이야기를 풀어보았습니다.

제 책의 애독자라면 눈치채셨겠지만, 2부부터 5부까지는 기존 시리즈 제1권~제4권의 주제에 맞춰 최초, 최고 이야기를 분류해보았습니다. 기존 책자 내용과 연계해서 읽어보시면 더 재미있을 거예요. 🐻

저는 해당 분야의 전문가가 아닙니다. 그래서 더 과감하게 제가 읽은 수많은 책과 자료에서 얻은 정보, 오랜 시간 해왔던 많은 고민들, 그리고 실제 사회생활에서 얻은 흥미 있는 지식의 융합 정보를 많은 지인들과 공유해왔습니다. 저자 소개에서도 밝혔듯이 복잡하고 어려운 지식을 쉽게 전하는 '빌 브라이슨'과 같은 지식 큐레이터로서 우리 사회의 발전에 기여하고자 합니다. 그런 의미에서 이번 '최초·최고 편' 역시 우리 주변의 모든 것들에 대해 새로운 시각으로 보게 되는 좋은 교양서로서 널리 읽히길 기원해봅니다. 🐵

흔쾌히 책자 발간을 승인해주신 삼성서울병원 권오정 원장님과 구홍회 실장님, 여러 보직자분들, 매번 인트라넷 칼럼에 댓글 남기고 응원해주신 삼성서울병원 가족 여러분, 커뮤니케이션실 동료 여러분, 책자 발간을 처음 권해주신 삼성경제연구소 유석진 부사장님, 늘 든든한 인생의 멘토이신 에스원 서동면 전무님, 실제 책자 제작의 첫 단추를 끼워주신 이베이코리아 홍윤희 이사님, 여러 의견을 주셨으나 끝내 연을 맺지 못해 아쉬운 윤혜자 실장님, 저를 전폭적으로 믿고 책자 발간을 진행해주신 트로이목마 대표님, 책자 발간을 응원해주신 부산 남성초등학교 17기 동기 및 선후배님, 연세대학교 천문기상학과 선후배동기님들, 연세대학교 아마추어천문회(YAAA) 선후배동기님, 성균관대학교 경영대학원 교수님들과 EMBA 94기 2조 원우님들, 삼성 SDS 홍보팀 OB, YB 여러분, 마피아(마케팅-PR 담당자 아침 모임) 회원님들, 우리나라 병원 홍보 발전을 위해 고생하시는 한국병원홍보협회 회원님들, 콘텐츠 구성에 많은 의견을 제공해준 오랜 벗 연세대학교 지명국 교수, MBC 김승환 과학 대기자, 극지연구소 남극 장보고기지 대장 최태진 박사, 안혜준 회계사, 그 외에도 응원해주신 많은 친척, 지인분들께 거듭 감사드리며 시간을 비워준 아내와 아이들에게도 고마움을 전합니다.

　책자 준비 소식을 기다리시다가 미처 보지 못하고 이제는 먼 여행을 떠나신 장인어른께 이 책을 바칩니다.

　이제 독자 여러분과 함께 수많은 가리지날을 찾아보고자 합니다.

　자, 색다른 지식의 고리를 찾으러 같이 가보시죠~.

"빈 페이지라 넣는 거 아니라능~"

차례

|4부| 언어·예술 분야 최초·최고

이 세상 모든 것에는 그 시작이 있었으니, 우주의 탄생이 바로 그 이벤트였습니다.

우주의 탄생에 대한 과학자들 간의 치열한 대결 이야기에 이어, 지구에 생명체가 넘쳐흐르게 된 뜻밖의 이유, 그리고 모두가 좋아하는 공룡 이야기까지, 우주와 지구에서 벌어진 최초의 사건들에 관한 잘 알려지지 않은 이야기입니다.

다소 어려운 내용이지만 쉽게 풀려고 노력했으니 일단 읽어봅시다. 아자~!!!

1부

문명 이전의
최초·최고

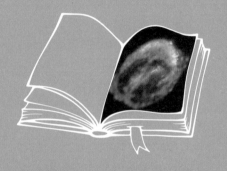

01
모든 것의 시작 : 우주의 탄생, 빅뱅!

안녕하세요, 독자 여러분.

최초·최고에 대한 이야기이니만큼 첫 이야기는 이 모든 세상의 근원인 우주의 탄생부터 이야기하는 것이 맞겠네요.

헐~, 어려운 천문학 이야기부터 하냐고요? 🐻

에이~. 무슨 말씀이세요. 인류를 이해하는 최초이자 최고의 학문이라고 하면 단연 천문학인 걸요. 암요! 🐻

다들 아시지만, 우리가 살고 있는 이 지구는 태양 주위를 도는 세 번째 행성이에요. 태양 주위로는 '수금지화목토천해' 8개의 행성이 돌고 있고, 그보다 더 먼 외곽 카이퍼 벨트에선 가끔 혜성들이 태양을 향해 긴 여행을 시작하고 있지요.

우리가 우주선을 타고 태양계를 벗어나려면 수십 년이 걸리는 거

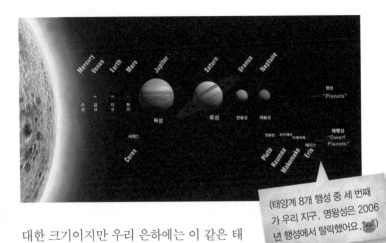

(태양계 8개 행성 중 세 번째가 우리 지구. 명왕성은 2006년 행성에서 탈락했어요.)

대한 크기이지만 우리 은하에는 이 같은 태양계(항성계)가 1000억 개나 존재하고 있고, 우리 태양계는 우리 은하의 중심에서 3만 광년 떨어진 변두리에서 돌고 있지요.

이처럼 광대한 우리 은하 정도의 규모를 가진 은하계가 우주에는 1000억 개 이상 존재하고 있어요. 그런데, 우리 태양계가 우리 은하의 변두리에 위치하고 있듯이 우리 은하도 은하계 집단인 라니아케아(Laniakea) 초은하단의 끝자락에 존재한다네요.

즉, 우리가 사는 이 지구는 우주에서도 변두리 중의 변두리라는 것이죠. 예

(과학학술지 〈네이처〉에 실린 우리 은하 위치) (출처_blog.nature.com)

전 조상님들은 우리 지구가 우주의 중심인 줄 알고 살았다는데……
쩝! 진실을 알고 나니 급 슬퍼집니다. 🐻

그런데 우주를 관측한 결과 이 은하들은 서로 점점 더 멀어지고
있답니다. 마치 점점 멀어져가는 내 집 마련의 꿈처럼요. 🐻

지금도 우주는 계속 팽창하는 중인데, 이를 뒤집어 보면 어느 한
순간, 한 점에서 출발해서 점점 커지는 고무풍선 같다는 사실을 깨
닫게 되지요.

그래서 '영원해 보이는 우주 역시 출발점이 존재했던 것 아닐까?'
하고 많은 학자들이 연구한 결과, 우주는 138억 년 전 찰나의 폭발
로 시작해 온도가 점차 낮아지면서 수소와 헬륨이란 최초의 원소들
과 에너지가 결합해 은하가 만들어지고, 은
하계 속 별(항성)들이 핵융합을 하면서 더

(오리지날 빅뱅 이론)

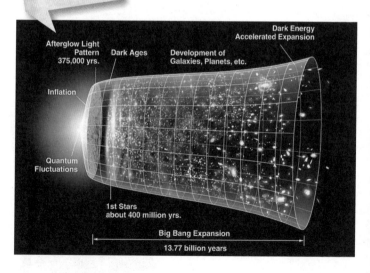

무거운 물질이 잇달아 등장하면서 현재에 이르고 있다고 해요.

그래서 우리는 이 우주 탄생의 순간을 '빅뱅(Big Bang, 대폭발)'이라고 부르고 있습니다.

하지만 100여 년 전만 해도 천문학계에서는, 우주는 시작도 끝도 없이 한결같이 안정된 상태 그대로 영원히 존재한다는 '정상 우주론(Steady state cosmology)' 이론이 대세였어요. 이 이론은 뉴턴 등 대부분의 과학자가 생각한 우주의 모습이었지요. 그러나 1920년대 천문 관측 기술의 발달로 우주가 팽창한다는 사실이 입증되고, 이후 여러 다른 증거들이 추가로 확인되면서 우주가 한 점에서 대폭발해 탄생했다는 '빅뱅 이론(대폭발 우주론)'이 등장합니다. 하지만 아인슈타인마저 이를 처음엔 받아들이지 못해 자신의 공식에 상수를 하나 추가하여 우주가 정상이 되어야 한다고 주장했을 정도였지요.

그러자 과거의 정상 우주론을 지지하던 영국 프레드 호일(Fred Hoyle) 박사가 허만 본디(Hermann Bondi), 토머스 골드(Thomas Gold) 등 동료 과학자들과 함께 1940년 수정된 정상 우주론인 '준정상 우주론(Quasi-steady state cosmology)'을 내세웁니다. 즉, 우주가 팽창하는 것은 인정하나 우주는 팽창하는 만큼 밀도를 유지하기 위해 사람이 관측할 수 없을 정도로 극도로 적은 수소를 새로 만들어 밀도를 유지시킨다고 본 것이죠. 게다가 당시 정상 우주론은 영국 학자들이 주로 지지했고, 빅뱅 우주론은 미국과 유럽 대륙 학자들이 지지한 터라 국가 간 자존심 대결로 확장됩니다. 🐻

그런데, 이 '빅뱅'이란 이름은 우주의 기원이 대폭발이라고 주장

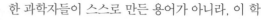
(천문학계의 악동, 프레드 호일 박사)

한 과학자들이 스스로 만든 용어가 아니라, 이 학설을 반대하던 정상 우주론자가 뺑쟁이 이론이라고 비난하기 위해 만든 용어였으니……, 프레드 호일 박사가 원조되겠습니다.

애초 팽창 우주론자들은 우주의 출발을 '원시 불덩어리(primitive fire ball)'라고 불렀는데, 이에 반대해 준정상 우주론을 주장한 프레드 호일 박사가 1949년 '우주의 본질'이라는 라디오 토크쇼에 나와서 "뭐? 우주가 한 점에서 폭발해서 시작했다고? 진짜 말도 안 되는 큰 뺑(Big Bang)을 터뜨리시네~."라고 비꼬면서 처음 쓴 거랍니다. 🐻

프레드 호일 : "이 우주는 영원불멸의 존재이지캠브리지. 뭐 우주가 뺑하고 대폭발했다라고옥스포드? 뺑도 엄청 크게(Big Bang) 터뜨리지유케이~. 나랑 이론 논쟁하자브리티시!"

팽창 우주론자들 : "오. 저 용어 맘에 든다사이언스. 원시 불덩이보다 훨씬 강력하다유에스. 아예 우리 이론 이름으로 쓰자콘티넨탈~."

프레드 호일 : "뭐? 대놓고 '빅 뺑'이라고 쓰고싶다고런던? 맘대로 쓰라리버풀. 안 말릴맨체스터~."

팽창 우주론자들 : "땡큐 프레드. 20년 뒤에 너랑 이름 비슷한 프레디 머큐리란 친구가 영쿡에서 뜰거이유로파~."

이처럼 과격한 비난을 들은 팽창 우주론자들이 화를 내는 대신에 이 'Big Bang'이란 용어가 너무 정확하게 핵심을 설명한다고 생각해 빅뱅 이론이라고 스스로 부르기 시작합니다. 천문학자들이 이렇게 너그럽습니다 여러분~. 🐻

그리고 이 용어가 마음에 든 대한민국 연예기획사는 아이돌 그룹 이름으로 사용하고, 미국 방송사 CBS 역시 2007년 캘리포니아 공과대학(칼텍)의 괴짜 과학자 이야기를 다룬 시트콤 '빅뱅 이론(Big Bang Theory)'을 제작해 최근 시즌 12로 종결했어요. 이처럼 빅뱅 이론은 우주의 기원을 밝히는 위대한 이론임과 동시에, 전 세계 엔터테인먼트 사업에도 지대한 영향을 끼치고 있는 겁니다. 어쨌거나 프레드

호일 박사님 땡큐예요~. 🐻

그후 1960년 중반까지 정상 우주론과 빅뱅 이론이 팽팽하게 맞서지만, 더 다양한 증거들이 모이면서 결국 빅뱅 이론의 승리로 끝납니다. 즉 과거 태양이 지구를 돈다던 천동설에서 지구가 태양을 돈다는 지동설로 바뀐 것과 마찬가지로, 우주에 대한 이해에서도 진화론적인 우주론으로 바뀌는 혁신적인 패러다임의 대전환이 이루어진 것이지요.

그럼 왜 빅뱅 이론이 진실인지 궁금해지지 않나요? 네? 안 궁금하다고요? 🐻

빅뱅 이론의 적합성은 은하계의 후퇴, 우주배경복사, 우주의 물질 분포 등 여러 사례가 증명해주고 있습니다. 그중 첫 증거가 은하계의 후퇴 현상이에요.

1929년 "모든 외부 은하들이 우리 은하로부터 빠른 속도로 후퇴하고 있고, 후퇴 속도는 외부 은하까지의 거리에 비례한다."는 사실을 확인해 우주가 팽창한다는 것을 최초로 입증한 학자가 미국의 천문학자 에드윈 허블(Edwin Hubble)이라고 여러 과학백과 등에서 소개하고 있지만 이는 가리지날!

실제로는 허블보다 2년 앞선 1927년에 벨기에 천문학자이자 가톨

(에드윈 허블 박사) (위),
(조르주 르메트르 신부) (아래)

릭 신부인 조르주 르메트르(Georges Lemaitre)가 "우주는 하나의 '우주 원시 달걀'에서 팽창하고 있다."는 팽창 우주론을 처음 제안했다고 합니다. 🐻 가톨릭 신부임에도 메사추세츠 공과대학(MIT) 박사를 따고 당시의 상식을 깨뜨리는 이론을 주장하셨으니, '20세기 코페르니쿠스'라 불려야 할 분이죠. 이 내용은 《다빈치 코드》의 작가, 댄 브라운의 다른 소설 《천사와 악마》에도 나와요. 그런데 놀랍게도 르메트르 신부님은 이후 교황청 과학원장까지 역임하게 됩니다. 그 이유는 시작도 끝도 없다는 다른 우주론과 달리 빅뱅 이론은 우주의 시작점이 있음을 증명해 창조주 하나님의 존재를 과학적으로 입증한 셈이니까요. 교황청도 알고 보면 참 너그러운 조직입니다. 여러분~! 🐻

그러나 미국에선 여전히 '허블이 최초'라고 우기며 우주의 기원을 밝힐 우주망원경을 '허블 망원경'이라고 이름 짓고, 1990년에 우주 왕복선 디스커버리호에 실어 지구 위 600여 km 궤도에 올리죠. 뭐 미국에서 올리는 것이니 자기네 과학자 이름을 붙이고 싶은 거야 당연한 거긴 하지만요. 🐻

이 허블 망원경은 샌드라 블록 등이 나온 SF영화 '그래비티'에서 우주인들이 수리하던 바로 그 망원경인데요. 무려 5번이나 우주에서 수리를 받았지만 이젠 은퇴할 예정이에요.

이처럼 미국과 유럽 대륙 학계가 빅뱅 원조를 두고 자존심 싸움을 벌인 후, 2006년 열린 국제천문연맹(IAU, International Astronomical Union) 총회에서 '명왕성을 계속 행성으로 볼 것이냐?'는 문제가 불

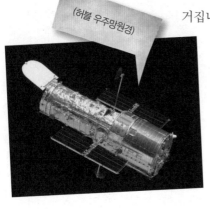
(허블 우주망원경)

거집니다. 당시 다수의 미국 학자들은 명왕성의 행성 지위 유지에 찬성하지만, 유럽 천문학자들의 압도적 반대 투표로 명왕성의 행성 자격을 박탈하면서 태양계 행성이 8개로 줄어들게 되지요. 물론 과학적 증거를 토대로 한 것이지만, 1930년 미국 최초로 클라이드 톰보(Clyde W. Tombaugh)가 발견했던 9번째 행성, 명왕성은 '소행성 134340'으로 격하되고, 미국인들은 자존심에 금이 팍팍 가게 됩니다. 그리고…… 2018년 5월, 대한민국 아이돌 방탄소년단은 소행성으로 소외된 명왕성에 빗댄 '134340'이라는 제목의 노래를 발표합니다. 🐻

뒤이어 국제천문연맹(IAU)의 다수를 차지한 유럽파는 명왕성 퇴출 여세를 몰아 2018년 10월 투표를 통해 78%의 지지를 얻어 그동안 '허블의 법칙'이라 불리던 우주 팽창 이론을 '허블-르메트르 법칙'으로 바꿔 부르도록 권장하기에 이릅니다. 유럽 학자들 2연승~! 🐻

두 번째 증거인 우주배경복사(宇宙背景輻射, Cosmic Background Radiation)라는 건 우주가 대폭발하던 때 우주 전체로 퍼져 나간 에너지를 의미해요. 참 설명드리기 어렵습니다. 🐻

복사(輻射, radiation)라는 건 빛으로 열이 전달되는 방법을 의미하

(우주배경복사 온도 지도)

는데, 햇빛을 받으면 따뜻해지는 게 바로

이 복사열 때문이지요. 우리 일상생활에선 전자레인지로 음식을 데우는 것도 복사인 것이고, 의학적으로는 환자 상태를 알기 위해 사용하는 X선, 감마선 같은 방사선도 복사에 포함되지요. 이게 일본식 한자 용어라서 오히려 영어가 더 쉽게 느껴져요. 🐻

이 이론은 소련 출신으로 1934년에 미국으로 이주한 물리학자 게오르기 안토노비치 가모프(George Antonovich Gamow, 영어식으로는 조지 가모프) 연구팀이 1948년에 제시한 것으로, '만약 우주 폭발이 사실이라면 빅뱅에 기원을 둔 열의 흔적이 남아 있어서 이 에너지가 우주의 깊은 곳에서부터 출발해 아직도 우리에게 오고 있을 것'이라고 예측한 것입니다. 이후 1964년 아노 펜지어스(Arno Penzias)와 로버트 윌슨(Robert Wilson) 연구팀이 조지 가모프 박사가 예측한 대로 우주 탄생 시 발생한 열 에너지가 절대 0도(영하 273도)에 가까운 2.7K 온도로 여전히 우리 지구로 오고 있다는 사실을 발견했고, 이

(아노 펜지어스와 로버트 윌슨)

것이 결정적인 증거가 되어 빅뱅 이론의 대승리를 가져오게 되죠. 그리고 이들은 1978년에 노벨 물리학상을 수상합니다.

사실 이 발견은 얻어걸린 것이었다네요. 당시 펜지어스-윌슨 연구팀은 벨 연구소에 있는 6m 직경의 거대한 전파망원경으로 위성과의 교신을 연구하던 중이었는데, 이상한 잡음이 계속 들리더랍니다. 그래서 처음엔 안테나를 깨끗이 청소했는데 여전히 잡음이 들리자, 이는 분명 망원경 인근에 그 원인이 있을 거라고 여기고 액체 헬륨으로 망원경 자체를 얼려보기도 하고 안테나에 붙어 있던 비둘기집도 없애보았지만 어느 방향에서건 동일한 잡음이 들려와 미칠 지경이었다고 해요. 그래서 두 박사는 이게 대체 무슨 이유인지 여기저기 물어봤는데, 마침 프린스턴대학교 연구팀이 가모프 박사의 이론을 토대로 우주배경복사를 찾고자 벨 연구소에서 불과 60km 떨어진 황무지에 전파망원경을 만들던 중이었지요. 이 착한 프린스턴대학교 연구팀은 잡음의 원인을 묻는 두 박사에게 "아, 그 잡음요? 그게 바로 빅뱅 당시 터져 나온 에너지의 흔적일 거예요. 가모프 박사님이 세운 가설이 맞다는 걸 증명하려고 우리가 지금 전파망원경을 만드는 중인데……"라는 천기누설을 해버린 거죠. 그때까지 그런 이론이 있는 줄도 몰랐던 두 박사는 '어느 방향에서도 들려오는 이 잡음의 원인이 우주 탄생 시 발생한 에너지의 메아리가 아닐까?' 하는 관측 내용을 발표했고, 그게 노벨 물리학상으로 이어진 것이죠.

그런데, 인생에서 최고의 아이템은 '운빨'임을 증명해주신 이 두 박사는 원래 정상 우주론자인 프레드 호일의 제자였으니……, 본의 아니게 스승님의 이론이 틀렸다는 것을 직접 증명해버리고 만 것이죠. 🐻

이후 1989년에는 우주배경복사 탐사 위성 COBE (Cosmic Microwave Background Explorer)를 쏘아 올려 전 하늘의 우주배경복사를 채집해 지도를 만들었는데, 이 지도 분석 결과 빅뱅 이론이 맞으며 우주 폭발 당시 균일하게 터지지 않았다는 것까지 증명합니다. 이후 2001년 더 정밀한 탐사 위성인 윌킨슨 초단파 비등방 탐사선 (WMAP, The Wilkinson Microwave Anisotropy Probe)을 쏘아 올려 더 자세하게 우주배경복사 지도를 만들고 있어요.

그래서 지금도 우리는 아주 쉽게 이 우주 탄생 순간의 소리를 들을 수 있어요. 정말이냐고요? 무전기나 AM 라디오 채널을 맞출 때나 아날로그 TV 채널을 돌릴 때마다 들리는 '지지직~' 잡음 소리는 빅뱅 당시 터져 나온 폭발음의 메아리랍니다. 🐻

또한 세 번째 증거인 우주의 물질 분포를 보면, 수소(H)가 75%, 헬륨(He)이 24%, 그외 원소는 1%도 채 되지 않습니다. 이 같은 물질 분포는 초기 뜨거운 온도에서의 대폭발 당시 아주 찰나의 순간에 이들 원소가 만들어지게 되어 가장 기본적인 물질만이 만들어졌고,

이후 은하계의 형성과 항성 내부의 핵융합에 의해 비로소 더 무거운 물질이 조금 만들어졌다는 사실을 증명해주고 있는 것이랍니다.

그런데…… 항성 핵 합성 과정을 밝혀내어 빅뱅 이론의 세 번째 증거를 증명한 사람이 누군지 아세요?

앞서 빅뱅이란 이름을 탄생시킨 정상 우주론자 프레드 호일 박사 본인이었어요. 오 마이 갓뜨! 🐼

1964년 우주배경복사를 발견해 빅뱅 이론이 맞다는 것을 최종 증명하기 전인 1957년, 호일 박사는 빅뱅 이론은 엉터리이고 정상 우주론이 맞다는 자신의 이론을 입증하고자 우주가 확장되더라도 계속 새로운 물질이 보충되는 것을 설명하기 위해 별의 내부에서 핵융합으로 더 무거운 원소가 탄생한다는 이론을 내세웁니다. 그 모델로 세 개의 헬륨 원자핵(알파 입자)이 탄소로 변환하는 '3중 알파 과정'을 밝혀냈는데요. 이처럼 중원소 합성 문제를 해결한 것이 오히려 빅뱅 이론이 맞다는 사실을 본의 아니게 입증해준 셈이니, 사람의 인생이란 끝까지 봐야 한답니다. 빅뱅이란 이름도 만들어주시고, 빅뱅 이론의 3대 증거 중 2개는 본인과 제자들이 직접 찾아주기까지 했으니 진정한 X-맨이십니다요. 🐻

하지만 이 위대한 발견에도 불구하고 공동연구자이던 윌리엄 파울러(William Alfred Fowler)만 1983년에 노벨 물리학상을 받게 되니, 사람들은 그의 괴팍한 성격과 지나친 오지랖에 질려버린 노벨상위원회가 애써 그를 외면했을 거라는 슬픈 이야기도 전해지고 있지요. 그러니 우리 모두 평소에 차카게(!) 삽시다. 🐻

이처럼 여러 증거를 통해 빅뱅 이론이 옳다는 것이 확인되자, 더 근본적인 질문인 '언제 우주가 탄생했나?'를 분석하기 위해 1990년부터 앞서 언급한 허블 우주망원경을 만들어 은하들의 팽창 속도를 수년간 정확히 측정했어요. 그리고 2001년에 발사한 윌킨슨 초단파 비등방 탐사선(WMAP)이 우주배경복사를 분석한 결과 137억 년 전 탄생했다고 밝혔는데, 이후 2015년 플랑크(Planck)라는 다른 위성으로 더 자세히 보완한 결과, 137.98억 년(±0.37억 년) 즉, 거의 138억 년 전에 우주가 탄생했다고 정정하기에 이르렀습니다. 1996년에 개발을 시작해 아직도 완성이 안 된 미쿡 NASA의 차세대 우주망원경인 제임스 웹 우주망원경(James Webb Space Telescope)이 언젠가 발사되어 허블 망원경보다 6배 더 큰 렌즈를 통해 더 상세히 분석하면 또 숫자가 바뀌긴 하겠지만요. 🐻

한편 우주의 팽창 속도가 당초 예상한 것보다 더 빠르며 심지어 가속하고 있다고 관측되면서, 기존의 미지의 물질, 암흑물질(dark matter)에 이어 알 수 없는 거대 에너지, 암흑에너지(dark energy)라는 새로운 개념까지 등장하게 되죠. 1998년 1월 8일 미국천문학회에서 UC버클리대학교와 하버드대학교 두 연구팀이 공동 기자회견을 통해 우주가 가속 팽창되고 있다고 발표하며 암흑에너지란 개념을 처음으로 제시했다고 알려져 있지만, 이 우주의 가속 팽창은 빅뱅 이론의 창시자인 르메트르 신부가 이미 예측을 했다고 하네요. 🐻

어쨌거나 현재 가장 뜨거운 논란이 된 암흑에너지 이론에 따르면, 물질 세계는 전 우주의 4.6%에 불과하며 암흑물질이 23%, 암흑

에너지가 72%여서 여전히 우리는 우주의 96%에 대해 전혀 알지 못한다는 사실까지 알게 되었고, 과연 우주의 미래는 어떻게 될 것인지 다양한 이론이 분출되는 상황입니다.

그런데 앞서 미국의 허블, 벨기에의 조르주 르메트르가 최초의 팽창 우주론 창시자라고 국가 간 감정싸움을 벌였다고 했는데……, 여기에 슬그머니 옛 소련도 숟가락을 얹었습니다. 🐻

알렉산드르 알렉산드로비치 프리드먼(Aleksandr Aleksandrovich Friedmann, 흔히 알렉산더 프리드먼이라 불림)이란 수학자이자 천문학자이자 기상학자가 1922년 아인슈타인의 일반상대성이론을 우주론으로 설명하기 위해 수학적 모형으로 계산한 결과, 대폭발이 있어야 우주 진화가 가능하다는 것을 최초로 가정했다는 논문을 들고 나온 것이죠. 🐻

당시엔 그를 아무도 주목하지 않았지만, 빅뱅 이론의 결정적 증거 중 하나인 우주배경복사 이론을 창시한 조지 가모프 박사의 소련 시절 연구소 선배이기도 했죠. 미소 냉전이 막바지로 치닫던 1980년대 당시, 미국으로서는 소련에 명예를 빼앗길 수 없다는 위기감 속에 그보다 더 먼저 빅뱅 이론을 주장한 사람이 누군지 찾기 시작해 드디어 미국에 그 원조가 있음을 발견해내고야 마는데요. 놀라지 마세요. 빅뱅 이론의 최초 주장자는 바로~, 에드거 앨런 포(Edgar Allan Poe)였습니다. 🐻

에드거 앨런 포? 《검은 고양이》, 《갈가마귀》, 《어셔 가의 몰락》, 《모르그 가의 살인 사건》 등을 쓴 공포소설, 추리소설의 창시자와

똑같은 이름을 가진 과학자가 있단 말인가요? 아뇨! 미쿡의 국민소설가 그분이 맞습니다. 🐻

소설가를 빅뱅 이론 창시자라고 내세우다니요? 미쿡 역사학자들이 중국의 동북공정처럼 막 우기는 걸까요? 그럴 리가요.

실제로 에드거 앨런 포는 사망하기 1년 전인 1848년 3월에 《유레카!(Ureka!)》라는 수필집을 통해 우주의 창조와 파괴에 대한 본인의 주장을 남겼는데, 이게 어마무시하게 시대를 앞선 빅뱅 이론이었답니다. 🐻 실제로 이 책 내용 중에 "우주는 하나의 공과 같은 물체로부터 시작했는데, 그것이 폭발해 퍼지면서 별들이 생겼다."는 부분이 있다는 거죠. 오오~ 이것은 빅뱅 이론과 똑같습니다! 또한 "시간과 공간은 같은 것"이라고 썼는데, 이는 아인슈타인의 상대성이론보다 앞서 주장한 것이었고, 우리가 보는 은하수는 우주의 수많은 은하계 중 하나에 불과한 '섬 우주'라고 했

다죠. 그런데 이 내용은 대철학자 칸트 선생이 논문으로 발표하신 바 있어요. 🐻

네? 칸트 선생이 천문학 논문을 발표했다고요? 그럼요~. 1755년 박사 학위 논문이 〈일반 자연사와 천체 이론(Allemeine Naturgeschichte und Theorie des Himmels)〉이니 천문학으로 박사 학위를 받으신 거예요. 즉 철학자이자 틈틈이 망원경으로 별을 관측하던 천문학자이기도 했던 거지요.

(철학자이자 천문학자이자 의류 디자이너(?)였던 임마누엘 칸트)

지금도 '칸트의 성운설'로 불리는 이 '섬 우주 이론'은 이후 20세기에 들어서야 관측 기술이 발달해 사실임이 입증되었는데, 별들이 많이 모여 구름처럼 보이는 줄 알았던 안드로메다 성운이 실제로는 우리 은하 내부 천체가 아니라 다른 은하라는 사실이 밝혀진 후, 수많은 성운이 실은 외계 은하였단 것도 뒤늦게 알려지게 되었지요.

이처럼 칸트가 철학자이면서 과학자이기도 했듯이, "나는 생각한다, 고로 존재한다."고 주창한 철학자 데카르트 역시 뉴턴에 앞서 빛 굴절 실험을 한 과학자이기도 했지요. 이처럼 근세 철학자들도 자연과학을 연구했고 아인슈타인도 바이올린 연주의 대가였는데, 왜 우리나라는 고교 과정부터 문과, 이과를 나누어 일찌감치 학생들의 잠재력을 한계지으려 하는지 그 이유를 모르겠습니다. 🐻

어쨌거나 저쨌거나 이 같은 혁신적인 생각을 정리한 에드거 앨런 포는 출판사 사장에게 "어느날 문득 하늘로부터 계시를 받아 이 책을 쓰게 되었노라."며 "초판으로 5만 부를 찍으라."고 권하며 세계적인 베스트셀러가 될 것이라 장담했다고 합니다.

당시 본인은 이 책으로 인해 당대 최고의 위대한 사상가로 추앙받을 것이라고 자신만만했다지만, 출판사 사장은 그가 건넨 원고지를 넘겨보다가 경악하고 맙니다. "쯧쯧~, 저 인간이 아내가 죽은 뒤 맨날 술만 마셔대더니 드디어 맛이 갔구나, 이게 웬 헛소리 모음이냐, 옛 정이 있으니 출판 안 할 순 없구…… 쩝!" 그러면서 500부만 찍었는데, 그것조차 다 안 팔렸다고 합니다. 철저히 망한 거죠. 🐨

하지만 지금에 이르러 그 수필집을 보면 과학적 근거는 기술하지 않았지만 상당히 놀라운 혜안으로 우주의 기원을 정리했음을 알수 있는데, 그가 쓴 내용은 20세기에 들어서야 과학자들이 본격적으로 주장하기 시작한 것이니, 과연 에드거 앨런 포는 어떻게 이같은 혁신적인 생각을 하게 되었을까요? 그 이유를 알려면 그의 일생을 들여다봐야 합니다.

(미국의 국민소설가이자 어쩌다 빅뱅 이론 창시자가 된, 에드거 앨런 포)

애드거 앨런 포는 1801년 유랑극단 단원이던 부모에게서 태어났지만, 아버지는 그가 두 살 때 가출하고 어머니는 세 살 때 사망함에 따라 삼촌에게 입양되면서 비로소 애드거라는 이름을 받았다고 하네요. 🐻

그후 여섯 살 때 삼촌을 따라 영국으로 건너가 5년간 런던의 기숙학교에 다닐 때부터 틈틈이 시와 단편소설을 썼다고 합니다. 이후 미국으로 돌아와 17세에 버지니아대학에 입학해 우수한 성적을 보였지만, 불우한 성장배경 탓인지 일찍이 술과 도박에 빠졌고 종종 우울증과 불안장애에 시달렸다고 하네요.

이후 거액의 도박 빚을 지자 화가 난 삼촌이 연을 끊어버리지만, 위기는 곧 기회라 했던가요? 포가 생계를 유지하기 위해 쓰기 시작한 소설이 성공을 거두면서 그나마 살림살이가 조금 나아지게 됩니다. 이후 1836년 27세 땐 겨우 13세이던 사촌동생인 버지니아 양과 결혼한 뒤《검은 고양이》,《어셔 가의 몰락》등의 공포소설과 세계 최초의 추리소설《모르그 가의 살인 사건》등 걸작 소설을 잇달아 발표합니다. 그러나 당시 미국 문학계는 자국 문학은 비하하고 바다 건너 마음의 고향, 영국 문학을 찬양하는 자들이 평론가로 활약하던 시기여서, 포의 음울하고 기괴한 문학작품을 매우 비판했기에 그의 소설은 생계에 큰 보탬이 되지 못했고, 생활고에 시달리던 아내가 결핵에 걸려 24세 나이에 사망하고 맙니다. 이 같은 상황에 절망한 포는 몇 주 동안 아내의 무덤을 배회하고 울부짖으며 쓴 시〈애너벨 리〉등 걸작을 발표하지만 술과 더불어 아편에까지 찌들기 시작했는데, 이렇게 피폐해진 상황에서 그의 뇌가 환상 속에서 한순간 우주의 진리를 엿보게 되어《유레카!》를 썼던 것 같습니다. 🐻

결국 이 작품마저 대실패하고 이 세상의 무관심에 절망하던 포는 1년 뒤 알코올 중독으로 사망하게 되는데, 이후 미국이 경제적, 군사적 발전을 통해 유럽과 본격적으로 경쟁하게 된 19세기 후반 무렵부터 비로소 미국 고유의 문화에 대해 자신감을 갖게 되면서 과거 역사를 되돌아보다가 뒤늦게 미국의 대표 문학가로 에드거 앨런 포를 손꼽게 되지요. 살아 생전엔 B급 작가 취급해 놓구선……. 🐻

그런데 에드거 앨런 포의 추리소설과 공포소설은 오히려 대서양 건너 영국 작가들에게 더 큰 영향을 끼치게 됩니다.

코난 도일 경(Sir Arthur Conan Doyle)이 쓴 가장 유명한 탐정소설인《셜록 홈스》시리즈는, 에드거 앨런 포가 쓴《모르그 가의 살인 사건》,《도둑맞은 편지》등에 등장한 탐정 오귀스트 뒤팽의 조수인 '나'

의 1인칭 시점 사건 서술 방식을 그대로 가져와 홈스 탐정과 조수 왓슨 콤비의 활약으로 그려냈고, 뒤를 이어 '추리소설의 여왕'인 애거서 크리스티(Agatha Christie) 여사도 탐정 포아로와 조수 헤이스팅스가 활약하는 작품을 만들어내지요.

그러나 이런 영국 중심의 탐정소설 열풍에 대한 반감으로 프랑스 작가 모리스 르블랑(Maurice Leblanc)은 영국 탐정 홈스를 능멸하는 매력적인 도둑 《괴도 신사 아르센 뤼팽》 시리즈를 선보입니다. 이처럼 미국 작가 에드거 앨런 포가 시작했지만 정작 대서양 건너 유럽에서 활짝 꽃을 피운 탐정소설 붐은 서구화를 갈망한 일본으로 넘어갑니다.

참, 그런데 제가 무슨 얘길 하다가 추리소설로 빠진 거죠? 아~ 맞다! 우주의 탄생 이야기하던 중이었지. 🐻

다시 본론으로 돌아가서~, 앞서 빅뱅 이론에 대한 기나긴 원조 논쟁을 설명했는데, 이들 서양인들이 제대로 모르고 있는 팩트가 있습니다. 빅뱅 이론은 이미 2600여 년 전 주장되었고, 오랜 기간 동양에선 널리 알려져 왔단 사실을요.

그 위대한 선구자가 누구냐고요? 여러분도 잘 아시는 분이에요. 바로 석가모니 부처님이시죠. 🐨

부처님 말씀을 모은 경전 중 흔히 '반야심경'이라 부르는 《마하반야바라밀다심경(摩訶般若波羅蜜多心經)》에 이미 빅뱅 이론이 씌어 있습니다. 바로 이 문장이지요.

"색즉시공(色卽是空) 공즉시색(空卽是色)".

여기서 색(色)이란 색깔이란 의미가 아니라, 물질 세계를 의미합니다. 즉, "모든 물질은 비어 있으나 존재가 없는 것이 아닌 공간(空)에서 출발했으며, 물질 역시 나중에 다시 공간으로 되돌아간다."는 뜻이니, 현대 우주론과 의미가 통합니다. 와우~. 🐱

그런데……, 이 부처님 말씀은 고대 인도인들의 우주론 철학에서 기인한 것이에요. 고대 인도인들은 우주는 신들이 결혼해 낳은 '우주의 알(Cosmic Egg)'에서 출발했으며 힌두교 최고신 중 하나인 브라흐마 신이 꾸는 꿈속이라고 이해했다네요. 브라흐마 신의 하루는 86억 4000만 년인데 100브라흐마 년 동안 깨어 있다가 깊은 잠에 빠지게 되면 위대한 우주의 꿈을 꾸는 것을 반복한다는 겁니다. 그렇게 따지면 우주는 315경 3600억 년마다 부활하는 셈이네요. 🐱 이처럼 인도인들은 우주 역시 삶과 죽음이 있다고 여겼고, 이 세상에는 다른 곳에도 우주가 널려 있으며 그 우주들마다 역시 신들이 꾸는 꿈이라고 생각했답니다.

실제로 일부 천문학자들은 우리 우주 이외에도 여러 우주가 존재할 것이란 다중 우주론을 제기하는 상황인데요, 이 다중 우주론 역시 프레드 호일 박사가 최초로 주장했답니다. 어머나, 또 나오시네요. 🐻

또한 일부 학자들은 우주가 빅뱅 이후 어느 시점에 이르면 수축했다가 다시 폭발을 반복한다는 진동 우주론을 이야기하고 있으니, 수천 년 전 인류가 생각한 우주의 모습이 전혀 엉터리는 아닌 거예요. 🐻

어때요? 우주의 탄생 이야기도 신비롭지만 이를 둘러싼 국가 간 자존심 경쟁도 재미있죠?

최근 우주론 분야에서 우리나라 학자들의 활약도 큰 주목을 받고 있습니다. 2007년 미국 NASA에서 암흑물질의 존재를 최초로 관측하는 데 성공해 이를 발표한 학자는 놀랍게도 우리나라 지명국 박사였고, 연세대학교 이영욱 교수팀은 앞서 설명한 1998년 미국 연구진의 가속팽창 발견과 암흑에너지 이론은 잘못되었다고 반박하고 있기도 해요.

과학 기술의 발전을 통해 또 어떤 새로운 이론들이 등장해 혁신적으로 변하게 될지 궁금하기만 합니다.

우주의 시작이 빅뱅이란 사실을 알고 나면 모든 존재는 처음에 모두 다 하나였으니 우리가 서로 다투는 것은 결국 자신을 해치는 것이라는 철학적, 종교적 성찰에까지 이르게 합니다. 이처럼 모든 학문은 결국 다 서로 연결되는 것이고, 앞으로 학문 간 통섭은 더욱더 중요해질 겁니다.

마지막으로 열악한 환경 속에서도 여전히 우주와 인류의 미래를 고민하며 고군분투하는 우리나라 과학도들에게 격려의 인사를 보내며 첫 이야기를 마칠까 합니다. 🐻

02
녹조 라떼의 원조를 찾아서

첫 이야기를 거창하게 열었네요. 🐻

하지만 이 우주의 탄생에서 모든 것이 출발했으니, 학교, 직장의 '라떼는 말이야~' 선배님들도 이 고고한 우주의 역사 속에서 우리보다 아주 잠시 먼저 나타나신 것이죠. 그런데……, 최초의 라떼 고인물은 과연 누구일까요? 🐻 최초의 라떼를 한번 찾아봅시다. 그러기에 앞서 라떼의 고향, 지구의 역사부터 알아봐야겠지요? 🐻

천문학계의 오랜 연구 결과, 우리 지구는 46억 년 전 태양과 함께 탄생했다고 합니다. 축하의 박수~, 짝짝짝.

태양계의 탄생은 46억 년 전 어느 날 어떤 큰 별이 운명을 다해 초신성으로 폭발하면서 시작됩니다.

이 초신성이 폭발하면서 그동안 별 내부에서 핵융합 과정을 통해 만들어졌던 다양한 물질들이 우주에 흩뿌려졌다가 중력에 의해 다시 한데 모이면서 태양이 만들어졌고, 그 주위의 부스러기들이 모여 각각 행성과 위성이 되었지요. 그 초신성의 정체가 무엇이었는지 모르지만 어쨌거나 감사드려요. 그 아빠 별님의 뜨거운 핵에서 우리 태양계가 탄생한 것이고, 지구의 모든 구성물질 역시 그 초신성에서 유래된 것이니까요. 즉, 우리 지구의 모든 물질과 생명체는 모두 46억 년 전 우주에 흩뿌려진 어느 별부스러기의 후손인 것이죠. 🐻

원래 138억 년 전 우주가 처음 탄생했을 때 출현한 물질이라고는 수소(H)와 헬륨(He), 두 가지 기체밖에 없었어요. 하지만 이 최초의 물질들이 공간에 골고루 퍼지지 않았기에 많이 뭉친 곳에서는 인력으로 서로 끌어당기면서 은하가 만들어지고, 그 내부에서 항성(恒星, 스스로 빛나는 별)들이 탄생했습니다. 영원히 빛날 것 같은 별도 생명체처럼 수명이 정해져 있기에 언젠가는 소멸하는데, 이 과정에서 별의 내부에서 뜨거운 열과 압력에 의해 수소와 헬륨의 양성자와 전자가 분리되고 다시 결합하는 과정을 통해 점점 더 무거운 원소들이 탄생하게 되죠. 또 거대한 별일수록 내부에서 핵융합이 더 빨라져서 마지막 순간에 부풀어오르다가 대폭발하는 초신성이 되면서 새로운 무거운 물질들을 우주로 뿜어냅니다. 하지만 우리 태양 같은 평균치 이하의 작은 항성은 초신성이 되지 못한 채 마지막 순간 적색 거성으로 부풀어올랐다가 백색 왜성으로 작아지게 되고, 태양 내부의 온도로는 가장 무거운 원자라도 철(Fe, 원자번호 26번) 정도밖엔 생성하지 못한답니다.

(케플러 초신성의 잔해)

또 하나 특이한 건 태양계가 형성될 당시, 지구는 지금보다는 더 큰 크기를 가진 행성이었는데, 탄생한 지 5000만 년 정도밖에 안 된 아기 지구에 어느 날 화성만큼 거대한 소행성 테이아(Theia)가 날아와 충돌하면서 지구의 일부가 튀어나가 다시 뭉쳐져 달이 만들어졌다는 이론이 대세입니다. 당시 지구에서 떨어져 나간 파편이 모여 2개의 달이 만들어졌는데, 지름이 형님 달의 1/3쯤 되는 동생 달이 다시 수천만 년 뒤 형님 달과 합쳐져 지금의 달이 되었다는 분석 또한 최근 나오고 있지요. 그래서 지구는 태양계 내 다른 행성들에 비하면 엄청나게 큰 위성을 가진 특이한 행성이 되었답니다. 달이 실제로는 외계인이 만든 인공위성이라고 주장하는 분들도 있습니다만……. 🐻

이렇게 지구 형성 초기에 일어난 충격적인 교통사고(?)로 달이 만들어진 후, 지구와 달이 서로 끌어당기는 인력에 의해 지구의 자전 속도는 초창기 6시간에서 현재의 24시간으로 점점 느려지게 되고, 덩치가 작았던 달은 지구 중력에 의해 아예 한 쪽 면만 지구를 보도록 자전이 멈춰버린 상태입니다. 하지만 달의 탄생은 지구의 생명체에게는 큰 행운이 되니, 달로 인해 자전 속도가 느려지면서 바람 세기가 약해져 지구 대기가 안정화되었기에 이후 생명체가 살 수 있는 여건을 만들어줍니다.

그런데……, 지구에 생명체가 처음 나타난 때가 언제인지 아세요? 무려 38억 년 전입니다. 46억 년 전 지구가 탄생한 후 겨우 8억 년밖에 안 지난 이른 시기에 나타납니다. 여전히 뜨거운 열기에 화산 폭발과 유독한 가스가 넘치는 대기 등으로 인해 불지옥과도 같았을 그 시기에 생명체가 나타난 것이니 실로 놀라울 뿐이죠. 🐻

그런데 과연 어떻게 이 지옥 같았던 환경에서 생명체가 나타난 것일까요?

기독교 《성경》에 써 있듯이 야훼(여호와) 하나님이 천지창조 하시던 3일째에 땅과 식물부터 창조하셔서 6일째 인류까지 쭈욱 나흘간 만드셨다고 결론내리면 참 편하지만……, 과학적으로 사실을 증명하려는 노력은 계속 이어져 왔습니다.

그중 가장 유명하고 과학 교과서에도 나오는 실험이 있었으니, 1953년 미국 시카고대학교 박사과정 대학원생 스탠리 밀러(Stanley Miller)가 해럴드 유리(Harold Urey) 교수 실험실에서 진행한 밀러-유리 실험(Miller-Urey Experiment)을 통해 최초의 생명체 발생 이유를 밝혀냅니다.

이들은 원시 지구에서 어떻게 생명체가 탄생할 수 있었는지 실험을 통해 증명하고자 했습니다. 그래서 원시 지구의 대기가 현재 목성의 대기와 유사했을 것이라고 추정해서 목성의 주요 대기 성분인 암모니아, 메탄, 수소를 물과 함께 커다란 유리 플라스크에 넣고, 자연 상태의 번개와 비슷한 환경이 되도록 전기 스파크를 1주일간 계속 일으켰는데, 아니 이럴수가!!! 단백질을 구성하는 기본요소인 아

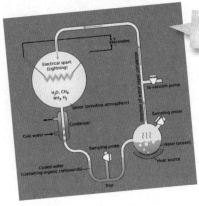

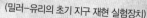
(밀러-유리의 초기 지구 재현 실험장치)

미노산이 만들어진 겁니다. 당시 실험자들도 예상하지 못한 결과였다지요? 🐻

생명체에 의해서만 만들어진다고 여겨져온 유기물(有機物, organic matter, 탄소 원자가 포함된 물질)이 무기물질에 전기 충격을 가해서도 만들어질 수 있다는 결과는 실로 엄청난 충격이었습니다.

게다가 천연 상태에선 100여 종류의 아미노산이 있지만 이 실험에서 만들어진 아미노산 중 다수가 생명체에 공통으로 존재하는 20개의 아미노산이란 사실을 발견함에 따라, 이들 연구진은 아미노산이 가득 생성된 플라스크 속 물을 '원시 수프(primordial soup)'라 이름 붙이고, "생명 탄생의 비밀을 밝혔노라!"고 발표합니다.

그래서 과학 교과서에서 이 내용을 배웠거나, 지금도 나오고 있는 어린이 과학도서를 보셨거나, 과학교양서의 바이블인 칼 세이건의 《코스모스(Cosmos)》를 읽고 이 실험이 생명 탄생의 결정적 증거라고 생각하는 분들이 많으시겠지만……, 이 이론은 실은 가리지날로 판명되었답니다. 🐻

칼 세이건(Carl Sagan)이 과학의 대중화를 위해 1980년 TV 다큐멘

터리 '코스모스'를
촬영하고 이를 책
으로 발표할 당시
만 해도, 칼 세이건
박사 본인이 근무
하는 코넬대학교에
서 해당 연구를 선

(칼 세이건의 걸작 과학 다큐 '코스모스')

도하고 있었고, 1953년 첫 발표 당시 생명과학계는 같은 해 발표된 DNA의 이중나선구조 발견보다 이 실험이 더 중요하다고 여겼을 정도였으니까요. 그러나 후속 연구 결과, 초기 지구의 대기는 달을 탄생시킨 소행성 테이아의 폭격으로 인해 우주로 다 흩어졌고, 생명체 탄생 당시 지구의 대기는 질소, 이산화탄소, 메탄 등으로 채워졌는데, 이런 대기 상태에서는 아무리 전기 충격을 가해도 아미노산이 만들어지지 않는다는 사실이 밝혀집니다. 이에 따라 번개에 의한 아미노산 생성이 생명 탄생의 증거라는 주장이 부정되기에 이른 것이죠. 🐻

하지만 지금도 가끔 우주에서 떨어지는 운석이나 혜성 표면에서 채취한 성분에서 아미노산이 발견되면서 지구의 생명은 우리 지구에서 탄생한 것이 아니라 우주에서 온 것이라는 학설이 새롭게 부각됩니다. 이에 다시금 생명의 탄생은 우주의 섭리, 또는 신이 만드신 거란 주장이 힘을 얻는데, 그 대표주자는 바로 정상 우주론의 거두, 프레드 호일 박사였습니다. 왠지 익숙한 이름이죠? 앞서 1장에

(리처드 도킨스)

서 '빅뱅 이론'이란 근사한 이름을 만들어주신 그 박사님이 또 등장합니다. 🐻

프레드 호일 박사는 진화론의 허구성을 주장하면서 "생명이 우연히 생겨날 확률은, 수많은 부속품이 쌓여 있는 고물 야적장에 회오리 바람이 불어와서 모든 부품을 하늘로 올려 보낸 후, 이 부품이 땅바닥에 떨어지면서 단 한 번만에 우연히 보잉 747 점보 여객기가 조립될 확률보다 더 작다."라고 말했습니다. 그러자 리처드 도킨스(Richard Dawkins)는《이기적 유전자(The Selfish Gene)》에서 이 주장을 인용하며, "어떤 분야에서 전문적이라고 다른 분야에도 꼭 뛰어날 리는 없다."며 대놓고 비판합니다. 그나저나 여기저기 툭툭 튀어나오는 프레드 호일 박사, 당신은 대체 어떤 사람이었는지(?) 지금이라도 역사학계의 관심이 필요한 때입니다. 🐻

이처럼 천문학자가 생명 탄생의 미스터리에도 뛰어들던 때, 빅뱅 이론을 주장한 조지 가모프 박사 역시 생명과학 연구에 본의 아니게 개입하게 됩니다. 즉, 우주론에 이어 생명 탄생 영역에서도 라이벌전이 전개된 것이죠. 🐻

조지 가모프 박사가 기여한 분야는 DNA 연구였습니다. 밀러-유리 실험과 같은 해인 1953년에 발표되었지만 초기엔 그 중요성이 덜부각되었던 DNA 이중나선구조 발견은, 연구가 거듭될수록 단백질 형성의 출발점이란 사실이 알려지면서 생명 탄생의 비밀을 푸는 중요한 단서로 거듭납니다. 다시 말해, 생명체의 각 세포가 가진 세포핵 속에 존재하는 유전자 DNA가 전령 RNA(mRNA)를 통해 아미노산을 결합하도록 지시해 단백질을 만들어 자신을 복사해내는 과정이 반복되며, 성(性) 유전체는 이 이중나선이 풀어져 다른 DNA의 한쪽 나선과 결합해 새 생명체가 된다는 사실이 확인된 것이죠. 그런데 연구가 계속되면서 A, T, C, G라는 4개의 DNA문자가 세 개씩 짝을 이뤄 하나의 아미노산을 암호화 한다는 사실을 알게 되지만, 이 같은 방식으로 나오는 64개의 암호 조합 중 왜 단백질 합성에 사용되는 아미노산은 20개만 존재하는지 그 이유가 해명되지 않고 있었지요. 이에 천문학자 조지 가모프 박사가 그 이유를 수학적으로 규명해냅니다.

즉, 중복암호 이론을 통해서 4개 문자를 이용한 3중 암호 중 중복되어 사용할 수 없는 경우를 제외하면 20개의 암호만이 남는다는 사실을 입증

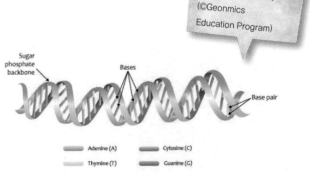

(DNA 이중나선구조)
(©Geonmics Education Program)

Sugar phosphate backbone

Bases

Base pair

Adenine (A)   Cytosine (C)
Thymine (T)   Guanine (G)

해낸 거지요. 하지만 이후 DNA 연구가 더 진행되면서 실제로는 그런 간단한 방식이 아니라는 사실이 밝혀져 가모프 박사의 이론은 폐기되었지만, 어쨌거나 천문학자들이 초기 유전자 연구에도 지대한 영향을 끼친 건 사실이죠. 🐻

프레드 호일 : "이 지구에 생명체가 생긴 건 다 하늘의 뜻이다잉글랜드. 창조주를 경배하라스코틀랜드".

조지 가모프 : "거 좀 학계에 도움이 되는 이론이나 발표하러시아. 난 수학 이론으로 증명이라도 했지아메리카".

생물학자 일동 : "천문학 하시는 선배님들, 빅뱅 이론이나 계속 연구하시바이오. 여기까지 숟가락 얹으면 삐칠랩."

다시 최초의 생명체 탄생의 비밀로 돌아가봅시다. 🐻

이처럼 밀러-유리 실험은 허구로 판명나지만 그후 많은 연구가 진행되면서 1980년대 이후 "생명의 탄생은 깊고 깊은 바닷 속 뜨거운 맨틀과 바닷물이 만나는 열수분출공에서 시작되었다."는 이론이 주류 학설이 되고 있습니다.

(열수분출공 실제 사진)

'열수분출공(熱水噴出孔, hydrothermal vent)'이란 단어가 낯설겠지만, 한자 뜻 그대로 '뜨거운 물이 쏟아져 나오는 구멍'이란 뜻이에요.  열수
분출공에 대한 본격적인 조사
는 1977년 2월 17일 미국 우
즈홀해양연구소(WHOI)의 심
해유인잠수정 앨빈(Alvin)호

(관벌레와 눈먼 새우)

가 남태평양 갈라파고스 군도에서 북서쪽으
로 380여 km 떨어진 해역의 수심 2700m 아래
에 있던 열수분출공에 도달하면서 시작되었습니다. 당시 잠수정에
타고 있던 과학자들은 상상하지도 못한 광경을 보게 됩니다.

애초에 탐사대는 지독한 유황과 엄청 고온인 이곳에서 세균 정도
나 찾을 것이라 여겼지만, 놀랍게도 그 깊은 해저에는 어마어마한 숫
자의 눈먼 새우와 기괴한 모습을 한 2m에 이르는 관벌레들이 꽉 들
어차 있었던 것이죠. 게다가 수년간 더 연구한 결과 생명체의 다양성
이 열대 정글이나 산호초 세계보다 더 크다는 사실도 알게 됩니다.

그동안 생명과학자들은 모든 생명체는 태양에 의존해 에너지를
구한다고 생각했지만, 이들 생명체들은 전혀 빛이 들어오지 않는 이
곳에서 황세균(황을 분해해 유기물질을 만드는 박테리아)을 몸속에 흡
수해 에너지를 얻는 별도의 생태계를 구성하고 있던 것이죠. 이는
태양 에너지와 물, 산소와 이산화탄소를 통해 에너지를 얻는다는 기
존의 상식을 넘어선 전혀 다른 세계였던 것입니다. 🦉

이처럼 전혀 다른 생태계를 가진 열수분출공은 깊은 바닷속 대륙
판과 판이 만나는 지점이 이어지는 바닷속 산맥인 해령(海嶺, Mid-

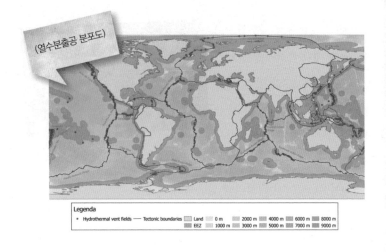

(열수분출공 분포도)

Legenda
• Hydrothermal vent fields —— Tectonic boundaries ▢ Land ▢ 0 m ▢ 2000 m ▢ 4000 m ▢ 6000 m ▢ 8000 m
▢ EEZ ▢ 1000 m ▢ 3000 m ▢ 5000 m ▢ 7000 m ▢ 9000 m

ocean Ridge) 근처 곳곳에 존재하고 있어요. 쉽게 말해 바닷속 온천이라고 생각하면 되는데, 크게 산성, 알칼리성 두 가지 종류가 있어요.

그중 산성 열수분출공은 마그마에 의해 뜨거운 물이 유황, 황화수소 등과 함께 분출되는 강한 화산 구역인데, 판과 판이 만나 황화물이 가득한 현무암이 계속 생성되고 있는 열지옥이랍니다. 특히 지구에서 가장 큰 크기인 태평양판이 다른 판들과 부딪히는 환태평양화산 다발 지대가 이렇게 각 지각판이 맞물려 마그마가 올라오면서화산과 지진을 형성하고 있지요. 그래서 이 판들이 만나는 경계에서솟아오른 섬들로 이루어진 일본에 지진이 많은 겁니다.

그런데 생명이 처음 탄생한 곳은 이 뜨거운 산성 열수분출공이아니라, 상대적으로 조용히 한쪽 판이 계속 자라나는 형태의 알칼리열수분출공이었다네요. 새로 노출된 암석이 바닷물을 만나게 되면암석 사이로 물이 스며들어가 수산화물 광물을 생성하면서 수소를 배출해, 열지옥인 산성 열수분출공과 달리 강한 알칼리성을 띠는 따뜻한 지역이지요. 이곳에서 물과 만난 마그마가 식으면서 황화철 거품집을 만들고, 이 미로와 격벽이 가득한 공간 안에서 지구 최초의 세포가 탄생하게 됩니다. 🐵

즉, 돌의 틈새에서 수소 원자가 광물을 만나면서 뜨거운 열기에 의해 아미노산을 만들어냈고, 이들 유기물질이 모여 드디어 RNA 중합체를 만들어냈고, 이후 DNA 유전자를 가지고 단백질을 암호화해 스스로를 복제하는 세포로 급속히 진화하면서 드디어 살아 움직이는 생명체가 된 것입니다. 뭔 소린지 모르겠다고요? 쉽게 설명하면 태양 에너지의 도움없이 바닷속 돌 내부의 열기가 무기물을 결합시켜 최초의 생명이 탄생한 것이죠. 🐵

생물학자들은 이처럼 핵, 미토콘트리아, 색소체 등의 세포기관을 갖고 있지 않고 DNA가 세포질 내에 분산된 이 최초 생물체를 '원시원핵세포(prokaryotes)'라고 부르는데, 이 같은 생명체 탄생 과정이 밝혀지면서 우리의 예상보다 우주 공간에 생명체가 탄생할 수 있는 가능성이 훨씬 높다는 사실이 알려지게 됩니다.

이에 따라 천문학자들도 태양과 너무 멀고 유독가스가 가득한 외행성계(목성, 토성, 천왕성, 해왕성)에는 생명체가 살 수 없다고 여겼던 것이 오류였다고 판단하고, 목성과 토성의 위성 중에 지구의 열수분출공과 유사한 환경을 가진 곳 위주로 살펴보며 생명체 반응을 찾는 중이랍니다. 🐻

하지만 최초의 단세포 생물이 고등생물로 진화하기까지는 엄청

(남조세균)

(녹조 현상의 주범,
남조세균)

난 시간이 소요되었습니다. 단세포 생명 탄생 후 30여 억 년 동안 물 위에 둥둥 떠서 광합성을 하는 푸른 이끼 같은 남조세균 정도의 다세포 생물로만 발전하다가, 5억 4100만 년 전 지구 역사에서 고생대가 시작된 '캄브리아 대폭발(Cambrian Explosion)' 시기에 분화된 기관을 가진 큰 생물들이 출현하게 되고, 지금에 이르러 60조 개의 세포가 결합된 인간이라는 생명체로 발전한 것이죠. 이 같은 결과는 생명이 탄생하는 것도 어렵지만 그 생명이 분화된 기관을 가진 큰 생물로 진화하는 것은 더더욱 어렵다는 것을 의미합니다.

그러니 우리가 다른 천체에서 생명체를 찾는다고 하더라도 흔히 상상하는 문어 머리 외계인과 같은 높은 지능을 가진 생명체가 사는 별보다는 푸른 빛을 띠는 곰팡이 같은 균들이 바위에 붙어 있는 천체를 발견할 확률이 훨씬 높을 겁니다.

그런데, 앞서 최초의 생명은 깊은 바닷속 바위에서 탄생했다고 했는데, 이들 최초의 생명체들은 지금은 거의 볼 수가 없어요. 이 초기 생명체들은 22억 년 전에 등장해 번성하게 된 '남조세균(cyanobacteria)'이 뿜어낸 산소 때문에 대다수 멸종당하고 맙니다.

응? 그게 무슨 일이냐고요?

남조세균, 즉 지금도 우리가 강에서 흔히 보는 녹조 라떼는 지구에 최초로 등장한 원조 라떼이신데……, 문제는 이들 남조세균은 등장과 동시에 본의 아니게 선배 원시 생명체들을 대량 학살해버린 것이죠. 🐻

그 이유는 다른 세균들과 달리 햇빛을 이용해 물(H_2O)을 수소와 산소로 분리하면서 발생한 전자를 이용해 1차로 에너지를 만들고, 이 에너지를 통해 다시금 이산화탄소(CO_2)에서 탄소를 분리해 탄소(C)와 수소(H)가 결합한 유기물질을 만들면서 남게 된 산소 분자(O_2)를 밖으로 배설하는 'Z 체계(Z scheme) 광합성' 작용을 하는 박테리아이기 때문이에요.

이건 또 무슨 소리냐고요? 쉽게 말하자면 광합성을 최초로 실현한 생명체가 바로 이들 녹조 라떼인 겁니다. 🐻

이에 따라 바다와 대기 중에 남조세균의 배설물인 산소가 퍼져 나가면서 세포막이 없던 최초의 생명체들은 산소에 타버리게 된 거죠.

우리는 산소를 호흡하며 사는 생명체이기에 그 위력을 못 느끼지만, 사실 산소는 유해 가스이기도 합니다. 단단한 철을 녹슬게 하는 등 각종 물질을 산화시키는 무시무시한 존재이지요. 산소를 호흡하는 생명체가 노화하는 이유 중 하나도, 호흡 후 에너지로 쓰고 남은 활성산소가 체내 세포들을 파괴하기 때문입니다.

그래서 현재 지구에는 초기 생명체 중 일부만 살아남아 있습니다. 이들 원시 생명체는 보툴리누스균, 파상풍균 등 일부 기생세균

인데, 지금도 산소가 없는 환경에서 살아남아 후배 생명체에게 복수를 하고 있답니다. 🐻

즉, 부패한 깡통에서 주로 발견되는 보툴리누스균은 이를 섭취한 사람에게 식중독 증상을 일으켜 심하면 사망에 이르게 합니다. 또한 파상풍균 역시 상처 부위에 파고들어와 파상풍 감염을 일으켜 심할 경우 사망에 이르게 하지요. 그러나 최근에는 의학기술의 발달로 보툴리누스균의 신경 마비 작용을 응용해 주름을 당겨 피부를 탱탱하게 해주는 보톡스 시술로 활용하고 있으니, 이 역시 아이러니이긴 합니다. 🐻

이처럼 초기 생명체에겐 비극이었지만 남조세균의 산소 발생은 지구를 극적으로 변화시킵니다. 초기 지구는 우주에서 봤을 때 붉은 보라색으로 보였을 거라고 합니다. 🐻 당시엔 고대 미생물이 빨간색과 보라색을 반사하는 레티날이란 물질을 가지고 있었거든요. 그러다가 고대 미생물을 전멸시킨 남조세균이 광합성을 하면서 우선 바닷속부터 녹색이 증가하게 되고, 대기와 물 속의 뿌연 안개 중금속과 철, 망간 등이 산소에 의해 산화되면서 깨끗한 대기와 물로 바뀌게 됩니다. 또한 산소가 대기에 증가하면서 산소 원자 3개가 결합한 오존층이 형성되어 3억 5000만 년 전부터 자외선을 차단하게 됩니다. 이에 따라 자외선이 더 이상 바닷물 분자를 두들겨 산소와 수소로 분리하지 못함에 따라 수소가 우주 공간으로 흩어지지 않아 바다가 유지될 수 있었던 겁니다.

따라서, 지구가 생명체가 살기에 딱 적합한 궤도에 존재하고 알

맞은 대기 성분과 수분을 가져 태양계에서 유일하게 생명체가 존재할 수 있도록 해준다는 생각은 가리지날입니다. 실제로는 지구 생명체가 현재의 지구 환경을 만든 것이에요. 🐻

생명체들에 의해 초기 지구 대기 성분의 99%가 대체되어 질소와 산소가 풍부한 대기가 만들어졌고, 생명체가 뱉어낸 산소 분자가 쪼개져 만들어진 오존층이 자외선을 막아 지구의 수분이 증발되는 현상을 막아냄으로써 지구가 현재와 같이 물이 풍족한 푸른 천체로 존재할 수 있는 겁니다. 최초의 지구는 육지 없이 온통 바닷물에 잠긴 행성이었고 서서히 물이 분해되어 육지가 드러나던 중 오존층이 형성되면서, 더 이상 물이 우주로 증발되지 않고 대기에 모여서 구름이 되었다가 다시 비와 눈 등으로 땅과 바다로 내려오는 순환구조가 형성되어 육지와 바다가 공존하는 상황이 유지되고 있습니다. 따라서 지금 이 파란 지구는 생명체가 만들어낸 것이에요. 🐻

반면 산소를 만들어내는 광합성 생명체가 없던 금성과 화성은 태양 자외선을 막을 오존층이 없어 바다가 증발되어 메말랐으니, 미약해 보이는 생명체가 행성의 환경에 얼마나 중요한 역할을 하는지 아시겠지요? 화성은 차가운 행성으로 식어 극 지방에만 얼음이 약간 존재하고 있으며, 금성은 지금은 평균 460도 이상의 뜨거운 열지옥이지만, 7억 년 전 대격변기 이전 30억 년 동안은 최저 20에서 최고 50도의 지구와 유사한 기온에 큰 바다와 육지가 공존하는 지구처럼 푸른 행성이었다가, 바다가 사라져버렸다고 합니다. 이건 제 뇌피셜이 아니라 실제 미국 NASA 고다드 우주과학연구소의 마이클 웨이

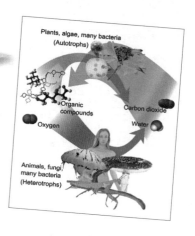

(식물 엽록체와 동물 미토콘드리아의 상호 공유 생태계)

연구팀이 2019년 9월에 발표한 내용이에요. 🐻

이처럼 지금의 지구 환경을 만들어간 공로자이자 원조 녹조 라떼이신 남조세균은, 6억 년 전 식물에 포섭되어 잎 속 엽록체로도 변신해 식물 속에서 햇빛 에너지를 이용해 이산화탄소에서 탄소 원자를 분리해낸 후 땅에서 끌어올린 여러 물질과 결합해 유기물질을 만드는 광합성 작용을 하게 됩니다. 이와 달리 동물은 원래는 별도 생물이던 미토콘드리아를 세포 속으로 흡수하여 식물이나 다른 동물을 섭취해서 훔친 영양분과 호흡으로 얻은 산소를 이용해 각 세포에 에너지를 공급하면서, 다시금 분리된 탄소 원자와 산소를 합쳐 이산화탄소를 내뱉습니다.

이를 통해 식물과 동물은 태양 에너지를 바탕으로 이산화탄소와 산소를 서로 주고받으며, 탄소 원자(C)를 이용해 유기물질을 만들어내는 유기적 생태계를 유지하고 있는 것이죠.

어때요? 녹조 라떼라고 욕먹는 이들 남조세균이야 말로 지금의 푸른 지구를 만든 개척자들이랍니다. 마찬가지로 여러분들이 욕(?) 하는 라떼 선배님들은 지금의 대한민국을 만든 선도자들이니 너무 미워하지만은 말자고요. 🐻

03

왜 트리케라톱스가
최애 공룡이 되었을까요?

어린이들이 성장하면서 좋아하는 것들은 수시로 변해가지만, 거의 반드시 거쳐가는 애정 아이템 중 하나가 바로 공룡인데요. 잘 아시다시피 공룡은 2억 5100만 년~6550만 년 전까지의 기간인 중생대 (中生代, Mesozoic Era)에 육지를 지배하던 생명체입니다. 실제 중생대 표준 화석은 문어, 오징어의 조상인 바다 갑각류 암모나이트라지만, 공룡이란 존재가 워낙 압도적이죠. 🐨

공룡의 발견

그런데 이 공룡이란 존재는 언제부터 인식되었을까요?

(첫 공룡 발견자의 남편,
기디온 맨텔)

(실제 화석 발견자,
매리 앤 맨텔)

예로부터 동양에선 영험한 존재로서 물 속에서 수천 년의 세월을 거친 후 여의주를 물고 하늘로 승천하는 용(龍)이란 존재를 상상한 반면, 서양에선 날개 달리고 입에서 불을 뿜는 사악한 존재로서 용을 상상하긴 했죠. 그런데 과학적으로 공룡이란 생명체가 지구상에 존재했음을 깨달은 것은 약 200년 전 한 화석 덕후와 그의 부인 덕이었습니다. 🐻

공룡의 존재는 1822년 어느 날, 영국 어느 부부의 우연한 발견으로 드러납니다.

최초로 공룡 화석을 발견해 '이구아노돈(Iguanodon)'이라고 발표한 사람은 영국 산부인과 의사 기디온 맨텔(Gideon Mantell)이었어요. 그는 쉬는 시간에는 화석을 수집하는 것이 취미였다는데, 당시 산업혁명으로 과학에 대한 기대가 한없이 올라가고 새로운 발전이 이루어지면서 영국에서 가장 먼저 고생물학이 발전하게 되지요. 그러면서 땅에서 나온 이상한 돌들이 화석임을 깨닫게 되어 과학자뿐 아니라 일반인들도 화석 찾기가 유행이었다지요. 이들은 화석이 특정 지층에서 집중적으로 나온다는 사실을 알게 되면서 지질학과 연계해 옛 지구의 역사에 대한 실마리를 찾아가게 됩니다. 그래서 지질시대 중 데본기, 실루리아기 등 특이한 이름은 영국의 지명에서 유래한 것들이지요.

당시 화석 찾기 매니아였던 맨텔이 부인, 매리 앤 맨텔(Mary Ann Mantell)과 함께 에섹스 지방으로 왕진을 갔는데, 남편이 진료를 보는 사이 아내는 산책을 나갔다가 길가 돌 사이에서 빛나던 손바닥만한 크기의 화석을 주워서 가져다주었다네요. 걷다가 그런 화석을 찾아낸 걸 보면 아내도 보통분은 아니었던 모양입니다. 🐨

그런데 그는 파충류 화석 덕후이다 보니 그 모양이 마치 이구아나 이빨을 크게 키운 것처럼 생겼다는 것을 깨닫고, 지금은 멸종된 먼 과거의 거대 파충류가 아닐까라고 생각하지요. 이에 주변의 파충류 전문가를 찾아 수년간 묻다가 최고 권위자인 프랑스 비교해부학자 바롱 조르주 퀴비에(Baron George Cuvier)로부터 "초식 파충류인 것 같다."는 의견을 듣게 되죠. 그리고 1825년 영국 학사회 회보에 〈서섹스 주딜게이트 숲의 사암에서 최근 발견된 화석 파충류 이구아노돈에 관한 소개〉라는 논문을 통해 드디어 첫 공룡 화석 이구아노돈(Iguanodon, 이구아나의 이빨)의 존재를 발표하게 되지요. 당시 논문 제목처럼 맨텔이나 퀴비에 교수 역시 옛날에 살던 파충류라고만 생각했지 공룡이란 개념까지는 발전시키

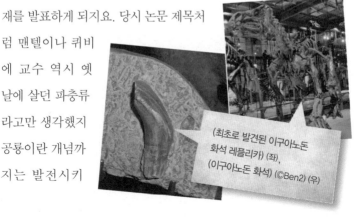

(최초로 발견된 이구아노돈
화석 레플리카) (좌),
(이구아노돈 화석) (©Ben2) (우)

지는 못했습니다. 하지만 그는 이후 지속적으로 창조론자들에게 괴롭힘을 당하게 되고, 의사로서 자질이 별로였는지 화석 찾기에 몰두한 탓인지 말년에는 집까지 팔아야 했고 부부는 1839년에 이혼했다고 하네요. 🐻

이처럼 맨텔이 주변 사람들의 조언을 들어 학계에 보고를 준비하던 사이, 1824년에 다른 공룡의 턱뼈가 발견되어 여러 논쟁 끝에 옥스포드대학의 윌리엄 버클랜드(William Buckland) 교수가 이를 공룡의 뼈 화석이라고 밝히고 '메갈로사우루스(Megalosaurus)'라고 이름 붙이니, 이것이 바로 1호 공룡이 됩니다. 하지만 이후 1878년 벨기에 벨니사르 탄광에서 완전한 이구아노돈의 골격이 발견되면서 맨텔이 발견한 고대 파충류가 실은 공룡이었던 것으로 밝혀지죠. 이에 따라 공룡 이름 확정 순서는 메갈로사우루스가 1호이지만, 공룡을 먼저 발견한 사람은 맨텔이 더 앞서다 보니 지금도 어느 공룡을 더 최초의 공룡이라고 해야 하는지 각각 주장이 다르답니다. 🐻

뭐 어쨌거나 이처럼 동시에 두 공룡의 화석이 발견되고 이후 유사한 화석들이 발견되면서 논란이 일던 중, 영국의 유명 고생물학자이자 대영박물관장을 지낸 리처드 오웬(Richard Owen) 교수가 1841년 파충류와 유사하나 무언가 다른 화석을 묶어 '공룡(Dinosaur)'이라는 단어를 처음으로 만들어냅니다. 다이노소어(dinosaur)는 고대 그리스 단어를 조합한 것으로 Dino(무서운, denios) + Saur(도마뱀, saurus)이란 뜻이니, 당시만 해도 아직은 공룡이 별개의 종이라는 것을 모른 채 그저 덩치가 어마무시하게 큰 옛 도마뱀이라고 여긴 것이죠. 그래서 이후 19세기 말 일본에서 영어 원서를 번역하면서 원래 의미에 충실하게 '무서운 용'이란 의미로 공룡(恐龍)이라 쓴 것이죠. 🐻

이처럼 영국에서 처음으로 '공룡'이란 이름을 지었지만 유럽 국가 간 자존심 싸움이 워낙 극심했기에 다른 생물학과 마찬가지로 새로 발견되는 공룡 이름은 유럽 공통의 학술어이자, 로마 제국의 언어였던 라틴어로 정하는 방식이 지켜지고 있지요. 로마 제국은 1500여 년 전 멸망했지만 그 문화적 유산은 지금껏 영향력을 끼치고 있답니다.

이 공룡의 인기를 폭발적으로 끌어올린 건 동물 일러스트레이터로 유명했던 워터하우스 호킨스(Benjamin Waterhouse Hawkins)가 만든 공룡 모형들이었습니다. 첫 공룡 발견 후 29년 뒤였던 1851년, 영국 런던에서 최초의 만국박람회(Expo)가 열리게 되는데, 호킨스는 빅토리아 여왕의 요청으로 엑스포 전시장인 '크리스탈 팰리스(Crystal Palace)' 앞 공원에 공룡 모형을 전시하게 됩니다. 당시 대영 제국의 위상을 온 천하에 떨치는 거대 행사이다 보니, 기존의 건축 양식을 모두 제거하고 유리와 철골로만 조립한 크리스탈 팰리스(수정궁)를 선보였는데, 불행히도 1936년 화재로 사라졌다고 합니다.

하지만 이 유리 건물 양식은 당시 전 세계적으로 인기를 끌었고 심지어 우리나라에도 세워졌지요.

(크리스탈 팰리스. 1936년 화재로 사라졌어요.)

(창경궁 대온실)

응? 그런 유리 건축물이 우리나라에 있다고요? 네, 있어요. 그것도 조선 궁궐 안에요. 🐻

창경궁 북쪽 언덕에 위치한 대온실(옛 서울식물원) 건물이 바로 이 크리스탈 팰리스를 응용해 만든 건축물이지요. 1909년 일본이 허수아비 신세이던 순종 황제를 위로한답시고 프랑스 회사를 불러 식물원 용도로 만들게 했는데, 건축 당시 동양 최대의 유리 건물이었다고 하며 현재 남아 있는 본관 건물 뒤로도 처음엔 둥근 돔 형태의 부속 건물 2채도 마주보고 서 있었다고 합니다. 알고 보면 불행한 역사이지만, 혹시 영국인과 만나게 되면 "영국 런던에 있던 크리스탈 팰리스는 불타 사라졌지만, 동양 최고, 최대의 크리스탈 팰리스는 우리나라에 아직 남아 있다."고 알려주셔도 될 겁니다.

(1851년 엑스포 당시 크리스탈 팰리스 내부)

(크리스탈 팰리스에 전시된 이구아노돈 모형)

아차! 이야기가 잠시 옆으로 샜네요. 🐻

다시 공룡 이야기로 돌아오면, 1851년 세계 첫 만국박람회, 런던 엑스포에서는 크리스탈 팰리스라는 새로운 건축물을 자랑함과 동시에 세계 최초로 영국에서 발굴한 공룡도 자랑하고자 공룡 모형을 다수 전시했는데, 이 제작에 리처드 오웬 교수 등 고생물학자들이 모두 참여했을 정도였다는군요.

그래서 그해 엑스포에선 관람객들이 이 고대 공룡 모형 앞에 몰려서 서로 만져보려고 북적거렸다고 하니, 이때부터 공룡 발굴 붐이 일어났다고 합니다. 🐻

그러자 이 새로운 유행 소식을 들은 미쿡에서도 해당 모형을 복사해 전시해도 될지 정식 의뢰해왔고, 뉴욕 센트럴파크에 공룡 모형을 전시 준비하지만, 이를 못마땅하게 여긴 일단의 창조론 지지 단체가 작업실에 있던 모형을 죄다 부수는 등 종교 단체의 반발이 거셌다고 합니다.

하지만 미국에서도 드디어 1856년 페르디난드 헤이든(Ferdinand Hayden)이 북아메리카 최초의 공룡 뼈 화석을 발견하게 됩니다. 하지만 당시 그곳은 인디언 수(Sioux)족 영토여서 발굴 도중 인디언들에게 붙잡히게 되는데, 총은 없고 돌덩어리들만 움켜쥔 괴이한 모습을 보고 추장이 '그냥 미친 사람인가 보다. 쯧쯧~, 물 건너와서 고생한다수~.' 하고 풀어주었다는 에피소드가 전설처럼 전해지고 있습니다. 🐻

티라노사우루스와 트리케라톱스

이처럼 공룡의 존재가 알려지기 시작한 초기부터 역사상 가장 강한 육식공룡인 티라노사우루스(Tirano Saurus Rex)가 가장 인기가 많은데요, 최근에는 라이벌 초식공룡 트리케라톱스(Triceratops)도 티라노사우루스 수준으로 인기를 끌고 있어요.

실제로 우리나라 애니메이션 '공룡 메카드'에서도 주인공 나용찬이 이 트리케라톱스를 이용해 라이벌 강우람이 가진 티라노사우루스와 공룡 쟁탈전을 하는 것이 주요 스토리였을 정도였지요.

2019년 에버랜드에서 새로 문을 연 야외 방탈출 게임 '랩터 레인 저'에서도 벨로키랍토르(Velociraptor, 날쌘 도둑이라는 뜻. 영어식 발음 으론 벨로시랩터)가 사람을 쫓는 공룡이지만, 입구에서 어린이들과 사진을 찍어주는 모델은 착한 공룡 느낌의 트리케라톱스예요. 아무 래도 랩터랑 사진 찍고 싶은 아이는 없을테니까요. 🐻

이처럼 왜 수많은 공룡 중에서 하필 티라노사우루스와 함께 트리 케라톱스가 가장 인기가 많을까요?

원래는 티라노사우루스가 단연 인기 넘버원이었어요. 1902년에 발굴되면서 앞서 발굴된 육식공룡들과는 차원이 다른 덩치를 가진 것이 확인되면서 최강의 공룡으로 일찌감치 주목받았지요. 머리도 당근 최대 크기. 실제로도 중생대 마지막 시기에 번성한 육식공룡인 만큼 1억 6000만 년 동안의 진화를 통해 가장 발달할 수밖에 없었겠 지요. 🐻

이처럼 티라노사우루스의 발견 등 20세기 초 공룡 화석 발굴 열 기 속에 1912년 아서 코난 도일 경은 공룡을 찾아 아마존을 탐험하 는 모험 이야기인 소설 《잃어버린 세계》를 출간했지요. 당시엔 본인 의 베스트셀러 《셜록 홈스》 시리즈만 주구장창 쓰다가 싫증을 느껴 새로운 시리즈로 야심차게 선보였다지만⋯⋯, 망했어요. 🐻

이후, 할리우드 SF 전성기 시절인 1933년 '킹콩' 영화에서도 뜬금 없이 주인공 킹콩이 티라노사우루스와의 싸우는 장면이 나오고, 이 후 2005년에 리메이크한 피터 잭슨의 '킹콩'에서도 이 장면이 오마 주되어 나오지만⋯⋯, 망했어요. 또한 일본 괴수 드라마 '고지라' 역시 티라노사우루스를 모델로 삼아 해저 방사능으로 인해 태어난 괴수로 등장시켰고, 이후 할리우드로 넘어가 영화 '고질라'로 재탄생하지만……, 망했어요. 우리나라에서도 '티라노의 발톱'이란 영화를 만들었지만……, 역시 망했어요. 🐻

그러던 1960년대 어느날~, 공룡 화석 발굴 과정에서 뿔이 세 개 달린 초식공룡인 트리케라톱스의 화석과 함께 그 뿔에 받혀 함께 죽은 티라노사우루스 화석이 발견되면서 큰 화제를 불러일으킵니다.

그동안 티라노사우루스 화석 근처에 자주 트리케라톱스가 발견되었기에 티라노가 최고로 좋아하는 만만한 먹잇감인 줄로만 알았는데, 중간 크기 초식공룡인 트리케라톱스가 뿔로 티라노를 찔러 죽일 수 있었다는 사실이 확인되자 갑자기 인지도가 확 올라가게 됩니다. 뭐 중간 크기 초식공룡이라 하더라도 지금 코끼리보다 더 크고, 무려 시속 50km의 속도로 달릴 정도로 날렵했다는 게 함정이긴 하지만요. 시속 50km 속도는 세상에서 가장 빠른 인간, 우사인 볼트와 맞먹는 속도예요. 🐻

게다가 두 공룡 모두 유독 미국-캐나다-멕시코 등 북아메리카에서 발견되기었에 미쿡 학자들이 더욱 더 큰 애정을 가지게 되면서, 1970년대 이후 미국 교육 도서와 만화에 수시로 단짝으로 등장해 이제는 전 세계인들에게 익숙해진 겁니다. 🐻

실제로 미국 워싱턴DC에 있는 스미소니언 자연사박물관에서도 단연 인기를 끄는 건 티라노사우루스가 트리케라톱스를 사냥하는 모습으로 꾸민 화석관이지요. 그리고 이 같은 인기는 한국에도 이

(미쿡 스미소니언 박물관에
전시된 트리케라톱스 화석)

(국립 과천과학관 야외 전시장)
(출처_채널예스 웹진)

어져 '공룡 메카드'의 두 주연
공룡이 되었고, 과천과학관에
서도 야외 전시장에 한반도에
선 산 적이 없는 티라노사우루
스와 트리케라톱스의 결투 조
각상이 전시되고 있답니다. 🐻
즉, 이 두 공룡의 인기는 미쿡
의 문화 파워와 맞물려 있다
는 것이죠. 하긴 어린이들에게 친숙
한 공룡 중 다수가 북미 대륙이나 유럽에
서 발굴된 공룡이긴 합니다.

그럴 수밖에 없는 것이, 미국이나 유럽에선 100여 년 이상 오랜 기
간 자기네 땅에서 발굴된 화석을 연구하고 자연사박물관 등을 통해
널리 알려온 반면, 다른 지역은 아직 발굴 역사도 짧고 해당 분야에
대한 국가적 지원이 부족하기 때문이에요. 또한 쥐라기, 백악기 시
절에는 북아메리카와 유럽, 아프리카 대륙은 붙어 있었기 때문에 해
당 지역에선 유사한 공룡이 많이 나오는 반면, 당시 바다로 갈라져
있던 남아메리카나 인도 등은 다른 종류의 공룡이 살고 있었다네요.

그래도 동아시아 공룡은 최근 우리나라, 중국 등에서 연구가 진척되면서 어느 정도 알려지기 시작했지만, 여전히 중동 지역, 남미, 남극 등지의 공룡에 대한 연구는 아직 초기 단계이고 해당 지역 발굴도 주로 미국이나 유럽 학자가 주도하고 있는 실정입니다. 최근에는 아르헨티나에서 브라키오사우루스보다 훨씬 큰 35m 길이의 아르헨티노사우루스란 공룡이 발견되어 화제가 되기도 했어요.

그렇다쳐도 왜 하필이면 지구상 가장 강한 공룡이랑 이 공룡과 맞짱뜨던 신기한 초식공룡이 현재 지구 최강국인 미국이 자리잡은 북아메리카에 살았던 것일까요? 게다가 그보다 앞선 쥐라기 시대 최강의 육식동물 알로사우루스도 북미 대륙이 주요 활동지였으니, 그곳이 범 지구적으로 풍수지리 상 가장 터가 좋은 건가 싶기도 하네요. 🐻

이처럼 티라노와 맞장을 뜨던 '공룡시대의 코뿔소', 트리케라톱스는 그리스어로 '세 개의 뿔을 가진 얼굴'이란 의미를 가진 공룡인데, 이 공룡의 조상인 프로토케라톱스(Peotoceratops)는 뜻밖에도 북아메리카가 아닌 한반도 등 동아시아에 살았답니다.

(프로토케라톱스 상상도)

그런데 이들 프로토케라톱스들이 마치 인디언의 조상이 시베리아를 지나 베링 해협을 건너 북아메리카로 갔듯이 동일한 경로로 이동해서, 북아메리카에서는 뿔 세 개가 자라나는 트리케라톱스로 진화한 거랍니다. 🐻

그럼 왜 공룡마다 사는 대륙이 달랐는지, 중생대 대륙 이동에 의한 기후변화가 공룡의 진화에 끼친 영향을 간단히 살펴볼까요? 🐻

1억 6500만 년간 이어진 지구 중생대 시대는 크게 트라이아스기, 쥐라기, 백악기 3단계로 구분됩니다.

중생대 바로 전인 고생대 후기에는 양서류와 함께 파충류가 크게 번성하기 시작했는데, 고생대 말기부터 산소가 급격히 줄어들면서 기존 생명체의 대멸종과 함께 새로운 생명체의 탄생이 이어져 중생대라는 새로운 시대로 바뀝니다. 그래서 중생대의 첫 시기인 트라이아스 후기에 기존 파충류가 기어다니는 것과 달리 아래로 곧장 다리가 뻗어 직립해서 걸을 수 있는 골반 구조를 가진 공룡이라는 새로운 종이 등장합니다. 그 첫 출발점이 된 공룡은 '에오랍토르(Eoraptor)'라고 알려져 있지요.

이 초기 시절부터 공룡은 골반 형태에 따라 크게 용반목과 조반목 공룡으로 분화되기 시작했는데, 용반목(龍盤目, Saurischia, 도마뱀 엉덩이뼈 공룡)은 골반 모습이 도마뱀과 닮은 구조인 반면, 조반목(鳥盤目, Ornithischia, 새 엉덩이뼈 공룡)은 새의 골반을 닮았다고 하지요. 이중 조반목 공룡은 모두 초식공룡이었던 반면, 용반목 공룡은 초식과 육식공룡이 다 존재했다고 합니다.

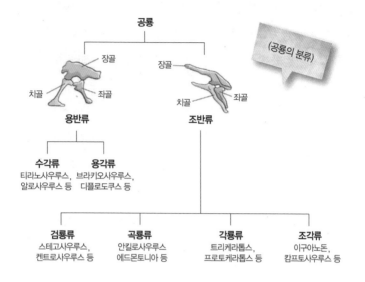

공룡

(공룡의 분류)

장골
치골 ─ 장골
좌골 ─ 치골 ─ 좌골

용반류　　**조반류**

수각류　**용각류**
티라노사우루스,　브라키오사우루스,
알로사우루스 등　디플로도쿠스 등

검룡류　　**곡룡류**　　**각룡류**　　**조각류**
스테고사우루스,　안킬로사우루스　트리케라톱스,　이구아노돈,
켄트로사우루스 등　에드몬토니아 등　프로토케라톱스 등　캄프토사우루스 등

　하지만 트라이아스기에 등장한 초기 공룡들은 크기가 1~2m 정도로 작았기에 육식공룡이라도 6~8m에 이르는 다리 긴 악어 같이 생긴 포스토수쿠스(Postosuchus)와 같은 거대 파충류에게 잡아 먹히는 신세였다지요. 🐻

　트라이아스기 지구의 육지는 '판게아'라는 초대륙 하나로 다 붙어 있었기 때문에, 생물들은 전 대륙에 골고루 펴져 살았답니다. 하지만 내륙은 비가 오지 않아 사막 같았고 산소 농도가 낮아 생명체가 살기엔 좋지 못한 환경이었다네요. 그래서 트라이아스기 공룡은 크기도 작고, 다양성이 적었으며, 대륙별 특징이 없어 우리에게 익숙한 공룡은 거의 없답니다.

그후 쥐라기가 시작될 무렵 점점 대륙들이 갈라지
게 되면서 내륙 지방도 식물이 자라

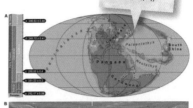

(트라이아스기
판게아 대륙)

나기 좋은 환경이 되고, 산소 농도
가 올라가고 기온이 상승하기 시작
합니다. 그러자 이 같은 기후 변화
에 적응하지 못한 거대 파충류들이
멸종하면서 악어, 거북, 뱀 종류 등
만 살아남게 되자, 비로소
공룡이 육지의 최강자로
떠오르게 됩니다.

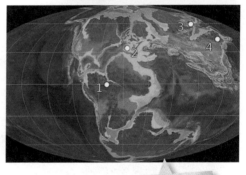

지금도 한 종류의 고등
생명체는 대체로 100만 년
정도 융성한 뒤 다른 종으
로 대체된다는데, 공룡 시
대에도 평균적으로 100만

(쥐라기 시대의 지구)

년마다 특정 공룡이 사라지고 새 공룡으로 대체
되는 과정을 밟았다네요. 이에 쥐라기 시대에 갈
라진 각 대륙마다 제각기 다른 방식으로 다양하게 진화하면서 우리
에게 익숙한 공룡들이 출현하게 됩니다.

특히 쥐라기 시대에는 공룡의 몸집이 커지기 시작하는데 이는 공
룡을 위협하던 라이벌 동물들이 죄다 사라진 것도 한 원인이지만,
무엇보다 식물의 진화가 그 원동력이었습니다. 즉, 기온이 상승하

고 산소가 풍부해지면서 식물의 광합성이 훨씬 효율화되어 쑥쑥 성장해 잎의 위치도 점차 높아졌고, 이에 따라 초식공룡 중에 목이 긴 종들만 살아남게 됩니다. 이처럼 목이 긴 초식공룡이 살아남게 되면서 몸의 균형을 맞추기 위해 꼬리도 길어지게 되는데, 이는 큰 장점이 됩니다. 이들 초식공룡을 잡아먹는 육식공룡의 공격을 덩치와 꼬리치기로 밀어내기 쉬워진 거죠. 그래서 우리에게 익숙한 목 길고 꼬리도 긴 브론토사우루스, 브라키오사우루스 등, 거대한 초식공룡의 전성기가 됩니다. 🐻

그러자 육식공룡도 덩치가 커져야 거대해진 초식공룡을 잡아먹을 수 있기에 티라노의 조상쯤 되는 알로사우루스 등도 덩달아 덩치가 커지게 되지요.

또한 초식공룡들은 눈이 옆에 붙어 있어서 거리 측정은 불리했지만 시야가 넓어 식물을 찾기에 좋고 적이 나타나면 빨리 알아챌 수 있었고, 육식공룡은 사람처럼 눈이 앞에 붙어 있어서 시

(쥐라기 초식공룡, 브론토사우루스)
(©Darren Pepper)

Large *Brontosaurus* compared to a 1.8 meter tall person.

© www.prehistoric-wildlife.com 24-12-2015

Large *Allosaurus* compared to a 1.8 meter tall person.
Note*- Most known *Allosaurus* were slightly smaller at about 8.5 meters, isolated remains suggest that rare individuals might have grown up to 12 meters

DIMENSIONS IN METERS
ILLUSTRATION BY DARREN PEPPER

© www.prehistoric-wildlife.com 31-01-2020

(쥐라기 육식공룡, 알로사우루스)
(©Darren Pepper)

야는 좁았지만 사물의 위치나 거리를 정확히 파악할 수 있어서 사냥하기에 최적화되어 있었답니다. 🐻

이처럼 쥐라기 시대가 초식공룡이 먼저 덩치가 커지고 이에 따라 육식공룡도 덩치가 커지는 과정이었다면, 백악기에 들어서면서 다른 양상으로 변하게 됩니다.

즉, 백악기 초식공룡은 목과 꼬리가 긴 종류는 서서히 사라지고 덩치가 작아집니다. 그대신 피부는 갑옷을 두른 것 같이 단단해지고, 얼굴이나 꼬리에 공격 무기를 갖추어 방어력은 높이되 다리는 짧아진, 땅딸보 초식공룡이 번성하게 됩니다.

이는 육식공룡도 덩치가 커짐에 따라 더 이상 크기로는 육식공룡을 물리칠 수 없게 되어 육식공룡이 잡아먹기 어렵도록 껍질을 두껍게 진화시킨 것이죠. 또한 다리도 짧아져 납작 엎드리는 형태가 되어 방어력도 높아지는데, 숏다리가 된 건 방어 때문이라기보다는 앞서 식물계의 변화에 의한 것이긴 해요.

쥐라기 식물계는 꽃을 피우지 않고도 스스로 번식하는 고사리 등의 양치식물이 주류였고 은행나무와 같은 겉씨식물(나자식물)이 등장했지만, 쥐라기 말기에는 곤충의 진화에 따라 벌이 번성하게 되자 식물도 번식이 잘 되도록 꽃을 피우게 되죠. 현재 지구 식물계의 대세가 된 속씨식물(피자식물) 등 새로운 식물이 번성하게 되자, 기존의 높은 나뭇잎 대신 땅에 바짝 붙은 식물과 열매를 주로 먹게 되면서 다리와 목도 짧아진 것이죠. 🐻 이처럼 초식동물의 등은 단단해지고, 본의 아니게 몸체가 낮아져 자체 방어력이 강해지자, 육식공

(후기 백악기의 지구)

룡도 이에 맞서 진화하게 됩니다.

이에 따라 결국 강한 턱과 이빨로 초식공룡의 피부를 뚫을 수 있는 지구 역사상 가장 머리가 큰 대두(?) 공룡, 티라노사우루스가 백악기 마지막에 출현하게 되니, 초식공룡의 최종 진화 형태 중 하나인 트리케라톱스와 북아메리카에서 격돌하게 된 것이지요. 실제로는 꼬리에 망치가 달린 듯한 초식공룡 안킬로사우루스가 트리케라톱스보다 더 강했다고는 하지만요. 🐻

다만, 바다로 뚝 떨어져 있던 남미 대륙에선 거대한 육식공룡이 나타나지 않아 백악기 말기까지 쥐라기 시절처럼 목과 꼬리가 긴 아르헨티노사우루스가 번성했다는 차이는 있어요.

그러니 소설과 영화 '쥐라기 공원'에 등장하는 거대한 초식공룡들은 쥐라기 시대의 공룡이 맞지만, 영화

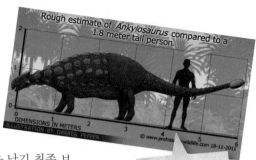

(무서운 초식공룡,
인킬로사우루스)
(©Darren Pepper)

에서 가장 뚜렷한 인상을 남긴 최종 보스 티라노사우루스가 나오는 건 고증 오류예요. 실제로 이 영화 속 초식공룡과 티라노사우루스 간의 시차가 9000만 년이나 된답니다. 이는 현재 인류와 티라노사우루스가 살던 시대 간격인 6550만 년보다 더 간격이 큰 거예요. 🐻

그런데, 아메리카 대륙 공룡 이야기만 계속 나오니 우리나라 쪽엔 어떤 공룡이 살았는지 궁금하시죠?

몽골 등 동아시아에도 티라노사우루스와 공통 조상을 가진 육식공룡 타르보사우루스가 있었기에, EBS 교육방송이 동아시아에 실제 살던 공룡을 등장시킨 애니메이션 영화 '점박이 : 한반도의 공룡'에서 타르보사우루스를 주인공 점박이 공룡으로 설정하게 되지요.

아직 우리나라에서는 화석이 안 나왔음에도 '한반도 공룡'으로 본의 아니게 유명해진 타르보사우루스는 1946년 몽골에서 처음 발견되었는데, 7~14m에 이르고 몸무게가 최대 5t에 달하는 거대한 육식공룡이었어요. 발견 당시엔 생김새가 비슷해 티라노사우루스로 오인되었다가, 이후 연구를 통해 공통의 조상을 가진 별개 종이

란 게 밝혀진 상태입니다.

그런데……, 이 영화에서 주인공과 싸우는 악역은 다름 아닌 티라노사우루스. 아니 이 공룡은 아시아에 안 살았는데~, 미쿡에서 한반도로 이민 온 걸까요? 🐻

> 타르보사우루스 : "타르르릉~, 여기는 우리 타르보 나와바리루스. 넌 어디서 굴러들어온 놈이냐르보?"
>
> 티라노사우루스 : "티르르릉~, 나는 아메리카에서 온 공룡이라노. 여기가 살기 좋다고 들었는데 텃세가 심하다루스."
>
> 타르보사우루스 : "여름과 겨울만 길고 먹을 것도 없는 헬반도다르보. 어여 썩 돌아가르보. 티라노 고 홈!"
>
> 티라노사우루스 : "뭣이라루스? 한번 싸워보르티라노? 캬악!(앙 문다.)"
>
> 타르보사우루스 : "어이쿠루스. 여기 보소. 아시아 동네 공룡들~, 양 공룡이 토종공룡 친다루스!"

재미있는 건, 트리케라톱스의 조상인 프로토케라톱스는 북아메리카로 넘어간 뒤 더 크고 뿔이 길어지게 진화한 것과 정반대로, 북아메리카 대륙 남쪽에 살았던 티라노사우루스와 타르보사우루스의 공통 조상 중 아시아로 넘어온 쪽은, 타르보사우루스로 진화하면서도 북미에 그대로 남아 진화한 티라노사우루스보다 덩치가 작았단 거예요. 결국 모두 공통 조상을 가진 공룡들인데, 아시아에 살던 타르보사우루스, 프로토케라톱스보다는 북미 대륙에서 진화한 티라 노사우루스와 트리케라톱스가 더 커지고 강해졌다는 거~. 🐻

　게다가 북미 대륙에선 티라노사우루스가 워낙 강력했기에 다른 종류의 육식공룡은 거의 사라져서 트리케라톱스는 티라노사우루스 와 1대 1 맞장을 떴지만, 동아시아에선 타르보사우루스 이외에도 다 양한 육식공룡이 존재했던 상황이라 프로토케라톱스는 타르보사 우루스와 격투하기보다는 덩치가 작지만 단체 사냥을 하던 육식공 룡 벨로키랍토르 무리랑 맞장을 뜬 상태의 화석이 많이 발견되고 있 어요. 특히 1971년 몽골 사막에서 발굴된 프로토케라톱스와 벨로키 랍토르와의 결투 화석이 매우 유명하죠. 그 화석에는 벨로키랍토르 가 프로토케라톱스 몸에 발톱을 박은 상황에서, 프로토케라톱스 역 시 벨로키랍토르 앞발을 물고 있었지요. 마치 티라노사우루스와 트 리케라톱스의 결투 장면과 유사하게 말이죠. 아마 이들 역시 생존을 건 결투를 하던 중 갑작스러운 모래 폭풍에 덮여 죽은 것으로 보고 있다고 합니다.

　또한 애니메이션 '점박 이 : 한반도의 공룡'과 '공 룡 메카드'에는 친타오사 우루스(Tsintaosaurus)란 공 룡도 나오는데, 이 '친타오' 는 '칭따오 맥주'로 유명한 중국 '칭다오(青 島)' 시 근처에서 1950년에 처음 발굴되었

(친타오사우루스)
(©Nobu Tamura)

기에 이런 이름을 붙인 거랍니다.

왜 이 중국 공룡이 나왔는지 제작에 관여한 지인에게 물어본 적이 있는데, 국내 시장만을 바라보며 애니메이션 만들기가 어려워서 중국 자본의 협찬을 받았기에 찬조 출연시킨 거라네요. 역시 그런 사정이…… 🐻

그런데, 앞서 소개한 우리나라 공룡 애니메이션 '점박이 : 한반도의 공룡'과 '공룡 메카드'에는 한 가지 문제가 있습니다. 그게 뭐냐면요~, 중국 공룡도 나오는데 정작 우리나라에서 최초로 발견해 우리나라에서 이름을 붙인 공룡을 소개하지 않았던 겁니다!!! 🐻

응? 우리나라에서 이름을 붙인 공룡이 있다고요? 🐻

그럼요~. 우리나라는 백악기 시절 수많은 공룡의 흔적이 남아 있어요. 실제 우리나라 해안가에는 무수한 공룡 발자국이 남아 있어서 세계적으로도 유명하답니다.

우리나라에서 처음 발견되어 이름 붙인 대표적인 공룡은 바로, '부경고사우루스 (Pukyongosaurus millenniumi)'예요.

(부경고사우루스. 부경고등학교 출신 아니다~.) (출처_heros-and-villans-fight-club.fandom.com/wiki)

결국 이 진정한 한반도 공룡은 2018년 '점박이 한반도의 공룡 2 : 새로운 낙원' 편에 조연으로 등장합니다. 🐻

부경대학교 백인성 교수팀이 1999년 경남 하동군 금성면 갈사리 앞바다 돌섬에서 발굴해, 2000년 2월에 발표한 부경고사우루스는, 백악기 전기(1억 3600만 년~1억 3000만 년 전)에 살던 초식공룡이에요. 크기는 15~20m, 무게는 20~25t에 이르는 거대한 크기였는데, 발굴팀의 성과를 기념하고 밀레니엄을 맞는 2000년에 발표되었다고 해서 '부경'이란 대학교 이름을 붙이고, 맨 뒤에 종명은 천년(millenniumi)으로 붙였답니다. 현재 이 공룡 화석 복원 전시물은 부산 부경대학교 도서관 1층에 전시중이라고 하네요.

그런데……, 사실 이 부경고사우루스라는 이름은 가리지날이에요. 원 의미를 살리려면 '부경오사우루스'라고 불러야 합니다. 🐻 사실 저도 처음에 이 이름을 듣고는 "응? 분명 부경대학교에서 발견했는데 왜 부경고등학교라고 한 거지?"란 의문을 가졌어요. 알아보니 사실은 라틴어로 학명을 붙이면서 접속어 'o'를 중간에 넣어 '부경-오-사우루스 (Pukyong+o+saurus)'라고 한 것인데, 다들 'Pukyongo+saurus'로 잘못 이해해 부경고사우루스라고 부르는 거라네요. 🐻

이 외에도 우리나라에서 붙인 공룡 이름이 더 있답니다. 해남이크누스 (Haenamichnus)라는 익룡은, 1996년에 전남대학교 허민 교수팀이 전라남도 해남군 황산면 우항리에서 발자국 화석을 발견해 알려지게 된 것입니다. 엄밀히 따지면 익룡은 공룡이 아닌 파충

(고향이 해남이어라~! 해남이크누스) (출처_dinopedia.fandom.com/wiki)

(화성 출신 외계공룡이 아니라 고향이 경기도 화성이라서 코리아케라톱스 화성엔시시!)

류이긴 하지만 익룡 발자국 화석은 두 발과 함께 두 날개로 걸어서 특징적인 모양을 나타내는데, 당시 아시아 최초이자 세계적으로도 7번째 발견이었다고 해요.

또한 '코리아케라톱스 화성엔시스(Koreaceratops hwaseongensis)'는 2008년 경기도 화성시 전곡항에서 한반도 최초로 발견된 케라톱스형 공룡(얼굴에 뿔이 달린 공룡)이었답니다. 이에 화성시는 지난 2012년 10월 화성시 동탄복합문화센터 내에 '코리아케라톱스 화성엔시스 홍보관'을 열기도 했지요. 🐻

그런데 앞서 계속 초식공룡과 육식공룡의 싸움을 설명했는데, 지금까지 가장 많은 화석이 발굴되는 공룡은 티라노사우루스도, 트리케라톱스도 아니랍니다. 🐻

중생대 최후 공룡 세계에서 가장 많이 번성한 공룡은 '마이아사우라(Maiasaura)'라는 초식공룡이에요.

잘 모르신다고요? 1978년 발견된 신상 공룡이라 그래요. 보통 공룡들은 000사우루스(saurus)라고 부르는데,

(마이아사우라 화석. 우리 아기들 마이 무라~.)

이 공룡을 사우라(saura)라고 부르는 건 '착한 엄마도마뱀'이란 뜻으로 라틴어 여성형으로 불러서 그렇답니다. 🐻

화석 분석 결과 백악기 후기로 갈수록 입이 오리주둥이 모양을 한 공룡들이 크게 번성했는데, 그중 하나인 마이아사우라는 아시아와 북아메리카에서 무리를 지어 살면서 엄마 공룡이 알을 낳은 후 정성껏 지키고 있으면 아빠 공룡이 먹이를 구해왔다고 해요. 또한 육식공룡이 오면 어미들이 빙 둘러서 새끼들을 보호했을 것으로 추정한다네요. 따라서 알을 낳은 후 방치하던 다른 공룡에 비해 공동체가 같이 새끼 공룡을 지켜내어 약한 초식공룡이지만 자손이 크게 번창할 수 있었던 것이죠.

지금까지 살펴봤듯이, 공룡은 먼저 초식공룡이 식물의 변화와 육식공룡 방어에 맞춰 진화하면, 이에 따라 육식공룡이 더 거대해지는 방향으로 발달해왔고, 점차 아기 공룡을 지키며 무리생활을 하는 종이 번성하는 등, 끊임없이 진화, 발전했던 것이죠.

따라서 만약 이 공룡 시대가 계속되었다면 지금쯤은 후손 공룡이 인류처럼 고도의 지능을 가진 사회를 구성할 수 있었을 것이라고 상상하는 학자들도 있어요. 그중 가장 주목받는 대상은 '트로오돈(Troodon)'이란 공룡이에요. 백악기 말에 출현한 이 공룡은 몸무게가 최대 50kg에 사람 만한 크기의 작은 공룡이었지만, 평소 뒷발로만 걷고 빨리 달릴 수 있었으며, 체구에 비해 뇌가 크고, 눈은 정면을 응시하는 형태였고, 앞발가락으로 물건을 자유자재로 잡을 수 있었고, 어느 정도 발성을 할 수 있었을 것으로 추정한다네요. 이에 1982

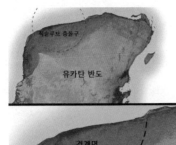

칙술루브 충돌구

유카탄 반도

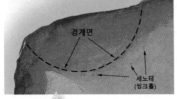

경계면

세노테
(씽크홀)

(칙술루브 운석공 흔적)

년 캐나다의 데일 러셀 박사는 "만약 공룡 대멸종이 없었다면, 이 공룡이 인간과 유사한 지적 생명체, 디노사우로이드(Dinosauroid, 공룡인간)로 진화했을 것"이라고 주장한 바 있지요. 🐻

하지만 백악기 말기에 이르면 각지에서 화산 폭발이 일어나 생존 환경이 나빠지기 시작합니다. 게다가 북미 대륙에선 티라노사우루스가 너무 강력했던 나머지 다른 육식공룡의 씨를 말려 공룡의 다양성도 줄어들었다고 하지요. 그래서 백악기 말기 공룡 알 화석을 분석해보니 껍질이 예전에 비해 얇아지는 등, 이미 위기의 흔적이 보였다고 합니다.

하지만 이 같은 위기에 더해 6550만 년 전, 어느 날 갑자기 하늘에서 멕시코 유카탄 반도에 떨어진 거대한 운석은 공룡의 낙원이던 지구를 한순간에 파멸하고 말았습니다. 🐻

우주를 떠돌다가 음속의 50배 속도로 지구와 충돌한 이 운석은 지름이 12km나 되는 소행성이었는데, 이 운석이 땅과 충돌해 무려 지름이 180km나 되는 크레이터(칙술루브 운석공, Chicxulub Crater)가 생기면서 엄청난 먼지와 증발된 물이 하늘로 솟구쳐 오릅니다. 이 충돌 직후 주변 1,000km 이내의 생명체는 즉사했고 지구 전체에 대지진과 화산 폭발, 쓰나미가 발생하는 대격변이 일어납니다. 또한 전 지구가 거대한 구름에 뒤덮이면서 햇빛을 차단함에 따라 지구 평균 기온은 20도나 내려갔고, 이런 상태는 3년간 계속되었을 것이라고 하네요. 이때 대다수의 육지는 영하의 얼음 세계가 되었고 바다도 식어 해양 생태계도 파멸되면서 전 생명체 중 70~80% 이상이 멸종했는데, 공룡도 예외가 되지 못했지요. 이로써 지구 역사상 가장 산소가 풍부했던 거대 생명체의 시대인 중생대는 느닷없이 허무하게 종말을 고하게 됩니다. 🐻

지금까지 인간이 태어나기 전 우주의 탄생부터 공룡의 멸망에 이르기까지 최초, 최고 내용을 살펴보았네요.

그럼 이제 인간 세상의 최초, 최고를 알아보러 갑시다. 하나둘, 하나둘!

우리가 일상생활에서 가장 필요한 항목을 꼽으라고 하면 의, 식, 주를 손꼽게 되지요. 2부에서는 의, 식, 주 중, 우리가 미처 알지 못했던 최초, 최고의 이야기를 해볼까 합니다.

목화씨를 몰래 가져와 우리 민족이 따뜻한 면화 옷을 입을 수 있게 해주신 문익점 님의 진실과 타임머신을 타고 중생대를 여행하면서 공룡 고기를 먹는다면 어떤 맛이었을지에 대한 궁금증, 또 세계 최고라고 알고 있는 우리나라 인삼에 대한 가슴 아픈 이야기를 풀어보겠습니다.

2부

의식주 분야
최초·최고

01

의생활 : 우리나라 최고의 산업 스파이,
문익점 님의 진실은?

드디어 인간 역사 속 최초·최고 이야기로 넘어왔네요. 🐻

인간이 살아가는 데 반드시 필요한 세 가지 요소로 우리는 의, 식, 주를 손꼽습니다.

그중 가장 먼저 거론하는 의(衣), 즉 옷은 피부를 보호하고 체온을 유지해준다는 실용적인 목적도 있지만, 개인의 신분을 상징하는 수단이었기에 가장 먼저 거론되는 아이템이 되었습니다. 특히 예전 신분제 사회에서는 계층별로 입을 수 있는 옷과 색상까지 규정했기 때문에 관리들은 관직에 따라 정해진 색상의 옷을 입어야 했고, 평민들은 아무리 돈이 있더라도 비단 등 고급 옷감의 옷을 입을 수 없어 특히 겨울에는 더더욱 힘든 삶을 살아가야 했습니다.

그런 세월을 지나 우리나라 역사에서 한 선구자가 목화씨를 가져와 재배에 성공한 덕분에 일반 백성들도 따뜻한 솜옷을 입게 되어 겨울을 잘 넘기게 되었으니, 우리 역사상 최고의 산업 스파이(?)로 여겨지는 문익점(文益漸) 님의 목화씨 밀수 성공 스토리를 우리는 이렇게 알고 있습니다.

(문익점 초상화)
(문익점면화전시관 소장)

　'고려 말 혼돈의 시기, 원나라에 사신으로 간 문익점은 반원(反元) 정책을 펼치던 공민왕을 강하게 질타하는 원 황제에게 당당히 맞서다가 노여움을 사 중국 강남(양쯔강 이남)으로 유배를 갑니다. 🐻

유배 생활을 하던 어느 날, 지천에 깔린 목화밭을 보게 된 문익점은 "우리 고려 백성들도 저 목화에서 나오는 솜으로 만든 따뜻한 옷을 입게 하고 싶구나." 하는 안타까운 심정을 품었습니다. 하지만 그 당시 목화는 원나라가 해외 유출을 엄격히 막는 품목이었기에 감히 목화를 반출하다 걸리면 바로 목이 달아날 중죄였다지요?

그렇게 인고의 세월을 보낸 지 3년 만에 마침내 고려로 귀국하게 되자 이 한몸 불사르겠다는 굳은 결심을 하고 밀수를 감행하시니, 몽골 관리들이 미처 생각하지 못한 붓두껍 속에 목화씨 여럿을 숨겨 드디어 국경 수하물 검사를 무사히 통과합니다. 하지만 기쁨도 잠시, 귀국 후 조정에서 억울한 누명을 쓰고 고향 땅으로 돌아가게 되나 이에 굴하지 않고 장인어른인 정천익과 함께 씨를 뿌리니, 마지막 남은 목화씨 하나가 살아남아 드디어 국내 재배에 성공합니다.

그런데 아뿔싸! 면에서 씨앗을 제거해 실을 뽑는 기술은 미처 알지 못했다나요? 그렇게 고심하던 어느 날, 지나가던 중국 스님이 목화밭을 보고는 "울리 살람 강남 고향 목화밭 풍경과 똑같다해."라고 감동하는 것을 보고는 집으로 모셔 해당 기술을 전수해 달라고 부탁합니다. 하지만 국가 기밀이라 절대 안 알려준다는 스님에게 "불쌍한 중생이 따뜻하게 겨울을 나게 도와 달라."고 눈물로 간청하자 이에 감복해 스님이 물레 기술을 몰래 가르쳐줍니다. 대체 왜 국가 기밀까지 다 알고 있는 중국 스님이 고려 시골 땅을 전전하고 있었는지 합리적인 의심이 듭니다만……, 이에 드디어 우리 백성들에게 목화 솜으로 만든 옷을 입게 해주어 따뜻하게 겨울을 나게 해주셨다.'

그런데……, 이제 슬슬 느낌이 오시죠? 네~, 이 목화씨 밀수 이야기는 가리지날입니다. 🐻

문익점의 목화씨 밀수 사건의 진실

실제 이야기는 이렇습니다.

경남 산청에서 태어난 문익점은 32세가 되던 1360년에 과거시험에 합격합니다. 이 시기는 공민왕(1330~1374)이 원나라의 쇠퇴를 목격하고는 오랜 내정 간섭에서 벗어나 고려의 완전한 국권 회복을 꾀

하던 때였습니다. 당시 고려 임금은 원나라 공주와 결혼해 원 황실의 사위가 되는 부마국 시기였기에, 공민왕 역시 부마국의 왕자로서 12세 때 원나라 황궁에 불려가 본인의 이름인 왕전(王顓) 대신 '왕바안테무르(王伯顏帖木兒)'라고 불리며 인질로서 원나라 황태자의 말벗을 하며 지냅니다. 이처럼 질풍노도 청소년기를 원 황궁에서 보내던 공민왕은 1349년에, 황제와 6촌지간이던 노국대장공주인 보탑실리와 자유연애로 결혼하며 원 황제로부터 가장 총애받게 되지요. 🐻

당시 고려를 다스리던 충정왕(1337~1352)은 공민왕의 형님인 충혜왕의 아들이었는데, 왜구가 출몰하는 등 정치가 엉망이 되었다네요. 그러자 윤택, 이승로 등 신하들이 원나라 조정에 계속 새 왕으로 교체해 달라고 직접 탄핵 청원을 넣는 시츄에이션이 전개되면서, 원 황제는 평소 아끼던 왕바안테무르 왕자(훗날 공민왕)가 적격이라 생각해 재깍 그를 새 고려왕으로 책봉하고 1351년에 고려로 귀국시킵니다. 이에 원 황제의 명령 한마디로 하루 아침에 왕위에서 쫓겨난 충정왕은 강화도로 유폐되었다가 1년 뒤 독살되고 맙니다. 🐻

그런데 당시 충정왕의 나이가 몇 살인지 아십니까? 겨우 16세. 중학생 나이입니다. 역사서에는 폭군이라 기록되었다지만 12세에 왕위에 올라 3년간 어머니가 섭정을 맡아 하던 상황에서 무슨 잘못을 그리 했을까요? 그래서 최근 역사학자들은 인질 생활 중이던 공민왕이 왕이 되고자 신하들과 내통하여 왕위 교체를 원 황실에 요구하도록 조종한 것이 아닐까 추측한다고 합니다. 실제로 공민왕이 왕

위에 오르자마자 폐위된 조카를 유배보낸 뒤 죽인 과정을 보면 조선 세조의 롤모델이라 할 수 있지요. 🐻

이처럼 치밀한 준비 끝에 고려 왕에 오른 공민왕은 노국대장공주와 함께 몽골 황실 복장과 변발 머리로 고려 땅을 밟게 되는데, 당시 원 제국은 중국 한족 반란으로 힘든 상황인지라 새 고려 왕이 충성을 다해 원 제국을 도울 것이라고 기대했건만, 22세 청년 공민왕은 고려 왕복으로 갈아입자마자 그때까지 숨겨왔던 가면을 벗어던지고 '몽골 고 홈'을 외칩니다. 🐻

절치부심한 끝에 왕위에 오른 공민왕은 그동안 유행하던 몽골식 복장과 변발을 금지시키고, 여동생이 원나라 황후가 된 뒤 왕보다 더한 권세를 누리던 기철 등의 친원파는 아내와 어린 자녀, 친척들까지 전부 하루새 척살해버리니……, 원나라로선 완벽하게 뒤통수를 맞은 셈이었습니다. 당시 홍건적으로 골치 아프던 원 황제는 이렇게 외치지 않았을까요? "왕바안테무르 너마저~!" 🐻

하지만 복수를 위해 본심을 숨기고 정략적 자유연애를 마다하지 않았던 공민왕은 원나라의 간섭을 무시하고 착실히 개혁을 전개해 나갑니다. 이에 친원파가 사라진 자리에는 그동안 유명무실하던 과거시험을 통해 선발된 젊은 사대부들을 등용하면서 이색, 정몽주, 정도전 등이 정계에 진출하게 되는데, 이때 문익점도 과거시험을 통해 관직에 첫발을 내딛게 됩니다.

또한 그동안 잃었던 북방 영토의 회복을 시도해 동북면 쌍성총관부를 회복하는데, 이때 호응해 고려군을 도운 이자춘, 이성계 부자

(父子)가 고려에 귀순했고, 이성계는 신출귀몰한 활 솜씨로 각지에서 왜구를 물리치며 두각을 나타내지요.

당시 고려가 이처럼 무력으로 영토 회복에 나설 수 있었던 것은 중국 강남에서 일어난 중국 한족 중심의 백련교라는 신흥종교 신도들이 머리에 빨간 두건을 두르고 반란을 일으키니, 원 군대가 흔히 '홍건적'이라 부르는 이들 한족 반란군을 막기에 급급했기 때문이었지요. 우리가 익히 알고 있는 소설《삼국지》에 나오는 '황건적의 난'은, 태평도라는 신흥종교를 통해 세상을 뒤엎으려다가 실패하지만, 원나라 말기의 '홍건적의 난'은 결국 명나라 건국으로 이어진 성공적인 농민 반란이었습니다. 물론 농민 반란으로 건국된 명나라 역시 276년 뒤 '이자성의 난'이라 불리는 농민 반란에 의해 멸망하죠. 🐻

우리는 흔히 명이 청에게 멸망했다고 알고 있지만, 정확히는 명나라의 마지막 황제는 농민 반란군이 자금성에 다다르자 스스로 목을 매어 숨지고, 반란 두목 이자성은 자금성에서 '순(順) 제국'을 선포하고 황제가 되지만 불과 1주일 뒤에 만리장성을 넘어 진격한 만주족에게 북경을 빼앗기고 반년이 못 되어 붕괴하고 말지요.

그런 역사적 사실이 있었기에 조선 말기 동학교도 반란군이 당시 호남 최대의 도시 전주성을 함락하고 한양으로 진격하자, 과거 중국의 신흥종교 농민 반란을 떠올리며 명성황후 일파가 정권을 유지하려고 청나라 군사를 불러들였던 겁니다. 이후 일본이 개입하면서 청일전쟁, 러일전쟁으로 이어져 결국 일본에 나라를 통째 먹히는 최악의 상황으로 치달았던 것이고, 지금도 우리는 그 여파로 남북이 분단죄되고 수많은 고초를 겪고 있는 것입니다. 현재의 중국 공산당 정부 역시 그러한 역사적 사실에 기반해 지금도 신흥종교의 확산을 두려워하고 탄압하는 것이고요. 🐻

배경 설명이 길었네요. 어쨌거나 종교의 힘을 빌린 한족들의 반항으로 원 제국이 붕괴되는 상황을 목도한 공민왕은 '적의 적은 우리편'이라 여기고 홍건적에게 우호적인 태도를 보였지만, 어라? 요동까지 북상했던 이들 홍건적이 원나라 군대에 밀리면서 1359년, 1360년 2차례에 걸쳐 만만한 고려 땅으로 밀고 들어옵니다. 특히나 2차 침입 때에는 무려 20만 명이나 쳐들어와 무고한 백성들을 죽이고 개경까지 함락해 공민왕이 안동으로 피난 가는 사태에까지 이릅니다. 결국 최영과 이성계 등이 고려군 30만 명을 총동원해 쫓아내긴 했지만 이미 국토는 엉망이 된 상황이었지요. 🐻

이에 공민왕은 고민에 빠집니다. 당초 몽골의 지배가 싫어서 중국 반란군을 지지했는데, 겪어 보니 이 중국 도적떼들은 몽골보다 더 심한 깡패짓을 하는 겁니다. 결국 공민왕은 입술을 깨물며 "미안하다~ 사랑한다~"라며 원나라에 화해 사신단을 파견하게 되지요. 하지만 이제나 저제나 기다려도 아무런 연락이 오지 않는 겁니다. 🐻 이에 다급해진 공민왕은 다시 좌시중 이공수를 대표로 한 2차 사신단을 파견하는데, 여기에 초급 관리 문익점도 포함되었던 것이죠.

당시 원나라 황실은 두 얼굴의 사나이, 공민왕에게 치를 떨고 있었어요. 그중에서도 특히 고려 본국에 있던 친정 가문이 몰살 당한

기황후의 원한은 사무쳤
지요. 기(奇)씨 성을 가진
고려 여인으로서 1333년

(기황후 초상화)
(고양시 덕양서원 소장)
(출처_나무위키)

원나라 궁녀가 된 후 불과 2년 뒤, 원 순
제의 후궁이 되어 황태자를 출산, 권력투쟁
을 거쳐 결국 1365년에는 세계 최고의 권력
을 가진 원 황제의 제1황후가 된 인물이지
요. 그런데 그녀로 인해 고려가 나아지기
는커녕 친원 세력들의 힘만 키워주었고, 더 많은 고려 여인들을 공
녀로 차출해 원나라 귀족들에게 바치면서 본인과 아들의 권력 강화
에 몰두했기에 고려 백성들에겐 더 큰 고통을 주었지요. 🐻

　이처럼 원 황실이 공민왕에 대해 이를 갈고 있던 흉흉한 상황에
서 고난도 미션을 수행하고자 도착한 두 번째 고려 사신단은 놀라운
상황을 접하게 됩니다. 이미 원나라 조정에서는 공민왕을 폐위시키
고 새로이 덕흥군(공민왕의 삼촌)을 고려 왕으로 임명하기 위해 1만
명의 군대가 침공 준비를 마친 상황이었다네요. 게다가 덕흥군의 뒤
를 이을 왕위 계승권자 원자(元子)는 무려 본인의 조카인 기삼보노
(奇三寶奴)를 임명했으니, 아예 왕씨에서 기씨 고려로 왕조를 바꿀
셈이었던 것이죠. 그런 지경이어서 1차 사신단은 이미 덕흥군에 찰
싹 붙어서 임시 조정까지 운영하던 상황이었다지요. 그러니 감감무
소식이었지~. 🐻

　이에 2차 사신단은 각자 소신에 따라 덕흥군 지지파와 공민왕 지

지파로 나뉘게 됩니다. 당시 공민왕을 여전히 지지한 사신은 소수였다고 하는데, 사실상 목숨을 내놓는 결정이었겠지요.

자, 그럼 문익점 님의 결정은 무엇이었을까요? 목화씨 밀수 사건 설화에서 보면 공민왕 편을 들다가 중국 강남으로 귀양갔다고 나오지만……, 실제로는 덕흥군 지지파로 돌아섭니다. 대신 변호하자면 당시 말단관리였던 문익점으로선 공민왕이랑 큰 인연도 없었을 것이고, 일단 살고 봐야 한다고 생각했을 겁니다. 🐻

기황후의 후원을 받아 차기 정부 요직까지 구상을 마친 대도 고려 임시정부는 드디어 1364년에 몽골 군대를 앞세우고 덕흥군과 함께 고려 진입을 시도했지만, 사전에 정보를 입수한 공민왕이 최영 장군과 이성계 장군을 보내어 압록강 입구에서 이들 몽골군에 맞서 대승을 거둡니다. 1363년 흥왕사 행궁에서 벌어진 '김용의 난' 당시에도 반란군이 원 황제의 명령이라며 공민왕의 목숨을 노리기도 했지만, 노국대장공주가 결사적으로 버텨 무위로 돌아갑니다. 그러자 이미 중원을 홍건적에게 빼앗기고 있던 몽골로서는 더 이상 공민왕을 무력으로 내쫓기는 불가능하단 걸 알고는 화해의 의미로 덕흥군 지지 사신단들을 고려로 강제 송환합니다. 어이, 이봐요들~, 너무들 하시네~, 참! 👑 제가 공민왕이었으면 배신한 사신단들의 목을 죄다 쳤을 것 같은데……, 문익점은 아직 신입이라 파직 처분하고 내쫓는 선에서 마무리합니다.

그래서 36세 나이에 백수 신세가 된 문익점은 터덜터덜 경상남도 산청군 단성면 사월리로 내려가게 된 것이고, 그냥 놀지 않고 장인

어른 정천익과 힘을 합쳐 원나라에서 귀국할 때 가져온 목화씨 생산에 성공하면서 드디어 의복 혁신이 일어나게 됩니다. 이에 비록 공민왕을 배신한 인물이었지만 그 공로를 인정받아 우왕 시절인 1374년, 10년 만에 다시 관직에 복귀하게 되지요.

하지만 기쁨도 잠시, 위화도 회군 이후 정몽주 등 기존 고려 왕실을 유지하려던 온건 개혁파와 정도전, 이성계 등 새 왕조 역성혁명을 꿈꾸던 급진 개혁파가 대립하게 되는데, 문익점은 이 상황에서 어느 쪽에 섰을까요?

당시 문익점의 딸이 이성계의 배다른 형인 이원계와 결혼한 상황이라 이성계 집안과 사돈인데도, 문익점은 고려 왕실에 의리를 지켜 정몽주 편에 섰으니 이분 정말 줄을 잘 못 서는 분이셨네요. 🐻

하지만 얼마 지나지 않아 정몽주가 피살되고 급진파가 권력을 장악해 새 왕조를 향해 나아가자 관직을 버리고 고향에 내려간 뒤, 1392년 이성계가 조선 왕조를 열었다는 소식을 듣고 은거하다가 1398년에 사망하니, 우직한 고려의 충신이셨네요.

하지만 그의 목화씨 재배로 인한 의생활 개선 공로에 대한 찬사는 날로 높아져 후손들은 관직에 추천되더니, 세종 시절에는 충선공(忠宣公)이란 시호를 받고 영의정에 추증되기에 이릅니다. 물론 여기에는 조선 건국 유학자들의 정신적 스승인 목은 이색(李穡)이 문익점과 서당 선후배 사이이고, 문익점 본인이 이성계 집안의 사돈이었다는 배경도 어느 정도 작용했을 겁니다. 우리네 인생이란 게 다 그런 거 아닙니까? 🐻

그렇다면 문익점 이전에는 목화씨 재배가 없었느냐? 하면 그런 것도 아닙니다.

최근 우리나라에서도 유물 발굴 중 백제 사비성 내 사찰 유적에서 목화 면직물이 발견되면서, 이미 삼국시대에 면직물 옷을 입은 사실이 드러나기도 했지요. 역사 기록에 따르면 중국은 AD 3세기경 서역으로부터 목화를 들여와 재배해 AD 7세기에는 양쯔강 이남 지방에서 널리 재배했다고 하네요. 다만 원래 면화는 인도가 원산지여서 습하고 더운 지역에서 잘 자랐기에, 한반도에선 재배가 쉽지 않아 대부분 면직물을 수입에 의존할 수밖에 없어 상류층이 아니고서는 입을 수 없었고, 고려 말기까지 평민들은 여름엔 모시옷을 입고 겨울에는 가죽 옷 등을 입었다고 합니다.

그런데 문익점이 원나라 황제의 노여움을 사서 강남으로 유배간 적이 없는데 목화씨는 어떻게 가져온 걸까요? 마침 문익점이 원나라를 방문하던 시기에 중국 화북 지방에도 잘 자라는 개량종이 재배되기 시작하던 때였고, 문익점이 이를 눈여겨보고 이 개량형 목화 종자를 가지고 들어온 거예요. 당시 원나라는 화약무기 재료가 되는 물품이나 지도를 제외하고는 해외 유출을 제한하지 않았기에 강제 송환길에 올랐을 때 여러 현지 물품과 함께 목화씨도 아무런 제재 없이 그냥 가져왔다는 게 진실입니다. 🐻 또한 목화에서 실 뽑는 기술 역시 원나라에 살던 고려인이 많아 널리 알려져 있던 상황이었고요. 어쨌거나 유입 자체는 별문제가 없었으며 본인이 직접 재배를 시도해 우리나라에서도 목화가 널리 재배되는 출발점이 되었고, 채

100년이 지나지 않아 조선 전역에 면직물과 함께 목화 솜을 이용한 솜옷까지 보급되어 겨울을 보다 따뜻하게 지내게 되었으니, 그 공은 참으로 높다고 하겠습니다. 🐨

이 아름다운 이야기는 후대에도 대대로 칭송되는데, 조선 성종 시절 조신(曺伸)은 《목면근본기(木棉根本記)》를 통해 문익점의 공로를 높이 평가했으며, 평소 칼을 차고 다녔으며 유학자이지만 실용주의자였고 임진왜란 당시 곽재우 등 영남 의병장들의 스승이었던 남명 조식(曺植) 선생 역시 《목면화기(木棉花記)》를 통해 "문익점의 공로는 농사를 시작하게 한 중국의 전설적 위인 후직(后稷)과 맞먹는 공적"이라고 찬양합니다.

이 같은 후대의 칭송이 계속 이어지면서 그후 이야기에 살이 자꾸 붙게 됩니다. 그래서 문익점은 원래 공민왕의 강직한 충신이었기에 유배를 갔다는 충성심을 강조한 데 이어, 다른 이야기가 유입되면서 백성을 위해 목숨을 걸고 붓두껍 속에 숨겨서 국경을 통과했고, 중국 승려에게서 비법을 전수받았다는 이야기로 확장되어 온 것이죠. 🐨

중국 한나라 공주의 비단 제조법 유출 사건

그중 붓두껍 밀수 이야기는 여러 나라에서 전해지는 누에고치 밀수 사건에서 따왔을 가능성이 큽니다.

(호탄 왕국 위치)

그중 대표적인 이야기가 실크로드에서 번성했던 호탄 왕국에 시집간 한나라 공주 견왕녀의 비단 유출 사건이에요.

호탄(Hotan, Khotan, Heitan, Hotien, 和闐) 왕국? 그런 나라가 있었냐고요? 네. 지금은 망해서 중국 신장위구르 자치주의 한 도시 지명으로 남아 있을 뿐이지만, 과거 호탄 왕국은 석가모니 부처님 민족인 인도-스키타이 계열 사캬(Sakya)족이 세운 나라였어요. 🐻

실크로드의 통로가 된 타클라마칸 사막에 위치해 농토는 부족했지만 가파른 쿤룬 산맥 기슭에 자리잡아 카라카슈 강(흑옥하, 黑玉河)과 유룽카슈 강(백옥하, 白玉河) 사이의 농토에서 맛있는 과일이 잘 자랐고, 목화 품질도 뛰어나 마르코폴로 여행기에도 소개되었다고 하네요. 하지만 호탄 왕국의 효자 상품은 바로 옥(玉)이었으니, 보석으로 쓰이는 백옥, 예옥이 강

(견왕녀도)

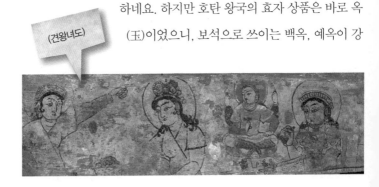

바닥에서 채굴되었는데, 워낙 품질이 좋아 중국에서 주나라 시절부터 수입해 갔다고 합니다. 지금도 여름이 되어 쿤룬 산맥의 빙하가 녹아 강물이 범람하면 사람들이 손에 손을 잡고 맨발로 강바닥을 훑으며 거슬러 올라가면서 옥을 찾는다네요. 특히 옥은 빙하가 녹아내려온 가파른 강물에 의해 오랜 기간 마모되어 매끈해진 특징이 있어서 오랜 경험을 가진 이들은 발의 감촉으로 찾아낸다고 합니다. 🐼

당시에는 옥이 이 호탄 왕국에서만 나왔기에 옛날 중국인들은 쿤룬 산맥에 살고 있는 신이 달빛을 정화해 만들어낸 결정체가 옥이라고 믿어 금보다도 더 귀하게 여겼다고 합니다. 그래서 중국 고사에 아주 재미난 '화씨지벽(和氏之璧)', '완벽(完璧)' 이야기가 탄생합니다.

전국시대 초(楚)나라 땅에 변화(卞和)란 이름을 가진 한 남자가 신비한 옥을 발견했다고 합니다. 그 돌은 어두운 곳에 두면 스스로 빛을 내고 겨울에도 따뜻한 온기를 내었다네요. 변화는 이 귀한 보물은 마땅히 왕이 가져야 한다고 여겨 당시 초나라를 다스리던 여왕(勵王)에게 바쳤지만, 옥을 다루는 장인들이 일반 돌이라고 우기는 바람에 왕을 능멸한 죄로 왼발 뒤꿈치가 잘리는 형벌을 받지요. 그후 무왕(武王)이 즉위하자 다시 옥을 바쳤지만 또다시 가짜 돌이라는 잘못된 감정에 의해 이번에는 오른발 뒤꿈치가 잘리게 됩니다. 그후 즉위한 문왕(文王)이 매일 통곡하고 운다는 변화의 사연을 듣고 그 돌을 가져와 다듬게 하자 천하 제일의 옥으로 재탄생하니, 변화에게 큰 사례를 하여 여생을 편히 살게 하고 그의 이름을 따서 '화씨지벽(和氏之璧, 화씨의 구슬)'이라 부르게 됩니다.

그후 이 옥은 초 위왕(威王)이 재상 소양에게 상으로 하사하자 소양이 큰 잔치를 열면서 화씨지벽을 손님들에게 보여주었는데, 연회가 끝난 뒤 그 돌이 그만 사라지고 말았다네요. 손님 중 도둑놈이 있었던 거지요. 그후 50여 년 뒤, 조(趙)나라 땅에 홀연히 나타난 화씨지벽은 결국 조나라 혜문왕 손에 들어갔지만, 그 소식을 들은 서쪽 진(秦)나라 소양왕이 "15개 성과 그 돌을 바꾸자."고 제안합니다. 당시 진나라의 국력이 워낙 막강했기에 거절했다가는 바로 전쟁이 날 것을 우려해 충신 인상여(藺相如)가 그 옥을 들고 진나라 왕궁에 들어가 소양왕에게 바칩니다. 하지만 이미 짐작했듯이 소양왕은 주겠다던 15개의 성에 대해서는 아무말도 하지 않고 화씨지벽을 빼앗으려 했고, 인상여는 "사실 그 옥에는 잘 보이지 않는 흠이 하나 있는데 알려드리겠다."고 설명한 뒤, 받아 든 옥을 높이 쳐들고는 "약속한 땅을 주지 않으면 이 돌을 부수고 나도 죽겠다."고 외칩니다. 이에 자신의 잘못을 깨달은 소양왕이 그 옥을 포기하고 온전하게 돌려주니, 이후 그 옥을 온전한 구슬, 즉 '완벽(完璧)'이라 부르게 되지요.

지금 우리가 'perfect'란 의미로 쓰는 '완벽하다'는 바로 이 고사에서 유래한 단어입니다. 🐻

그랬던 화씨지벽, 즉 완벽은 조나라 왕실 보물로 남지만, 뒷날 진시황이 나머지 6개 나라를 무력으로 점령해 중원이 통일되면서 결국 진나라 왕실의 전리품이 되고 맙니다. 그때까지 중국 임금들은 금도장을 새겼는데, 중국을 통일하고 스스로를 최초로 왕 위의 왕, '황제(皇帝)'라 칭한 진시황은 금도장으로는 성이 안 차, 자기 할아버지 소양왕이 탐냈던 '완벽(完璧)'을 그냥 두지 않고 깎아서 본인의 결재 도장으로 사용했고 그 후로 황제의 도장을 '옥새(玉璽)'라고 부른 것이죠.

(옥새 속에 새겨진 8글자)

당시 이 도장에는 진나라 승상 이사(李斯)가 쓴 '수명우천 기수영창(受命于天 旣壽永昌)'이란 8글자가 새겨집니다. 즉 "하늘에서 명을 받았으니 영원히 번창하리라."라고 씌었지만, 정작 통일 진 제국은 3대 15년 만에 멸망하고 맙니다. 아놔~ 🐻

그 뒤 진나라를 멸망시킨 한나라 유방이 이 옥새를 계속 쓰게 되면서 황제의 상징으로 남게 됩니다. 우리에게도 유명한 위촉오《삼국지》소설에도 이 진시황의 옥새가 등장하는데, 동탁을 토벌하기 위해 연합군으로 참전한 손견이 이 옥새를 발견했다가 목숨을 잃고, 이 옥새를 거머쥔 원술도 황제를 꿈꾸다 죽는 등, 삼국지 초기 영웅호걸들의 죽음과 연관되어 하늘의 뜻은 그들에게 있지 않았다는 의미로 요긴하게 등장하지요. 그후에도 서진, 5호 16국 혼란기를 거쳐 수, 당나라 때까지 1000년 넘게 이 옥새가 쓰이지만, 5대 10국 혼란의 시절, 후당(後唐) 마지막 황제가 낙양으로 쳐들어온 거란군을 피해 이 옥새를 안고 도망치다가 누각에서 불에 타 죽으면서 실종되었

고 지금까지 나타나지 않고 있습니다. 🐻

　이와 유사하게 다이아몬드는 오랜 기간 인도에서만 발굴되어 각 나라에 수출되었어요. 그래서 다른 나라에서는 그곳이 축복받은 땅이어서 가장 단단하고 영롱한 다이아몬드(금강, 金剛)가 인도에서만 나온다고 믿었답니다. 그래서 무수한 세력들이 인도를 침공하니, 굵직한 역사만 봐도 알렉산더 대왕이 페르시아를 지나 이 신비의 땅을 차지하려고 했고, 이후 콜럼버스 역시 오스만투르크가 길을 막고 있는 육지 교역로 대신 바다를 통해 다이아몬드와 후추가 나는 축복받은 땅, 인도로 가려다가 본의 아니게 아메리카 신대륙을 발견하게 되었지요. 이처럼 과거엔 '인도 = 다이아몬드'로 널리 인식되었기에 불교가

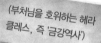

(부처님을 호위하는 헤라클레스, 즉 '금강역사')

중국으로 전래될 때 부처님과 불법을 호위하는 신을 한자로 번역하면서 '금강역사(金剛力士)', 즉, '다이아몬드 같은 힘을 가진 무사'라고 불렀지요. 그런데 이 금강역사는 사실 알렉산더 대왕이 간다라 지방을 정복한 뒤 전해진 그리스 신화 속 헤라클레스예요. 🐻

　또한 우리나라에서는 가장 빼어난 풍경을 자랑하는 산 이름을 금강산(金剛山, 다이아몬드 산)이라고 불렀고, 거제도에는 해금강(海金

剛, 바다의 다이아몬드)이 존재하지요. 전 어릴 때 한글로만 보고선 거제도에 해금강이란 이름의 강이 있는 줄 알았었지요. 🐻

그후 영국은 다이아몬드가 나는 인도를 차지하고는 신성로마 제국 황제로 인해 그동안 황제라 칭하지 못하던 설움을 극복하고 자 '영국 왕 겸 인도 황제'를 선포하니, 스스로 '대영 제국(British Empire)'이라 칭하게 되지요. 물론 대륙 유럽인들은 콧방귀 뀌었지 만요. 🐻

이처럼 호탄 왕국이 옥으로 유명했다면, 중국은 기원전 3000년경 부터 비단을 독점 생산해 아시아 주변 국가들은 물론 페르시아 상인 들을 통해 공화정 로마에까지 수출했기에 교역로의 이름이 '실크로 드(Silk Road)', '비단 길'이라고 불리게 된 것이죠.

인류 역사상 가장 오랜 기간 사용되어 온 동물성 섬유로 양모와 비단을 꼽는데, 양은 워낙 세계 여러 곳에서 널리 키워 양모를 자체 생산하는 곳이 많았지만, 비단만큼은 중국이 독점한 고대 세계의 '희토류'였기에 동서 교역 물품 중 가장 뚜렷한 이미지를 남길 수 있 었지요. 로마 제국으로 유입된 비단은 같은 무게의 금과 맞바꿀 정 도로 엄청난 고가에 거래되었다고 합니다. 이에 중국 왕조마다 비단 제작기술 유출을 막고자 뽕나무 종자나 누에를 반출하거나 비법을 발설한 자는 사형에 처할 정도로 엄하게 관리하여 3000여 년간 독 점 체계가 이어져왔지요. 당시 중국 내에서도 쓰촨성(四川省) 비단 이 가장 우수해 실크로드의 주요 거점이 되었다고 하는데, 이 지역 이 역사적으로도 한나라 유방, 촉나라 유비의 거점이 된 것은 비옥

한 토지, 상대적으로 많은 인구와 함께, 비단으로 대표되는 경제적 부유함으로 인해 낙양 등 중원 중심 지역과 능히 대적할 여건이 되었던 것이죠.

하지만 드디어 AD 2세기경 호탄 왕국이 비단 제조 비법을 알아내어 독자 생산하는 일대 사건이 발생하는데, 그 기술 유출범은 다름 아닌 후한의 공주였으니…… 🐻

비단 제조 비법 유출 사건의 전말은 이렇습니다. 중국으로부터 비단을 사서 이란과 인도 지역으로 수출하고 서역 물건을 중국으로 연결해주어, 이후 불교가 중국에 전래되는 데 기여한 호탄 왕국을 중국도 중요한 파트너로 여기고 있었죠. 그러던 어느날 호탄 왕국 국왕이 후한 공주와의 청혼을 요청합니다. 이에 후한 황제는 공주 중 한 명을 선택해 호탄 왕국에 시집보내기로 합니다.

이때 호탄 왕의 명령을 받고 모시러 온 사절단에게 공주 견왕녀가 물어봤답니다.

견왕녀 : "호탄은 어떤 나라인가후한?"

사신 : "호탄은 예쁜 옥이 많이 나오는 나라이지사캬. 과일도 맛있기로 유명하다스키타이~. 그런데……, 우리나라는 비단이 없다간다라. 공주님도 걍 목화 면으로 만든 옷 입어야 한다스키타이~."

견왕녀 : "쩐더(眞的, 진짜)? 나 시집 안 갈라만시지탄. 비단 옷도 못 걸치는 나라에 내가 왜 가야 하나부친절교!"

사신 : "공주님! 좋은 아이디어가 떠올랐다신장. 시집올 때 뽕나무 씨

뽕나무

누에

공주님
숨기고
가셔야죠~

앗과 누에 애벌래를 갖고 와서 비단을 짜면 된다위구르~."

그리하여 비단 옷을 계속 입고 싶었던 공주는 머리 장식 속에 뽕나무 씨앗과 누에 애벌레를 숨기고 시집을 가니, 드디어 호탄 왕국이 중국에 이어 비단을 자체 생산할 수 있게 된 것이고, 그 비법은 곧 타국에까지 번져 중국의 비단 독점권이 깨어지고 맙니다.

왠지, 왕자 호동의 "결혼하려면 자명고 종을 찢으라!"는 사탕발림에 속아넘어간 낙랑 공주 이야기가 떠오르죠? 🐻

그후 호탄 왕국은 실크로드의 거점으로 번영을 누리게 되지만 실크로드를 장악하고자 쳐들어온 당나라에 패해 왕조가 사라지게 되며, 뒤이어 토번(티벳)에게 재차 점령당한 뒤 다시 이슬람 국가인 카라한 왕국에 점령되었고, 이후 서요, 원나라, 명나라, 청나라의 지배를 받게 되면서 현재는 중국의 일부가 되고 말았습니다.

하지만 2세기에 중국 공주가 호탄 왕국으로 유출했다는 비단 제조 비법은 이미 우리나라 삼국시대 초기 기록에도 나오는 것으로 보아 시기가 맞지 않아요. 이미 기원전 1세기 신라 박혁거세 시절부터 누에치기를 권장했다고 하고, 3년마다 뽕나무 숫자도 관리할 정도로 철저히 국가산업으로 운영한 기록이 있거든요. 지금의 서울 잠실(蠶室)이나 잠원(蠶院) 지역 역시, 조선시대 누에고치 주 생산지였기에 '잠(蠶)=누에'이란 명칭이 남아 있는 것이죠. 🐻

뭐 어쨌거나 중국 건너편 호탄 왕국의 비단 기술은 이후 사산조페르시아로 넘어갔다가 마침내 552년 동로마 제국에도 전파됩니다. 당시 페르시아에 있던 경교(동방기독교, 네스토리우스교) 사제 한 명이 대나무 지팡이 속에 누에고치를 숨겨서 로마 땅에 가져갔다고 합니다. 수백 년간 값비싼 돈을 내고 페르시아로부터 비단을 사오던 동로마는 비로소 비단 제조법을 알게 되자 유스티니아누스 황제가 이를 국가 사업으로 지정해 황실의 주 수입원으로 삼게 되지요. 이 같은 재정 확보에 따라 이탈리아 재정복 사업과 로마법 편찬 사업을 일으키니, 동로마 제국의 부흥에 비단이 큰 역할을 담당한 거네요. 🐻

《알아두면 쓸데 있는 유쾌한 상식사전》 제4권 한국사 편, 김유신 장군 이야기에도 나왔지만, 이미 삼국시대 말기부터 페르시아와 우리나라 간 인적 교류가 있었지요. 그래서 이들 교역상인들로 인해 동로마 제국과 페르시아 유리 제품이 경쟁적으로 수입되어 신라 왕실과 귀족들에게 사랑을 받았고 지금도 박물관에 일부가 전시되고 있는데, 이 당시 페르시아로부터 전해진 여러 이야기 중 대나무 지팡이 속 누에고치 밀수 에피소드가 전래되면서 문익점 붓두껍 목화씨 이야기로 재활용되지 않았을까 한다네요. 🐻

베네치아 공화국, 성 마가 시신 밀수 사건

이와 비슷하게 밀수(?)로 추앙받는 경우가 다른 나라에도 있긴 합니다. 지금은 이탈리아의 한 도시일 뿐이지만 중세시대 유럽 최고의 부자 나라였던 베네치아 공화국은 성 마가(St. Mark, 이탈리아어로는 산 마르코 St. Marco)가 지키는 나라라는 자부심이 가득했는데, 이는 828년 신약성경 4대 복음서 중 하나인 《마가복음》의 저자 성 마가 시신 밀수 사건에서 기인한 겁니다.

성 마가(마르코)는 말년에 고대 이집트 최후의 수도이자 로마 황제 직할지였던 알렉산드리아에서 현지 주교를 맡아 포교활동을 하다가 로마의 기독교 박해로 체포되어 사망했기에, 5대 교구 중 하나인 알렉산드리아 교구 최초의 총대주교로 인정받고 있습니다. 당시 지중해를 둘러싼 전 지역을 지배하던 로마 제국은, 본국 이탈리아가 있는 서쪽보다는 동쪽이 훨씬 풍요로웠고 초기 기독교는 지중해 동방에서 먼저 번성하고 있었지요. 당시 알렉산드리아는 지중해 중요 항구도시로서 로마 황제 직할 밀 유통 거점이었고, 고대 최대 도서관인 알렉산드리아 도서관까지 갖춘 학술 도시로 유명했습니다.

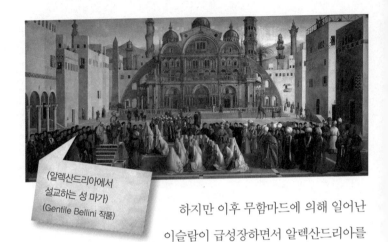

(알렉산드리아에서
설교하는 성 마가)
(Gentile Bellini 작품)

하지만 이후 무함마드에 의해 일어난 이슬람이 급성장하면서 알렉산드리아를 포함한 이집트 전역이 이슬람 제국에 편입되었고, 알렉산드리아의 한 수도원 내에 있던 성 마가의 무덤도 위기를 맞게 됩니다.

이때 알렉산드리아를 방문했던 베네치아의 두 상인, 트리부노와 루스티코는 수도원이 약탈될 위기라는 소식을 접하고는 이 성 마가의 시신을 고국으로 가져갈 계획을 세웁니다. 당시 기독교 사회에선 성(聖) 유물 수집이 유행해 성인(聖人)의 신체 일부나 유품이라도 보유한 성당이나 도시, 국가의 명예가 높아지던 시대였어요. 이런 상황에서 초기 베네치아는 성 테오도루스(St. Theodorus)를 수호성인으로 모셨는데, 이보다 훨씬 브랜드 가치가 높은 4대 복음서 저자 중 한 성인의 시신을 이교도 손에서 구출하는 것은 신흥 도시국가 베네치아의 위상을 높이기 위한 최고의 이벤트가 아닐 수 없었겠지요. 이에 이들은 거액의 사례금을 이 수도원에 바치고 성 마가의 유골을 건네받고는 사라센 국경 검사대에 걸리지 않도록 하기 위해 무슬림들이 극혐하는 돼지고기 상자 속에 유골을 담아 무사히 베네치아로 돌아옵니다. 성 마가의 유물을 유럽으로 탈출시킨 알렉산드리아 대교구의 신도들도 이후 꿋꿋이 살아남았고, 현재는 콥트교도라고 불리고 있지요. 이들이 있었기에 나폴레옹의 이집트 침략 당시 이집트 상형문자를 해독하는 결정적 근거를 제공해주었고, 지금도 여전히 수백 만 명의 신도들이 이집트 등지에서 신앙을 유지하고 있지만, 과격 이슬람단체 IS의 표적이 되어 희생당하고 있는 실정입니다. 🐻

어쨌거나 다시 이야기를 828년으로 돌리면, 이들 베네치아 상선은 성 마가의 유골을 모시고 베네치아로 항해합니다. 중간에 태풍을 만났지만 성인의 유골을 받쳐들자 거짓말처럼 바람이 사라졌다는 이야기는 뽀나스~. 🐻 이들은 항구에 들어가기 전 소형 배로 성 마가의 시신을 모시고 귀향한다는 급전을 띄웁니다. 이에 감격한 베네치아인들은 모두 항구로 쏟아져 나와 열렬히 환영했다고 합니다.

당시 성 유물은 일정한 레벨이 있었는데, 예수님의 12제자 및 4대 복음서 저자, 세례자 성 요한은 1등급 레벨이었거든요. 이미 로마시는 바티칸 언덕에서 베드로가 순교했기에 베드로 대성당을 세우고 로마의 수호성인으로 삼았고, 피렌체는 예수님에게 세례를 한 세례자 성 요한을 수호성인으로 삼았고, 스페인은 12제자 중 한 명인 야곱(스페인어로 야고보)을 수호성인으로 모시던 상황에서, 신생 국가 베네치아도 톱레벨의 수호성인을 갖게 된 것이니 얼마나 기뻤을까요?

실제로 스페인 산티아고 순례길이 유명해진 계기가 바로 수호성

(베네치아 산 마르코
성당과 광장)

인 야고보 전설 때문인데요. 예수님 12제자 중 한 명인 야곱(야고보)이 예루살렘에서 체포되어 참수되었는데, 그 시신을 제자들이 빈 배에 실었더니 이베리아 반도까지 떠내려갔다고 합니다. 이에 스페인 바닷가에 도착한 시신을 산티아고 대성당에 안치하고 스페인의 수호성인이 되었기에, 이후 위험한 예루살렘으로 가지 못하는 서유럽 열성 신도들이 대신 스페인 산티아고 대성당까지 순례를 간 것에서 비롯된 것이죠.

이처럼 기독교 세계 1등급 수호성인을 모시게 되면서 자신감이 넘친 베네치아인들은 기존의 성 테오도루스를 두 번째 수호성인으로 격하하고(어이~ 이봐요! 🐻), 성 마가(산 마르코)를 새로운 국가 수호성인으로 모시게 됩니다. 이에 성 마가의 유골을 안치하고자 830년에 산 마르코 대성당(Basilica Cattedrale Patriarcale di San Marco)을 건설하고, 성당 앞 광장을 산 마르코 광장이라고 이름 지어요. 또한 당시 중세인들은 4대 복음서 저자들을 요한계시록에 나오는 네 아이콘과 연결지어 생각했다는데, 성 마테오는 인간(탄생을 의미), 성 루가는 암소(희생을 상징), 성 마가는 사자(부활을 의미), 성 요한은 독수리(승천, 하늘로 올라감을 의미)로 여겼고, 이들 아이콘은 모두 날개를 달고 있었지요. 이에 베네치아는 산 마르코를 상징하는 날개 달린 황금빛 사자를 국기에 넣습니다. 이러한 자부심이 바탕이 되어 지금도 베니스 국제영화제의 최고 상은 '황금사자상'이랍니다. 🐻

이 같은 성 유물 유행의 흔적은 지금도 여러 유럽 성당에서 확인할 수 있지만, 가장 압권은 터키 이스탄불 톱카프 궁전(Topkapi Palace) 내 박물관에 있어요. 거기엔 놀랍게도 아브라함의 돌그릇, 모세의 지팡이, 다윗의 칼, 세례자 요한의 손목 뼈, 무함마드의 수염 등의 유물들이 동로마 제국, 오스만투르크 제국 시대 때부터 대대로 내려와 지금도 전시되고 있어요. 그곳은 신성한 구역이라 촬영이 금지되어 있고 여행서에 잘 언급되어 있지 않아, 가서 보면 진짜인지는 정녕 알 수 없는 엄청난 유물에 놀라게 되지요. 🐻

최무선의 화약 개발 이야기

이처럼 문익점의 붓두껍 이야기는 호탄 왕국으로 시집 간 공주, 지팡이 속에 누에고치를 숨긴 페르시아 사제 이야기의 변형이고, 또 하나 목화에서 실을 뽑을 수 있게 도와주었다는 중국 스님 이야기도 실은 최무선(崔茂宣)의 화약 개발 이야기에서 따온 것이에요.

우리는 고려 말 최무선 장군이 화약을 개발해 왜구를 물리쳤다는 사실만 간략히 알고 있지만, 최무선의 화약 이야기야말로 진정한 산업 스파이(?)의 활약상입니다. 🐻

최무선이 군인으로 활약하던 고려 말은 해안가마다 왜구의 침입이 극에 달했는데 늘 식량이 부족하던 쓰시마(대마도)가 그 근원지였지요. 당시엔 아직 쓰시마가 한반도와 일본 사이에서 줄타기 외교를 하던 준독립국이었는데, 일본은 조정이 남북조로 갈라져 두 일왕이 다투던 때라 쓰시마와 규슈를 제어할 여력이 없었고, 고려 역시 식량 사정이 좋지 않아 쓰시마인들의 식량 요청을 거부하죠. 그러자 이들이 해적으로 변신해 1340년경부터 한반도는 물론 중국 해안까지 약탈을 감행하던 시기였어요. 기록에 의하면 1373년에는 한양부(서울)까지 왜구가 털어갔고, 1377년에는 왜구가 양광도(지금의 경기도 일대)를 점령하고 개경으로 진군함에 따라 왕이 피난 계획을 세울 지경이었다네요. 고려 말 왜구에게 수도가 함락당할 위기가 있었다는 건 국사책엔 거의 언급되지 않지만, 엄연히 기록이 남아 있습니다. 🐻

사실 해적에게 수도가 털릴 뻔한 경험은 우리만 한 게 아니에요. 실제로 9세기 바티칸 로마 교황청이 이슬람 해적에게 공격받은 적이 있어요. 당시 겨우 물리쳤는데, 사로잡은 이슬람 해적 포로들을 강제 노동시켜 만든 게 지금의 바티칸시티 성벽입니다. 언젠가 바티칸 박물관을 가게 된다면, 대기 줄에서 기다리면서 1300여 년째 서 있는 그 성벽의 유래를 한번 생각해보시면 좋겠네요. 🐻

이에 최무선은 왜구들의 칼 솜씨가 대단하니 상륙하기 전 바다에서 대포로 침몰시키는 것이 가장 합리적이란 사실을 깨닫고 화약무기 개발을 추진합니다. 하지만 몽골이 금, 남송을 무너뜨릴 때에 화약무기를 사용해 큰 소득을 올린 경험이 있던 터라, 그후 화약 제조

에 쓰이는 염초 등의 재료와 제조법을 엄격히
관리하던 상황이어서 고려에서 이를 알아내
기가 어려웠지요.

(최무선 초상화)
(© 최무선과학관, 영천)

당초 최무선 집안은 해상 무역으로 부를
쌓던 귀족 가문이었던 것으로 추정하는데,
아버지 최동순은 광흥창사(廣興倉使) 직을
맡은 관리였다고 합니다. 즉, 관리의 녹봉
을 지급하기 위해 전국에서 쌀 및 특산물을 운
송해 보관하는 직위를 맡았는데, 아들 최무선
은 왜구의 침입으로 곡물을 약탈당해 아버지가 괴로워하는 것을 옆
에서 늘 지켜보고 있었던 것이죠. 이에 일찍부터 왜구를 막을 방도
를 찾던 최무선은 화약무기가 발달한 원나라 기술을 습득하고자 중
국을 오가는 상선에 부탁해 기술서를 수집, 분석하면서 스스로 화약
을 제조했다고 합니다.

하지만 결정적인 부분에서 계속 실패를 거듭하던 어느 날, 평소
거래하고 지내던 이원이란 원나라 상인이 화약 비법을 알고 있다는
사실을 알게 되고, 최무선이 마침 고려를 방문한 그를 찾아가 의복
과 음식을 대접하며 "왜구로부터 백성을 지키고자 하는데 화약 제
조 비법을 제발 가르쳐 달라."고 통사정하여 우왕 2년(1376년)에 마
지막 비법을 배웠다고 합니다.

이에 최무선은 새 화약무기를 조정에 보고하지만 처음에는 사기
꾼 취급을 받았다지요? 그래서 결국 실제 화약 발사를 입증해 보이

자 '화통도감(화약제조국)'을 신설해 총 책임자로 임명하지요.

이후 최무선의 함포를 배에 싣게 된 100여 척의 고려 수군은 1380년 금강 하구로 쳐들어온 무려 500여 척의 왜구 선단을 맞아 '진포해전'을 전개합니다. 당시 왜구 배에는 평균 30명 정도 탔다고 하니 약 15,000~20,000명이나 되는 대군이었지요. 임진왜란 때 가장 규모가 컸던 노량해전 당시 일본 수군이 300여 척이었던 것을 감안하면, 동아시아 해전 사상 가장 큰 규모였을 겁니다. 이 진포해전 당시 고려 수군은 전 함대가 다 모여도 고작 3000여 명에 불과했다지만, 처음으로 대함 포격전을 전개해 대승을 거두게 됩니다. 당시 부원수로 참전한 최무선은 이로써 성웅 이순신 제독의 대선배로 역사에 이름을 남기게 되지요. 🐻

또한 이 해전에서 패해 육지로 도망간 왜구가 최후의 발악을 하니, 경남 함양 사근내역 전투에서 고려군 박수경, 배언, 두 대장군이 사망할 정도로 패배하지만, 개경에서 파견된 이성계 장군에 의해 몰살되죠. 이를 '황산대첩'이라고 하는데, 이 완벽한 콤비 전투의 승리로 왜구의 기나긴 고려 침탈도 완전히 기세가 꺾이게 됩니다.

하지만 이성계가 위화도 회군을 통해 조선 건국을 준비하면서 정몽주 일파를 처단하는 과정에서 1389년에 화통도감을 폐지하자, 최무선 장군은 결국 초야에 묻혀 지내다가 화병으로 돌아가시고 맙니다. 최무선은 사망하면서 부인에게 "늦둥이 아들이 열다섯 살이 되면 이 책을 전해 달라."고 했다는데, 그 책에는 평생 그가 연구한 화약제조 비법이 담겨 있었다지요? 🐻

당시 조선이 최무선을 내친 데에는 고려 말 극성을 부리던 왜구를 일본 중앙정부에서 다시 통제하면서 잠잠해진 탓도 있었다는데, 그후 북방 여진족과의 국경 다툼이 빈번해지자 조선 조정 역시 화포의 필요성을 느껴 태종은 최무선의 비법을 물려받은 아들 최해산(崔海山)을 다시 조정에 불러들입니다. 이에 최무선의 명예는 회복되지만 생존 시 기록은 별로 남아 있지 않아, 지금 우리는 최무선 장군에 대해 잘 알지 못하지요.

게다가 문익점을 칭송하는 과정에서 중국인에게 화포 제조 비법을 알아낸 최무선의 이야기를 목화씨 면화 제조 에피소드에 녹여버리면서, 더더욱 오리지날 최무선의 화약 개발 이야기는 잊혀지고 말았습니다. 🐻

하지만 최무선이 자체 개발한 화약무기는 이후 신기전, 천자총

(신기전) (좌),
(천자총통) (우),
(비격진천뢰) (하)

통, 비격진천뢰 등 조선의 신무기로 이어져 200여 년 뒤 임진왜란 때 일본군에게 조선의 매운 맛을 톡톡히 보여주었으니, 이제라도 최무선 장군의 업적 또한 널리 알려지길 기원합니다.

그리고 많이 알려져 있진 않지만, 문익점에 대한 또다른 에피소드가 하나 더 있어요. 어머님이 돌아가신 후 문익점이 삼년상을 치르는 도중에 왜구가 쳐들어와 마을 사람이 모두 도망갔지만 홀로 남아 어머니의 무덤을 지키고 있었는데, 이를 본 왜구 장수가 감복하여 "효자를 해치지 말라."고 명하여 목숨을 구했다는 이야기도 전해지고 있습니다.

어떤가요? 목화씨 밀수 에피소드가 비록 가짜였다고는 하지만, 조정에서 쫓겨난 암담한 시기에 백성을 위해 목화를 보급하고자 노력한 문익점 님은 우리가 소중히 기억해야 할 위인이십니다. 또한 왜구로부터 백성을 지키고자 화약 비법을 적극적으로 알아낸 최무선 장군 또한 우리의 위대한 조상님이십니다.

이처럼 최신 비법을 알아내어 백성을 이롭게 한 조상님들이 있는 반면, 최근에는 우리의 첨단 기술을 개인의 영달을 위해 해외로 빼돌리는 산업 스파이 관련 뉴스가 종종 등장해 우리의 마음을 아프게 하네요. 우리의 후손은 21세기 대한민국 산업 스파이 이야기를 어떻게 기억할까요? 🐻

02

식생활 : 공룡 고기는 무슨 맛일까요?

조금 뜬금없는 질문을 하나 할까 합니다.

1부에서 길게 설명한 공룡시대는 우리에겐 매우 흥미로운 시기이죠. 예로부터 각종 소설과 영화로 다양한 공룡 관련 콘텐츠들이 인기를 끌고 있지요. 그런데 말입니다~. 만약 우리가 타임머신을 타고 공룡시대로 갔는데, 타임머신이 고장나고 비상 식량마저 동난다면 어쩔 수 없이 당시 동식물을 섭취할 수밖에 없을 텐데요.

공룡은 대체 어떤 맛이 났을까요? 🐻

우리는 흔히 공룡을 파충류라 생각해 그 고기 맛이 끔찍했을 것 같지만……, 그건 가리지날입니다.

이건 저만 궁금했던 건 아닌가 봅니다. 최근 연구결과에 따르면 닭 맛과 비슷했을 거랍니다. 오호~. 🐻

그나저나 우리는 닭을 아주 만만하게 생각하지만······, 실은 제3자가 보는 현재 지구의 지배자는 닭님이십니다. 🐻

헉! 그게 무슨 소리냐고요? 공룡의 맛 이야기에 앞서 생명체의 대멸종 이야기부터 해야겠네요.

그동안 지구의 역사에서는 총 다섯 번의 생명체 대멸종이 일어났습니다. 대멸종이란 생명체 절반 이상이 100만 년 이내에 멸종하는 사건을 의미합니다. 그중 가장 최근의 것인 6500만 년 전 운석 충돌 사건은, 1억 6000만 년 동안 지구를 지배하던 최대 크기의 생명체, 공룡의 시대를 단박에 종결시켰습니다. 이에 현재 우리가 사는 신생대는 포유류가 지배하는 시대라고 생각하지만 이는 가리지날입니다. 여전히 지구는 중생대에 이어 신생대에도 공룡의 후손이 생태계의 지배종이며, 그중 단연 최고 지배자는 바로 닭님이십니다. 으잉? 하지만 이제부터 설명드리는 내용을 찬찬히 읽어보면 고개를 끄덕이실 겁니다. 🐻

공룡들의 전성기인 중생대는 6500만 년 전 우연한 운석 충돌 사건으로 종결되고 신생대(新生代, Cenozoic Era)가 시작되는데, 다행히 중위도 지역까지만 빙하에 묻히고 적도 일대는 영하로는 내려가지 않아, 털로 인해 보온이 유리한 작은 포유류에겐 오히려 기회가 되었고 새로운 진화가 시작됩니다. 그중에서도 가장 특이한 상황은 바로 운석이 충돌한 카리브해에서 가장 먼저 생명체가 다시 번성하기 시작했단 거지요. 🐻 🐻

뭔가 모순된 것 같지만 나름 합리적인 이유가 있었는데요. 그건 바로, 운석 충돌 당시 바다 밑에 생긴 구멍인 열수분출공으로부터 지구 내부의 열이 올라와 다른 곳보다 먼저 따뜻해졌고, 지구 속 영양분도 흘러나와 미생물과 해저 생물이 살기 좋은 환경이 펼쳐지면서 대멸종의 출발지가 역설적이게도 새 생명체 진화의 출발점도 되었던 겁니다. 앞서 1부에서 언급한 것처럼 생명의 출발점은 늘 바닷속 열수분출공이었군요. 🐨

이처럼 다시 폐허에서 출발해야 했던 신생대 시작 당시 아직 쥐 정도로 작고 약했던 포유류들은, 공룡이 살던 중생대의 약 1/3 정도밖에 안 되는 기간 동안에 빙하기라는 혹독한 기후를 견뎌내며 드디어 인간이라는 종까지 진화하기에 이르렀습니다. 박수 짝짝짝~.

그런데…… 이 인간이란 생명체가 지구에겐 재앙이긴 합니다. 6번째 대멸종을 일으킬 존재라는 것이죠. 🐻

첫 번째 오르도비스기 대멸종은, 고생대 오르도비스기에서 실루리아기로 넘어가는 4억 4,500만여 년 전에 발생했습니다. 당시 해양 생물의 57%가 멸종되었다고 하네요. 당초 태양계 근처의 초신성 폭발로 인한 감마선 폭풍으로 오존층이 파괴되어 지구 생물이 고스란히 고에너지 광선에 노출되었을 것이라고 추측하고 있습니다.

두 번째 데본기 대멸종은, 고생대 데본기 말기인 3억 7,400만 ~ 3억 5,900만 년 전에 발생합니다. 해저 화산의 잦은 폭발로 산소가 부속해지고 운석이 충돌하는 등, 지구 기후의 변화로 발생한 것으로 보는 이 대멸종은, 석탄기에 이를 때까지 1,500만 년 동안이나 계속 진행되어 생물의 70%가 자취를 감췄다고 합니다.

세 번째 페름기 대멸종은, 2억 5,100만 년 전 고생대가 종결되는 사건이었어요. 당시 이유를 알 수 없지만 탄소가 1만 기가 톤이나 방출되면서 대륙 내부는 섭씨 60도, 열대 바다는 40도까지 치솟으면서 산소 부족과 물 증발, 산성비가 겹쳐 대다수 생명체의 단백질의 변성되면서 멸종했다고 분석되는데, 최근 연구에 따르면 이 대멸종도 운석 충돌이 그 원인인 것으로 보고 있다고 합니다. 특히 이 세 번째 대멸종은 5차례의 대멸종 중 가장 강력해서 당시 해양 생물 중 무려 96%가 멸종되어 거의 대부분의 생명체가 사라져버렸어요. 육상에서도 식물, 곤충, 척추동물을 다 합해 70%가 사라졌는데, 당시 척추동물이 다시 생명력을 회복할 때까지 3,000만 년이라는 긴 시간이 필요했고, 이 과정에서 파충류인 듯 파충류 아닌 공룡이 탄생하게 됩니다. 🐻

네 번째 트라이아스 대멸종은 2억 500만 년 전에 발생했는데, 중생대 트라이아스기에서 쥐라기로 넘어가는 계기가 됩니다. 초거대 대륙 판게아가 여러 대륙으로 갈라지면서 그 틈새에서 발생한 거대하고 지속적인 화산 폭발로 인한 기후변화가 원인일 것으로 짐작하는 이 대멸종을 통해 해양생물의 55%가 멸종했고, 육지에서도 대형 양서류는 전멸했다고 합니다. 또한 공룡을 제외한 육상 파충류도 다수가 전멸했다고 하네요.

마지막 다섯 번째 백악기 대멸종은, 앞서 설명드린 것처럼 유카탄 반도에 충돌한 10km의 거대 운석에 의해 중생대가 마감되고 신생대로 넘어오게 됩니다. 이때 생물 과(科)의 15%, 속(屬)의 50%가

멸종했고, 공룡이 전멸하면서 조류와 포유류가 새로운 지배자가 되었습니다.

이처럼 5번의 대멸종은 지구의 냉각, 운석 낙하 등 자연재해가 원인이었던 반면, 다음에 나타날 6번째 대멸종은 지구 역사상 최초로 인류라는 생명체에 의해 모든 다른 생명체가 파멸하는 시대로 접어들고 있다고 학자들은 경고합니다. 😈

그런데……, 생명체 스스로가 대멸종을 일으킬 최초의 존재가 바로 우리 인간이란 주장은 실은 가리지날입니다.

인간에 앞서 최초의 대멸종을 유발한 생명체가 있어요. 그건 바로 1부에서 소개한 남조세균입니다. 😾

22억 년 전 산소를 내뿜는 최초의 생명체가 된 남조세균의 등장으로 인해 깊은 바닷속 최초의 생명체들이 타버렸을 뿐 아니라, 남조세균이 내뿜은 산소가 대기와 물 속의 뿌연 안개, 중금속과 철, 망간 등을 산화시켜버립니다. 그래서 깨끗한 대기와 물로 바뀌게 된 건 좋은데, 산소가 대기 속 중금속을 산화시켜 뿌연 대기가 맑아지면서 그동안 지구를 따뜻하게 만든 온난화 효과가 사라져 혹독한 빙하기 시대를 초래했던 것이죠. 당시만 해도 아직 고등생명체가 없었기에 대멸종 사건으로 간주하지는 않지만, 하마터면 생명체 자체가 사라질 뻔했던 아찔한 상황이었습니다. 그런데 그 당시에 다행히(?) 소행성이 충돌하면서 눈과 얼음을 수증기로 바꾸고 이 구름들이 온난화 현상을 일으키면서, 다시금 온화한 지구로 변했던 겁니다.

이 같은 사실은 2019년 호주 커틴대학교 연구팀이 지구에서 가장 오래된 소행성 충돌 흔적인 호주 서부에 위치한 70km 크기의 야라부바(Yarrabubba) 충돌구를 조사하면서, 이 구멍이 약 22억 2900만 년 전 지구에 충돌한 운석의 흔적이며 이로 인해 눈덩이 지구(snowball earth)라 불리는 지구 초기 빙하시대가 해소되었다는 사실을 밝혀냄으로써 지구 역사의 한 의문점이 풀리게 되었습니다. 운석 충돌이 지구의 역사에 여러 차례 큰 변화를 초래한 것이죠.

그런데……, 조상생물 대량학살 유발자이자 자살 실패자인(?) 남조세균은 자신들이 어떤 변화를 일으킨 것인지 전혀 인지하지 못했지만, 지금 우리 인간은 스스로 뻔히 알면서도 파멸로 향해가고 있는 어리석은 존재인 것이 다른 점입니다. 하지만 인류가 각성해 자연 파괴를 멈추고 대멸종을 중단시키더라도 우리의 의지와 상관없이 어느 날 갑자기 우주에서 온 소행성의 충돌로 공룡의 멸종처럼 최후를 맞을 수도 있겠지요. 🐻

실제로 지금도 크고 작은 운석들이 지구와 충돌하고 있습니다. 1977년부터 누적된 전 지구 차원의 관측 자료 분석에 따르면, 0.02 ~ 0.08 메가톤 급의 공중 폭발은 연 평균 11.5개에 달한다고 합니다. 🐱 즉 매달 한 번 정도 운석에 의한 대기권 폭발 현상이 일어나고 있으니, 거대 운석의 충돌을 사전에 예측하고 대비하는 것이 무엇보다 인류 생존에서 가장 중요한 이슈입니다. 22억 년 전 빙하기, 고생대, 중생대 모두 운석에 의해 끝난 겁니다. 인문학이 어쩌고, 정치경제가 어쩌고, 인간들이 발버둥쳐봐야, 우주에서 온 큰 돌 하나가 지구와 충돌하면 파멸할 수밖에 없는 약한 존재가 바로 지구 위의 생명체들

이에요. 그래서 천문학이 인류 최후의 학문인 거고요. 🐻

지금까지의 생명체 진화를 보면 한 종의 생명체가 그 상태로 존속하는 기간은 대부분 100만 년 정도라고 합니다. 그후 유사한 종으로 갑자기 계단 뛰듯이 급속도로 변화하는 거지요. 따라서 우리 인류 역시 언젠가는 사라질 겁니다. 먼 훗날 현생 인류가 사라지고 지구에 새로운 지적 생명체가 탄생한다면, 그들은 과연 지금 이 시대를 뭐라고 부를까요? TV 다큐멘터리 프로그램을 보니 '인류세'라고 부를 것이라고 생각하나본데……, 인간이 현재 가장 번성하는 종족이라고 생각하는 것도 분명 오만한 인간들의 가리지날 지식입니다~. 이들 후대 지적 생명체가 화석 조사를 한다면, 그들은 이 시대를 분명히 '닭세'라고 부를 겁니다. 🐻

우리나라도 치킨 전성시대가 되면서 5000만 명 인구보다 더 많은 6000만 마리 닭님이 현재 우리와 함께 있을 뿐 아니라, 지구상에는 무려 300억 마리의 닭님이 살고 계십니다. 왜냐하면 여러 종교에서 종교적 이유로 돼지고기, 소고기 등을 먹지 않는데, 닭고기만은 금지하는 종교가 없기에 어디에서나 늘 환영받는 식재료이기 때문이지요. 또한 이들 닭님의 세대 교체는 무척 빠르기에 인류에 비해 압도적인 뼈 화석을 남길 겁니다. 따라서 지금 갑작스럽게 대멸종이 일어난다면 후대 발굴단들은, 닭님은 세계 도처에서 압도적인 숫자로 지구에 거주했을 뿐 아니라 집단으로 특정 지역 아파트(닭장)에 모여 살았던 사회적 고등생명체라고 결론 내릴 수밖에 없을 것입니다. 그러니 그들이 보기엔 닭님이야말로 당시 지구에서 가장 번성했

(닭과 공룡의 발)
(© University de Chile)

던 생명체인 거지요. 🐨

그런데 말입니다~. 닭을 포함한 새들은 모두 공룡의 후손들이에요. 이들은 공룡 중 일부가 중생대 멸종 시기에 살아남아 진화한 것이랍니다. 🐨

더 재미난 건 공룡은 골반 모양에 따라 용반목, 조반목으로 구분된다고 설명드렸는데, 정작 새와 비슷한 골반 구조를 가진 조반목에서 조류가 진화한 것이 아니라 도마뱀과 유사한 골반을 가진 용반목 중에서도 낫 모양의 발톱을 가진 수각류 육식공룡이 새의 조상이 되었다는 거죠. 우째 이런 일이! 🐨

또한 익룡에서 새로 진화한 게 아닌가 생각하시는 경우도 있겠지만 그것도 아니예요. 1부 공룡 편에서 미처 설명하지 못했는데, 공룡은 육지에만 존재했고 바다를 누빈 어룡, 수장룡이나 하늘을 나는 익룡 등은 공룡이 아니라 파충류예요. 이들 익룡은 모두 네 번째 손가락만 길어져서 날개를 형성한 반면, 새는 다섯 손가락이 모두 합쳐진 긴 하나의 손가락이 날개를 이루고 있기에 계통이 전혀 다르답니다. 이밖에 포유류 중에서도 박쥐가 새처럼 날아다니지만, 해부학적으로는 엄지손가락을 제외한 4개의 손가락이 날개를 이루고 있어서 새와는 완전히 다른 날개 구조예요. 🐨

이처럼 새의 조상이 공룡이라는 학설은 1964년 데이노니쿠스

(Deinonychus)란 육식공룡이 미국 서부 몬태나 주에서 발견되면서 시작됩니다. 당시 미국 존 오스트롬(John Ostrom) 교수가 이 공룡이 새와 유사한 구조라는 것을 깨달은 것이 출발점이었지요. 데이노니쿠스? 처음 들어보신다고요? 그런데, 우리는 이 공룡을 이미 영화나 놀이공원에서 본 적이 있어요. 벨로키랍토르라는 이름으로요. 🐻

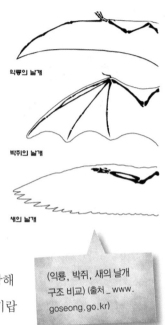

익룡의 날개

박쥐의 날개

새의 날개

(익룡, 박쥐, 새의 날개 구조 비교) (출처 _ www. goseong.go.kr)

1993년 영화 '쥬라기 공원'에 등장해 공포의 사냥꾼으로 유명해진 벨로키랍토르의 이미지는 사실 가리지날이에요.

벨로키랍토르는 사냥꾼이자 육식공룡이긴한데, 실제는 큰 닭 만한 크기였고 몸무게는 15~20kg 정도에 온몸이 털로 덮힌 작은 공룡이에요. 심지어 상상도 그림만 보면 매우 귀엽기까지 하지요. 🐻 우리가 흔히 알고 있는 무시무시한 벨로키랍토르의 모습은, 실은 데이노니쿠스랍니다. 하지만 이 공룡 역시 상상도를 보면 귀엽기만 하니 ……. 🐻

데이노니쿠스는 '무서운 발톱'이란 의미인데, 실제로 13cm에 이르는 거대한 둘째 발톱이 가장 큰 특징이었다네요. 키는 1.4 ~ 1.5m 정도로 사람만 하고, 몸 길이는 꼬리까지 약 3m 인 작은 공룡이었지만,

단체로 자기들보다 훨씬 큰 공룡을 사냥하는 매우 날렵하고 무서운 사냥꾼이었다고 합니다. 데이노니쿠스와 벨로키랍토르 등에 대한 분류가 제대로 되지 않던 시기에 소설 《쥐라기 공원》이 출간되었고, 영화까지 그렇게 나오면서 지금까지 잘못된 정보를 전파한 거예요.

독수리 등의 맹금류를 보면 날카로운 발톱과 부리로 공격하는데, 이 모든 게 육식공룡에서 유래된 것이라서 그런 거죠. 🐻

그런데 존 오스트롬 교수는 어떻게 새가 공룡의 후손임을 밝혔을까요? 🐻

그건 당시 미국과 유럽 공룡학자 간의 논쟁부터 얘기해야 합니다. 어제 1부 천문학에서 국가 간 대결과 비슷한 것 같죠? 이 논쟁에선 미국이 승리하고 있습니다.

원래 공룡 연구는 유럽이 오랫동안 주도권을 쥐고 있었습니다.

1822년 최초로 영국에서 공룡 화석을 발견한 이후 1960년대까지도 유럽 학계가 공룡 연구를 주도했는데, 초창기 연구자 대부분이 파충류 전문가들이었어요. 당시만 해도 공룡이 별개의 종이라는 사실을 모른 채 그저 덩치가 어마무시하게 큰 옛날 도마뱀이라고 여겼던 거지요. 따라서 공룡 화석을 본인들이 잘 아는 현행 파충류에 맞쳐 복원해버려서 과거 영화나 그림 등을 보면 육식공룡은 꼬리를 바닥에 대고 꼿꼿하게 서서 걷는 것으로 묘사하고, 네 발 초식공룡은 배를 질질 끌고 꼬리가 축 처진 모습으로 그렸지요.

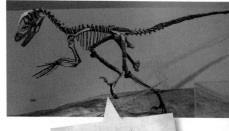

(데이노니쿠스 화석)
(미국 국립역사박물관 전시)

하지만 미국의 고생물학자 존 오스트롬 교수는 데이노니쿠스 등 공룡의 꼬리뼈를 연구하다가 이들의 꼬리뼈가 아주 질기고 단단한 힘줄에 의해 고정되어 있어서 유연한 파충류 꼬리와는 다르게 꼿꼿했다는 점을 깨닫습니다. 또한 공룡 발바닥 화석 옆에 꼬리나 배를 끌고 다닌 흔적이 전혀 없다는 사실과 연계해서, 공룡은 쭉 뻗은 다리에 꼬리는 바짝 들고 머리도 수평으로 들고 다니는 모습이 정확하다고 주장하게 됩니다. 🦉

또한 이런 체형이면 아주 빨리 달릴 수 있다는 점도 부각되면서 공룡은 파충류처럼 추운 계절이면 체온이 낮아져 동작이 느려지는 변온

(존 오스트롬 교수가 주장한 공룡의 꼬리)
(© Robert Bekker)
(출처 _ yalealumni-magazine.com)

(존 오스트롬 교수)

동물이 아니라 온혈동물인 새와 유사하며, 또한 공룡 알은 파충류 알처럼 동그랗지 않고 새처럼 타원형이니 공룡이 파충류보다는 새와 더 유사하다고 주장합니다.

이후 제자들이 그 이론을 발전시켜 나갔는데, 이들 중 로버트 베커(Robert Bekker) 박사는 한발 더 나아가 공룡은 민첩하고 무리를 이루어 사는 사회적 동물이며 현재 파충류와 달리 온혈동물이었다고 주장합니다. 또한 베커 박사에게 고생물학을 배운 일러스트 작가 그레고리 폴(Gregory S. Paul)이 그의 학설을 토대로 공룡의 모습을 복원해 그림을 그리고 글을 쓴《세계의 육식공룡들》이란 책도 큰 인기를 얻게 되는데, 이에 감명받은 한 인물이 이 책의 내용을 토대로 소설을 썼으니……, 그가 바로 소설가 마이클 크라이튼(Michael Crichton)이었죠. 🐻

하지만 마이클 크라이튼이 소설《쥬라기 공원》을 쓸 당시만 해도 이 날렵한 사냥꾼 공룡들에 대한 정보가 아직 부족해 실제 데이노니쿠스여야 했을 공룡 이름을 벨로키랍토르라고 잘못 소개한 것인데, 소설 속에서 너무 강렬한 인상을 남기게 되니

(마이클 크라이튼. "아 글쎄~ 난 당시 최신 발표 논문 기준으로 썼다니까!") (©John Chase) (좌), (소설 《쥬라기 공원》) (우)

……, 미국 공군이 2005년에 실전배치한 전투기 F-22의 애칭이 '랩터(Raptor)'가 된 것이죠. 🐻

이렇게 해서 새로운 공룡의 모습을 묘사한 소설《쥬라기 공원》이 엄청난 인기를 끌게 되자 결국 영화로도 제작되어 사람들에게 공룡의 새로운 모습을 컴퓨터 그래픽으로 생생히 보여주면서 큰 화제가 되었지만, 결론적으로는 벨로키랍토르에 대한 잘못된 인식을 심어 주었지요. 🐻

다시 이야기로 돌아올게요. 이처럼 공룡 온혈동물설이 퍼져 나가던 1993년 어느날, 미국 사우스다코다 주에서 테스킬로사우루스 공룡의 심장 화석이 발견되었는데, CT로 분석한 결과 놀랍게도 공룡이 포유류나 새와 동일한 2심방 2심실 구조인 것으로 드러납니다. 도마뱀 등 파충류는 1심방 2심실 구조인데 말이죠. 이에 따라 공룡은 기존 파충류와 전혀 다른 온혈 생명체였다는 것이 드디어 증명됩니다.

그러면서 왜 현생 악어는 거북이나 도마뱀처럼 1심방 2심실 심장이 아니라 새나 포유류처럼 2심방 2심실 심장을 가지고 있는지 그 의문도 해소됩니다. 실제로 악어의 조상은 공룡의 조상이기도 한 '테코돈트(Thecodont)'라는 고대 파충류에서 갈라져 나왔기에 공룡과는 자매 종인

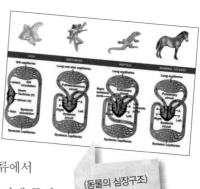

(동물의 심장구조)
(구글 이미지)

127

데, 이 테코돈트가 온혈동물이었던 터라 복잡한 심혈관계를 갖고 있었던 거지요. 하지만 무슨 이유에서인지 지금의 악어는 냉혈동물로 바뀌었지만, 심장만은 옛날 온혈동물 시절 심장을 갖고 있는 겁니다. 아이고~, 복잡해라. 🐻

이처럼 미국을 중심으로 공룡에 대한 새로운 주장이 분출되는 소위 '공룡 르네상스'가 전개되어 기존 화석은 재분석하고 새로운 발견이 이어진 결과, 앞서 소개한 마이아사우라 화석이 대량 발견되면서 공룡도 알을 보호하고 키운 사회적 동물이란 가설이 지지를 받게 되니, 오랜 기간 이어진 유럽학계의 잘못된 고정관념을 깨기 시작합니다.

또한 2000년대에 들어 깃털이 있는 화석이 중국 등지에서 대량 발견되면서 육식공룡들이 지금의 새처럼 화려한 색깔 깃털로 치장했을 거란 주장이 늘어나고 있지요. 그건 공룡도 온혈동물이라 체온 유지를 위해 피부에 털이 났는데, 이것이 점차 발달해 깃털로 발전한 것이고, 수컷들이 암컷을 유혹하기 위해 경쟁하면서 화려한 색깔로 치장했다는 겁니다. 마치 지금의 새들처럼 말이죠. 🐼

또한 유전학이 발전함에 따라 티라노사우루스 화석에 남은 일부 단백질 성분을 추출해 분석해보니 현생 조류인 비둘기와 가장 유사했다고 합니다.

그러니 타임머신을 타고 공룡시대로 가서 티라노사우루스를 사냥해 먹는다면, 아마도 비둘기 맛이 날 거예요.

그런데……, 비둘기가 무슨 맛이냐고요? 닭과 비슷하답니다. 비둘기를 먹어본 강원도 출신자 모 씨가 "닭 맛이랑 비슷하다."고 증언한 걸 보면요. 독자분의 궁금증을 풀어드리기 위해 비둘기 시식자를 수소문해 직접 들었답니다. 🐻

그 외에도 2008년 미국 뉴멕시코대학교 연구팀은 공룡 암컷의 뼈에서 타조나 비둘기처럼 알을 만들 때 칼슘을 공급한 골수골이 있었음을 확인했는데, 이 조직은 새에만 존재하고 파충류에는 없는 구조라고 하니 더더욱 공룡은 새의 선조임이 확실해졌지요.

실제로 일부 공룡에선 새처럼 깃털의 모습이 비대칭인 경우도 발견되고 있다네요. 하늘을 나는 새는 깃털이 가운데 깃대를 중심으로 비대칭이어야 양력을 받아 뜰 수 있는데, 실제 발굴된 공룡 화석 중 카우딥테릭스(Caudipteryx)는 중심 깃대를 중심으로 양쪽 깃털이 대칭이어서 날개가 있어도 날지 못하는 구조였던 반면, 칠면조 만한 크기의 미크로랍토르(Microraptor) 화석에선 비대칭 깃털이어서 날 수 있는 구조를 갖추고 있었음이 드러났지요.

또한 인간의 평균 체온은 약 37도인데 새들은 41도 정도 됩니다. 중생대 시절 포유류들은 밤에만 주로 활동했는데, 이는 공룡을 피하기 위해서라기보다는 낮이 너무 더웠기 때문입니다. 🐻

중생대는 지금보다 산소도 풍부했고 기온도 더 높은 시절이었기에 더운 기온에 적응한 공룡의 후손인 새들은 포유류보다 더 체온 설정점이 높은 것이라 생각되고 있지요. 그래서 현 지구 온도 적응이 쉽지 않은 조류들은 계절마다 남북으로 수천 km를 날아다니는 철새가 된 것이지요. 따라서 공룡은 파충류와 달리 머리와 꼬리가 일직선으로 서서 빨리 달릴 수 있는 온혈동물이었고, 깃털을 가지고 활발히 뛰어다닌 사회적 생물이란 사실이 이처럼 다양하게 과학적으로 증명되고 있습니다.

또 2015년 미국 하버드대 연구팀은 달걀에서 일부 유전자를 제거해본 결과, 공룡처럼 긴 꼬리를 가지거나 부리 대신 긴 주둥이를 가진 배아가 발생한다는 사실을 발표했는데, 실제로 유전학 분석을 해보면 공룡들과 가장 비슷한 유전자를 가진 새가 바로 닭과 칠면조였다고 하네요. 따라서……, 닭과 칠면조는 땅에서 살던 공룡이 날개를 가지게 되어 하늘을 날고자 시도하던 과도기 공룡의 직계 후손들인 겁니다. 🐻 또한 동물학자들에 따르면 여전히 조류가 포유류보다 더 종류가 다양하다고 하니, 신생대는 포유류의 시대가 아니라 제2의 공룡시대라 할 만하지요. 🐻

그러고 보니 우리가 닭을 즐겨 먹는 이유가 과거 우리 조상님들이 공룡에 쫓기며 살던 먼 옛날에 대한 복수를 하는 걸까요? 공룡은 과연 어떤 맛일지 궁금하시면 비둘기를 드시는 게 가장 근접하지만, 편의상 치킨을 드시면 된다는 아름다운 결론으로 끝나네요. 🐻

(우리나라 국민들의 대표 간식, 치킨) (구글 이미지)

03

건강한 생활 : 고려인삼이 최고라고삼?

역사적으로 오랜 기간 크게 각광받은 우리나라 수출품 중 단연 최고는 무엇이었을까요?

예상하셨겠지만 그건 다름 아닌 인삼이지요. 중국으로 가는 사신단이 꼭 챙겨가던 필수 아이템이었고, 수출하던 제품 중에도 최고 인기 품목이었기에 지금도 '고려인삼'이란 이름으로 널리 소개되고 있습니다. 그래서 많은 분들이 우리나라 인삼이 세계 시장을 휩쓸고 있다고 생각하지만, 그건 가리지날!

세계에서 가장 많이 소비되는 인삼은 미쿡 인삼이랍니다. 으잉? 그게 무슨 소리냐고요? 🐨

전 세계 인삼의 70%가 중화권에서 소비되고 있는데, 글로벌 인삼 거래소 중 가장 큰 홍콩 시장에서 거래하는 인삼 중 80%가 미국

(미국 야생 인삼, 화기삼)

산 인삼이라네요. 재배량으로도 전 세계 생산량의 93%가 미국 또는 캐나다, 호주, 뉴질랜드 등 신대륙 국가이고, 우리나라 인삼 생산량은 5% 정도에 불과하다고 합니다. 🐻

1980년대 초반까지는 그래도 홍콩 거래소에서 우리나라 인삼 점유율이 25% 정도였고 미국산이나 중국산에 비해 4~5배 이상 고가에 팔렸다고 하나, 이후 시장 점유율이 낮아져 이제는 홍콩 거래소에서 잘 취급하지 않는다고 합니다.

어째서 이런 일이 일어난 걸까요?

'아메리칸 진셍(American Ginseng : Panax trifolius)'이라 불리는 이 미쿡산 인삼은, 중화권에선 '서양삼(西洋蔘)' 또는 '화기삼(花旗蔘)'이라고 부르는데, 우리나라 인삼에 비해 향은 많이 나지 않지만 가격이 싸서 예로부터 인기가 많았다고 합니다. 태평양을 건너 홍콩까지 온 미국 인삼이 싼 이유는, 우리나라와 달리 평원에 씨를 뿌리고 차양만 잘 쳐주면 알아서 쑥쑥 잘 자라나 대량 생산이 가능하기에 가격을 낮출 수 있었다는데, 가장 대표적인 산지는 미국 중북부 위스

(미국 내 화기삼 재배 지역)

콘신 주라고 합니다. 게다가 최근에는 품질도 개량해 최상급 인삼은 우리나라 홍삼에 비해 3배 가격까지도 받는다네요. 🐻

이처럼 최상급 미국 인삼이 높은 가격을 받을 수 있는 이유는, 과학적 성분 분석을 통해 잔류 농약에 의한 중금속 오염이 없음을 입증해 소비자들로부터 안전하다는 평가를 얻었고, 효능의 핵심인 사포닌 함량이 다른 국가 인삼보다 더 많다는 것을 객관적으로 증명했기 때문이라고 합니다. 게다가 열이 많은 사람이 먹어도 안전하다고 소문나면서, 고려인삼 대신 미국산을 찾는 중국인들이 늘고 있다는 군요. 🐻

인삼하면 고려인삼, 우리나라 인삼이 전 세계를 제패한다고 알고 있던 상식이 여지없이 깨지는데요. 인삼의 역사를 찾아보면 그보다 더 놀랄 일이 많답니다. 🐻

인삼의 역사

인삼은 예로부터 동양 3국에서 다 재배되던 약초로 일찌감치 효능을 인정받은 약용식물입니다. 애초엔 산에서 캐내던 야생 산삼이 시초였는데, 고대 중국 진시황이 불로장생을 꿈꾸며 찾던 불로초가 산삼이지 않았을까 추측하지요. 그후에도 많은 중국 황제들이 신비의 명약을 찾는 과정에서 여러 지역 인삼을 비교한 바, 한반도와 만주 일대에서 나오는 인삼이 가장 효능이 좋다고 인정받아 삼국시대 우리 조상님들은 중국 외교 시 인삼 조공으로 톡톡히 효과를 보았다는 데, 심지어 신라 김춘추가 나당연합을 이끌어낼 때도 당 태종에게 바친 로비 물품이 인삼이었다는 야사도 있다고 합니다. 🐻

그래서 당시 중국 국가들은 각각 고려삼, 백제삼, 신라삼(나삼)이라고 구분해 효능도 비교했다고 하니, 고려인삼이란 명칭은 왕건의 고려가 아니라 이미 삼국시대 고구려(장수왕 이후에는 고려가 정식 국호임)때부터 쓰인 것이라 봐야 하겠지요.

그후 통일신라, 고려시대에도 인삼은 우리나라 주요 특산물로 대외 무역 시 큰돈을 벌어들이지만, 인공적인 인삼 재배에 성공한 것은 1392년 고려가 멸망하던 바로 그 해여서, 조선 이전 문헌에 나오는 인삼은 현재 용어로 보면 자연산 산삼입니다. 이후 조선시대에 재배 인삼이 대량 생산되면서 자연산 삼은 '산삼'이라 따로 구분하게 되었답니다.

하지만 인삼 재배에는 많은 수고가 따르지요. 실제로 인삼을 키운 밭은 땅 속의 미네랄 등 영양성분을 인삼이 죄다 빨아들이기 때문에 바로 이어서 인삼을 키울 수가 없다네요. 최근에는 비료를 줘서 연속 재배가 가능하다지만, 화학비료가 없던 과거에는 어림없는 소리였겠지요. 그래서 인삼 밭에서 인삼을 캐면 그후로 수년간은 다른 식물을 심으면서 땅의 지력이 회복되기를 기다리는 수고로움이 필요했답니다.

그런데 고구려 영토이던 만주에서도 예로부터 산삼이 많이 자라났기에 오랜 기간 여진족에게도 산삼은 부족을 먹여 살리는 특급 부가가치 특산물이었는데, 이들도 15세기부터 인삼 재배를 시작하면서 명나라 인삼 수출의 라이벌로 등장합니다. 🐻

홍삼으로 부흥한 만주족

16세기 중국 명나라 말기, 중국 전국에서 흉년과 함께 역병이 자주 돌아 노인들이 급사하는 사례가 늘어났다네요. 그러자 '인삼을 먹이면 방금 죽은 사람도 벌떡 눈을 뜬다'는 식의 소문이 나기 시작하면서, 그전에는 황족과 귀족들의 전유물이던 인삼을 구하려는 백성들로 인해 수요가 많이 늘어나게 되죠. 하지만 중국 인삼의 질이 좋지 않았기에 명나라 상인들이 만주로 몰려와 조선과 여진족으로부터 인삼을 정기적으로 수입하게 됩니다.

당시 조선은 이전 신라, 고려시대와 달리 귀족층의 재산 증식을 막고자 사사로운 해외무역을 금지하던 시절이었기에, 국가의 허가를 받은 일부 상인만 인삼 거래를 담당해 큰 재산을 모으는 경우가 많았는데, 조선 후기의 거상(巨商) 임상옥이 대표적인 인물입니다. 뭐 실제로는 재물에 눈뜬 조선 사대부들도 앞으로는 "어험~" 하고 점잔빼면서도, 뒤로는 중인을 활용해 무역으로 돈을 벌었다고 하지만요. 🐻

반면 여진족은 13세기 금나라 멸망 이후 300여 년간 여러 부족으로 나뉘어 갈등을 빚고 있었는데, 만주를 다스릴 국력이 없던 명나라와 북원(北元, 명에 의해 북쪽 초원으로 쫓겨난 몽골), 조선은 여진 각 부족 간의 갈등을 부추겨 분열시키는 전략으로 대응해왔지요.

당시 여진 부족은 몽골의 영향을 강하게 받은 해서여진(海西女眞) 4부, 명과 조선의 영향이 강한 압록강 북쪽의 건주여진(建州女眞) 5부, 독자 생존하던 두만강 북쪽 야인여진(野人女眞) 4부 등, 13개 세력으로 나뉘어 혼돈상태였는데, 압록강 하류 의주 건너편에 자리 하던 건주여진은 친명 세력이 되어 다른 여진 부족으로부터 명나라 의 국경을 지켜주는 입장이었고, 이들의 주 수입원은 명나라로 수출 하는 인삼이어서 조선과 라이벌 관계였다고 합니다. 🐻

그러던 어느날, 이들 건주여진족들이 잔꾀를 생각해내니, 인삼을 팔기 전 물에 담궈 무게를 늘리는 수법을 써서 더 많은 이윤을 챙기 려 한 것이죠. 요새도 수산물에 납덩어리를 넣거나 도살하기 전 소 에게 물을 먹여서 무게를 늘리는 수법이 있는 데, 500여 년 전 이미 이런 수법이 동원된 것 이죠. 🐻

(여진 부족 분포도)
(출처_EBS 특강 'G2 시대에 병자호란을 생각하다' 캡처)

여진족의 이런 잔꾀 는 여러 차 례 성공하 지만, 결국 명나라 상 인들이 그

수법을 눈치챕니다. 이에 명나라 상
인들 역시 인삼 구매 일정을 차일피
일 연기하는 작전으로 나오지요. 그
래서 기껏 물에 불려놓았던 인삼이 썩
어 여진인들이 큰 낭패를 보게 됩니다.

(청 태조 누르하치)

이런 난감한 시기이던 1583년, 24
세 나이에 건주여진 부족을 이끌게 된
아이신 기오로 누르하치(Aisin Gioro
Nurhaci, 愛新覺羅 努爾哈赤)가 해결사로
등장합니다.

우리에게도 청나라를 건국한 시조, 청 태조로 잘 알려져 있고, 서
양에서도 영화 '인디아나 존스' 첫 장면에서 해리슨 포드가 상하이
레스토랑에서 밀거래를 하려고 시도한 물건이 누르하치의 유골함
이라고 나올 정도로 서구인에게도 유명하지요. 일부에선 이 누르하
치 가문의 성인 '애신각라(愛新覺羅)'를 한자 그대로 뜻 풀이해 "신
라를 사랑하고 기억한다"라고 해석하고는, 머언 옛날 신라가 망할
때 북방으로 피신한 신라인의 후예라고 주장을 합니다만……, '아
이신'은 만주어로 '철(鐵), 금(金)'를 의미하는데 이와 유사한 발음이
나는 한자로 쓰다 보니 '애신(愛新)'이 된 것이고, '기오로(覺羅)'역
시 '부족'이란 만주어를 한자로 쓴 것뿐이에요.

청년 누르하치가 건주여진을 이끌게 된 것은, 사실 비극에서 출발합니다. 원래 누르하치 가문이 대대로 친명 정책을 추진한 건주여진을 이끌던 유력집안이었기에 할아버지와 아버지가 명군을 도와 다른 여진족을 공격했는데, 그만 전투 과정에서 명나라 군사들에게 적으로 오인되어 살해당하는 바람에 느닷없이 부족 지도자로 등극한 상황이었습니다. 🐻

　보통 이런 경우에는 동족인 다른 여진 부족과 연합해 명나라를 공격하는 수순으로 가야 하지만, 누르하치는 냉정하게 판단해 복수의 칼날을 숨기고 부족의 생존을 위해 명군 이성량 장군의 사과를 받아들여 명나라 편에 섭니다. 그러나 또다시 명나라 상인들이 장난을 치면서 피 같은 인삼을 대량으로 버리는 상황이 되었음에도, 명에 등을 돌리지 않고 인삼을 오래 보관할 수 있도록 생삼을 쪄서 말리는 '증폭법(蒸曝法)'을 개발하니……. 두둥~ 놀라지 마시라, 드디어 오랜 기간 보관이 가능한 홍삼이 등장한 겁니다. 🐱

　실제로 홍삼은 잘만 보관하면 상온에서 20년까지 버틴다고 하니, 중국 내륙까지 몇 달에 걸쳐 이동해도 큰 문제가 없는 새로운 인삼 제조법에 각광한 명나라 상인들이 기존 백삼보다 훨씬 비싼 값에 사 가게 되고 여진족들은 부자가 됩니다.

　이럴 수가! 홍삼이 우리나라에서 개발한

(홍삼 제조 과정)
(출처_66insam.tistory.com)

제조법이 아니었
다니요! 🐻

(서긍의 《고려도경》)

네. 일부에선 중
국 기록이 가짜이고 우리가
시초라고 주장하지만, 우리
나라 문헌에 그 시기 이전
에 개발했다는 기록이 없어요. 중국에 진상품으로 보낼 때 수분량이
많으면 곰팡이가 슬어 낭패를 보았기에 물에 씻은 후 햇볕에 껍질째
말리는 건삼, 백삼을 오래전부터 만들었고, 1123년 송나라에서 고
려를 방문한 서긍이 저술한 《고려도경(高麗圖經)》 속에 숙삼이란 찐
인삼 소개가 나오긴 합니다만, 이게 홍삼이란 구체적 증거는 없다는
거예요. 🐻

게다가 명나라 말기에 조선과 여진이 경쟁적으로 인삼을 팔 때엔
양쪽 모두 백삼밖에 없다가 여진족이 홍삼을 선보여 중국에서 대히
트를 쳤고, 청나라의 공식 기록인 《만주실록(滿洲實錄)》 3권에도 이
홍삼 제조법이 정식으로 기록되어 있답니다. 🐻

이를 통해 명나라와의 인삼 무역에서 조선을 압도하게 된 누르하
치는, 홍삼을 팔아 모은 재물을 바탕으로 명나라로부터 신식 무기를
사들인 후 여진 각 부족을 통합하는 통일전쟁을 전개하고 1616년 후
금(이후 청)의 건국을 선언하니, 결국 명나라에 홍삼을 팔면서 청나
라의 궐기가 시작된 것이죠. 🐻

홍삼을 팔아서 나라가 일어섰다는 게 이해가 안 되겠지만, 지금

도 최상급 홍삼은 금의 1/3에 해당하는 금액을 받는다고 합니다. 조선 기록에도 중국 상인들이 산삼과 금을 1대 1로 바꾸었다고 남겼을 정도이니, 홍삼의 부가가치가 어마어마했던 것이죠. 이는 마치 중세 유럽 이탈리아 도시국가 베네치아가 인도의 후추를 금보다 비싼 가격에 중개무역해 유럽 국가 중 가장 많은 자산을 보유했던 것과 유사합니다.

당초 명나라가 제대로 운영되고 있었다면 여진족의 통합을 막았겠지만, 때마침 임진왜란이 터져 조선과 함께 일본을 막는 사이, 1595년에 이미 여진족은 통합을 마무리짓는 상황이 되어버립니다. 누르하치는 여진족이 다시금 부활하려면 식량 부족에 의한 부족 간 다툼을 줄이고 부유한 경제력을 보유해야 한다고 보고, 만주 벌판을 개간해 농토로 만드는 한편, 수공업, 상업 등도 활성화시키고, 임진왜란이 끝난 다음해인 1599년이 되면 금광, 은광, 철광을 캐기 시작하고 옷감도 자체 생산하기 시작합니다. 또한 몽골 문자를 사용하던 것에서 탈피해 옛 금나라 글자를 개량한 문자를 만들면서, 민족 이름도 여진(女眞)족에서 만주(滿洲)족이라고 개칭하는 등, 국가로서의 시스템을 갖추기 시작하지요. 즉, 여진족에게 세종대왕급 인물이 탄생한 겁니다. 🐻

이후 타 여진부족을 흡수해 두만강 북쪽까지 세력권에 넣게 된 누르하치는, 가장 효능이 뛰어나다는 백두산 산삼 채취에 집중합니다. 당시에도 백두산은 두 강을 경계로 남쪽은 조선, 북쪽은 여진족 영토였는데, 당시까지는 조선의 힘이 센 탓에 국경을 넘어온 여진족은 잡히는 대로 죽인 반면, 조선인들은 두만강을 건너가 여진족 인삼을 캐어서 유유히 되돌아오는 상황이 반복되죠. 이에 누르하치가 부당함을 강하게 항의했다고 하는데, 결국 얼마 못 가 두 나라의 파워가 역전되고 맙니다. 그후로도 두만강 유역에서 산삼 갈등이 100여 년 이어지다가 드디어 백두산 국경 문제로 본격화됩니다. 🐻

백두산 정계비 단초는 인삼 분쟁

누르하치의 영도 하에 1616년 후금(後金)이란 이름으로 일어난 만주족은 불과 10년 만인 1626년 정묘호란을 일으켜 조선을 한 차례 짓밟은 후, 칭기즈칸의 후손이 다스리던 북원(北元)을 함락해 원나라 옥새를 획득하자, 1636년 황제 국가임을 천명하고 나라

(청의 봉금지대)
(출처_KBS '역사스페셜' 캡처)

이름을 '청(淸)'으로 고친 뒤 곧바로 병자호란을 일으켜 조선을 청의 제후국으로 만듭니다. 이 여세를 몰아 청은 1644년 명나라 수도 북경이 이자성의 농민 반란군에게 함락되는 상황을 보고 전격 침공하여, 1주일 만에 북경을 점령한 뒤 차곡차곡 명나라 땅을 차지하여 드디어 중원의 패자가 됩니다. 🐻

그후 북경 자금성에 눌러앉은 누르하치의 후손들은 그들의 근거지였던 압록강, 두만강 인근 지역을 신성한 구역이라 하여 '봉금(출입금지)' 조치해 아무도 살지 못하게 합니다.

(백두산 정계비 비문) (위),
(북간도 문제) (출처 _ soju1117.
tistory.com) (아래)

그러자 일부 조선 백성들이 슬금슬금 압록강, 두만강을 건너 청의 봉금 구역에 들어가 농사를 짓고 인삼을 훔치자, 결국 청나라가 국경선을 확실히 하자고 문제 제기를 하고 나섭니다. 그래서 1712년 조선 숙종 시절 백두산에 정계비를 세우게 되는 것이죠.

그런데 정계비에 쓴 '서위압록 동위토문(西爲鴨綠 東爲土門)', 즉, '서쪽으로는 압록강, 동쪽으로는 토문강을 경계로 한다'는 문구가 이후에 고종 대에 이르러 북간도 문제로 비화됩니다.

하지만 당시 상황을 보면 청과 조

선이 합의한 국경은 압록강과 두만강이 맞아요. 당시엔 두만(豆漫)강도 토문강이라 불리기도 했다는 기록도 있어요. 중국 발음으론 둘다 비슷하니까요. 그때 두 나라 관리들이 백두산 인근에서 만나서 합의문을 쓴 후, 실제 표식인 정계비를 세우러 백두산에 올라갑니다. 그런데 목극등(穆克登) 등, 청나라 관리들은 조선 관리의 입장을 제한하고 길을 잘 아는 조선 산지기만을 데리고 올라갔는데, 어떤 자료에선 우리 측 관리들이 등산하기 귀찮아서 아래 것들만 보냈다는 주장도 있다고 하네요. 🐻

문제는 백두산에서 발원하는 샘이 세 개인데 천지에 가까운 두 샘 중 하나는 압록강, 하나는 지금의 토문강으로 흐르는 샘이었고, 두만강 샘원은 이보다 6km 떨어진 아래 쪽에 있었는데 청나라 관리들이 그 사실을 몰랐다는 겁니다.

그래서 그들을 인솔해 천지를 안내한 조선 산지기의 말만 듣고 압록강 샘원과 지금의 토문강 샘원 중간에 비를 세웠던 거지요. 하지만 그 샘원은 현재의 두만강이 아닌 송화강으로 연결되는 지류이자, 지금은 토문강으로 불리는 다른 하천의 근원지였으니, 이후 정계비를 확인한 조선에서는 청나라가 실수한 사실을 깨닫고 이를 문제삼을까 두려워하여 실제 두만강 샘원까지 표지 목책을 연결해 설치했다고 하네요. 🐻

하지만 청나라 관리들은 그런 사실을 까맣게 모른 채 백두산을 내려와 두만강을 따라 동해까지 걸어가서 국경을 확인한 후 청 조정에 보고했으며, 두만강 북쪽에 관리를 보내어 월경을 엄격히 단속합니다. 상식적으로도 각 나라들이 국경선을 정할 때는 산이나 강으로 구분하는 게 일반적이고, 또 이순신 장군이 두만강 끝에 위치한 녹둔도에서 방어하는 등 압록강, 두만강이 국경선인 것이 자연스럽습니다.

그리고 정계비 내용을 보아도 두 나라 간의 합의에 의한 비석이라기보다는 청나라가 일방적으로 국경선을 확정지은 형식인지라 자기들에게 불리하게 했을 리가 없는 거예요. 🐻

또한 토문강은 만주를 가로지르는 송화강으로 이어지는 지류이기에 국가 간 경계로 삼을 수 없는 강이고, 청나라가 무너지던 혼란기에 고종황제 명으로 수년간 관찰사가 파견되기 이전에는 북간도로 넘어간 백성을 사형에 처하는 등, 조선도 두만강 북쪽은 우리 땅이라고 생각하지 않았습니다. 그러다가 19세기 말 또다시 기근이 발생하자 많은 농민들이 두만강을 넘어가 개간을 하고, 결국 1883년 함경도민들과 청나라 거주민 간 국경 분쟁이 발생하는데, 이때는 두만강 대신 송화강 지류가 토문강이라고 불리는 상황 변화를 들어 조선에선 경계비의 문구를 근거로 간도를 우리 영토라고 주장합니다. 하지만 대한제국 시절 발간한 대한전도를 보면 고종이 우리 땅이라고 주장한 북간도는 아주 넓은 만주 전역이 아니라 함경북도 절반만한 크기의 북간도만을 우리 영토로 주장했단 걸 알 수 있어요. 🐻

이에 청나라의 간섭에 치를 떨던 고종은 1897년 대한제국 성립 후 간도관리사를 파견하여 이참에 우리 땅으로 만들고자 합니다. 그러나 1905년 을사늑약으로 일제에게 외교권을 빼앗긴 후, 일본 역시 분쟁지역인 간도의 한국인을 보호한다는 명목으로 북간도에 파출소를 두고 경찰 병력을 보내 만주로의 진출 교두보로 삼으려 합니다. 하지만 청 입장에서 보면 이건 명백한 국경 도발이었지요. 이후 조선을 대신해 일본과 청나라 간 갈등으로 이어지다가, 1909년 영국의 중재로 일본이 남만주 철도 중재권을 갖는 대신, 첨예하게 대립하던 간도 영유권 주장을 포기하게 됩니다.

이처럼 간도 문제는, 팩트로 보면 청나라 관리의 실수로 인한 정계비 위치 오류가 출발점입니다. 또한 실효지배한 지 100년이 지나면 국제법상 영유권을 주장할 수 없다는 일부의 주장도 그런 국제재판 사례는 없다고 하니 근거없는 주장일 뿐이에요. 이 외에도 일부에서 주장하는 교황청의 조선 교구 지도 역시 1911년 조선 교구를 경성(서

(1907년 대한신지지부지도(大韓新地志附地圖)에 표시된 대한민국 영토) (위), (교황청의 조선교구 지도, 경성 교구, 대구 교구, 원산 교구로 나뉨. 간도 지역이 원산 교구에 포함됨) (아래) (구글 이미지)

울)과 대구 교구 2개로 나눈 뒤 신도가 늘어나자 1920년 함경도와 만주 일부 지역을 원산 교구로 분리한 것인데, 이는 국경을 의미하는 것이 아니고 교황청 관점에서 주교의 관장 범위를 표시한 것일 뿐이에요. 또한 교구를 분리하던 1911년은 이미 조선이 사라진 일제 시절이기에 일본 땅의 일부로서 교구를 재정비한 것이지요. 해당 지도를 자세히 보면 분명 간도 지역까지 만주(Manchuria)라고 바탕에 표시해 놓았습니다. 그러니 지나치게 간도 이슈로 속 끓이지 말자고요. 🐻

유럽에서도 인기 끈 고려인삼

어쩌다 보니 인삼의 역사와 이로 인해 비롯된 간도 문제까지 쭈욱~ 봤는데요.

다시 인삼으로 돌아와서……, 그런데 왜 인삼은 전 세계적으로 진생(Ginseng)으로 통용될까요?

이는 1843년 러시아 학자 메이어(Carl Antonvon Meyer)가 인삼의 공식학명을 'Panax ginseng. C. A. Meyer'로 세계식물학회에 등록하면서 공식화된 것인데, 그 연원을 밝히지 않아 어느 나라 말이 와전된 것인지는 여전히 논란이라고 하네요. 유럽과 교류가 많았던 중국이나 일본 모두 진생이라고 발음하지 않거든요.

서양 문헌에서 처음으로 인삼이 등장하는 건 1617년 일본에 파견되었던 영국 동인도회사 직원이 본국에 보낸 보고서였다는데, "죽은 사람도 살려내기에 충분할 정도로 귀한 약"이라고 썼다나요? 그 후 신비의 명약으로 유럽에 널리 알려지면서 프랑스의 태양왕 루이 14세에게 진상될 정도로 유럽 각국의 왕족과 귀족들에게 큰 인기를 끌게 되지만, 유럽으로 간 일본 인삼의 대다수는 원래 우리나라 인삼이었다는 거~. 🐻

예로부터 우리나라 인삼이 향도 좋고 효능이 높아 중국뿐 아니라 일본 역시 우리나라 인삼을 적극적으로 구매했다고 하지요. 당시 일본 민간에선 고려인삼을 만병통치약으로 알았기에 부모님의 병환을 낫게 하고자 거금을 들여 구매하느라 빚을 냈다가 자살했다거나, 인삼을 사기 위해 딸이 스스로 유곽에 팔려갔다는 이야기 등이 많이 남아 있다고 합니다.

당시 기록을 보면 임진왜란 이후 1609년에 국교가 정상화된 후 매년 300~500근 정도의 인삼이 공무역으로 수출되었고, 이후 일본 측의 수요가 늘어나자 1638년 사무역이 허용되면서 인삼 수출이 증가했습니다. 이때 일본은 인삼을 사기 위해 은을 너무 많이 지출하게 되어 경제난이 일어나 사회 문제까지 되었다고 합니다. 이에 결국 1710년 조선으로부터 인삼 종자를 확보해 드디어 일본산 인삼 재배에 성공하지만, 토양이 달라 약효가 고려인삼만은 못했다지요. 🐻

이때 세계는 15~18세기 대항해 시대를 맞아 유럽 국가들이 아프리카를 지나 아시아까지 진출하게 되는데, 당시 동아시아의 수출 대국은 중국과 일본이었지요. 일본은 임진왜란 이전부터 포르투갈, 네덜란드 등 유럽 국가들에게 은, 구리 등을 수출했고, 임진왜란 이후에는 납치한 조선 도공을 사무라이급으로 잘 대우해 도자기까지 팔면서 경제적 부를 쌓게 됩니다.

당초 중국도 명나라 때까지는 해외 상인들과 조공의 형태로 무역을 시행했지만, 명나라가 몰락하고 청나라가 들어서던 대혼란기에 대외 교역이 수십 년간 중단되었다가 재개되는데, 1750년경 미쿡 인삼이 중국에 상륙하게 됩니다.

으잉? 이건 무슨 시츄에이션? 대체 왜 거기서 갑자기 미쿡 인삼이 태평양 건너 중국까지 왔을까요? 🐻

미국 수출상품 1호, 아메리카 인삼

일본과 중국을 통해 유럽에 알려진 인삼은 1600년대에 큰 인기를 끌었지만 곧 그 인기는 사그라들고 맙니다.

유럽은 고대 그리스-로마 시절에는 식이요법, 감염병 예방과 면역력 강화를 중시하는 일상 속 예방의학이 발달했지요. 당시 유명한 의학자로는 히포크라테스(Hippocrates)가 대표적 인물이고, 알렉산드리아에서 활약한 갈레노스(Claudius Galenus)는 해부학과 임상 실험을 통해 혈액순환을 증명하는 등, 외과 학문도 발달합니다. 🐻

그러나 중세시대가 되면서 서유럽은 의학지식이 퇴보하고 피를 뽑아서 치료한다는 사혈요법 등이 유행하고 이발사가 외과수술을

시술한 반면, 고대 그리스 의
학의 전통은 이슬람 세계로
이어집니다. 🐻

(타지키스탄 지폐 모델로도 나오는 이슬람 의학의 대가 이븐 시나) (구글 이미지)

이란의 저명한 아리
스토텔레스파 철학자
이자 의사였던 이븐 시
나(라틴어로는 아비센나

Avicenna)가 《의학전범(카논 메디키나이Canon medicinae)》이라는 의학
서를 남겼는데, 제왕절개 수술 기법까지 나와있다네요.

이 책이 십자군 전쟁 시 유럽에 소개된 뒤 1484년 라틴어로 번역
되어 17세기까지 근세 서양의학의 기본서가 되는데, 당시 이 의학도
서를 보고 서구 의학의 낙후함에 충격을 받은 유럽 의학자들이 이슬
람 및 중국 명나라 이시진의 《본초강목(本草綱目)》등의 의학도서와
각종 약초를 연구하면서 인삼이
각광을 받은 것이죠.

그러나 17세기 후반부터 의학
기술이 발달하면서 해부학, 외과
수술이 발달하고 현미경 발명 후
모세혈관, 적혈구를 발견한 데 이
어, 화학적 분석을 통한 약물 합성
이 본격화됩니다. 그러나, 당시로
선 아직 기술이 충분히 발달하지 않아

(명나라 천연약물 백과사전 《본초강목》)(ⓒ한국중앙학연구원, 유남해)

인삼의 성분이 제대로 분석되지 않자 동양 약제에 대한 의구심이 커졌고 더 이상 인삼을 찾지 않게 되었죠. 이후 동양을 식민지로 정복하면서 자신감이 넘치게 되자 동양인의 미개함을 나타내는 상징물로 인삼을 타깃 삼아 서양인들의 뇌리에서 인삼은 사라진 상황이었습니다.

그렇게 유럽에 인삼이 잊히던 1700년대 초, 아메리카 식민지에 살던 영국인들이 북아메리카 동부의 애팔래치아 산맥에서 인삼을 발견합니다! 심봤메리카~! 🐻

당시는 아직 영국 식민지 시절이라 미국은 공업력이 낮은 농업 중심 국가였기에 수입품은 많고 수출품이 적어 재정적 곤란을 겪게 됩니다. 그러던 어느 날 깨닫습니다. 유럽에는 없지만 아메리카 대륙에는 인삼이란 희귀템이 있단 것을요.

이에 아메리카 식민지 영쿡인들은 지천에 깔렸지만 정작 자기네들은 안 먹는 인삼을 중국에 팔기 시작합니다. 당시엔 아직 캘리포니아 등이 스페인 식민지여서 뉴욕 항에서 출발해 남아메리카를 돌아 태평양을 건너가는 엄청난 장거리 항해를 했다는 군요. 당시 청나라는 최전성기 때라 경제적으로 흥정망청하던 시기였고, 마침 아편쟁이들은 몸 보신한다고 인삼을 꾸역꾸역 챙겨 먹었기에 수요가 급증해 1750년대부터 식민지 영쿡인들이 중국 광동성에 가서 인삼을 팔기 시작합니다.

우리는 중국 왕서방이 장사 잘한다고 생각했는데, 이미 이때부터 미쿡 상인들이 더 세일즈에 강했군요. 🐻

식민지 영국 상인 : "안녕들 하시지메리카? 바다 건너 특산품을 가져왔스테이트~."

중국 광동성 상인 : "태평양 너머 저 가난한 백인 오랑캐들이 뭘 팔려고 하지청?"

식민지 영국 상인 : "놀라지 마시워싱턴~. 아메리카에서도 진셍이 나온다리카~. 함 드셔봐유에스에이~."

중국 광동성 상인 : "쩐더(진짜)? 아시아에서만 나오는 명약 진셍이 왜 저기서 나와아편?"

식민지 영국 상인 : "너네 중국 인삼 절반 값에 판달래치아~. 데일리 데일리 나오는 물건이 아니메뉴욕~."

중국 광동성 상인 : "양놈들처럼 이 인삼도 덩치가 크네만주. 미쿡 국

기가 마치 꽃그림 깃발처럼 생겼으니 앞으로 이 삼은 꽃깃발인삼(화기삼, 花旗蔘)이라 부르자홍타이지."

(미쿡 초대 대통령이자 인삼농장 CEO, 조지 워싱턴) (위), (미국 독립 당시 성조기, 화기) (구글 이미지) (아래)

이후 독립전쟁을 벌여 1776년 독립한 미쿡으로선 건국 후 첫 수출 효자상품이 인삼이 됩니다. 심지어 초대 대통령 조지 워싱턴 역시 수입이 짭짤하단 소식에 개인 농장에서 인삼을 재배했을 정도였고, 서부로 진출하던 중 록키 산맥에서도 수백 년 산삼이 마구 나오니, 당시 청바지 입은 양키 심마니가 아주 많았다고 합니다. 상상이 좀 안 되긴 하지만요. 🐻

그리고 당시엔 13개 주가 독립했기에 성조기를 파란색 바탕에 13개 별을 동그랗게 그린 터라, 성조기가 마치 꽃다발 깃발 같다고 하여 '화기(花旗)'라는 애칭으로 불렀고, 미국 인삼 역시 화기삼이라고 부른 것이 여태껏 이어지고 있답니다.

🐻

　게다가 일본마저 경제적으로 여유가 생기면서 국내 수요도 급증하자, 앞서 설명드린 대로 조선 종자를 가져다가 1710년 국산화에 성공하지만, 토양이 달라 약효가 시원치 않자 중국 광동성에 가서 미쿡산 인삼을 수입하게 됩니다. 🐻

　이로써 미국은 중국과 일본에 인삼을 팔아 초기 국가 경제를 지탱했으니, 청나라와 함께 인삼으로 흥한 나라가 된 것이죠.

　그후로도 미국 인삼은 꾸준히 중국에 공급되고 있고, 미국 내에서는 잊혔던 아메리카 인삼이 20세기 후반부터 웰빙 열풍을 타고 다시 과학적 재배를 함으로써, 이제는 캐나다, 호주, 뉴질랜드로도 생산지를 확대해 여전히 인삼을 찾는 동양인들에게 어필하는 등 세계 시장을 석권하고 있는 상황입니다. 🐻

　인삼 이야기를 쭉~ 하다 보니 씁쓸하네요. 정작 최고 품질의 인삼을 갖고 있었으면서도 이를 제대로 경제적 가치로 연계하지 못한 우리 조상님들이 참 순진하셨다고 해야 할지……. 어쨌거나 우리가 자주 접하는 인삼에도 수많은 역사가 숨겨져 있네요.

최근 코로나19로 전 세계가 고통을 받고 있습니다. 이 같은 대규모 감염병은 그동안 역사 속에서 여러 차례 발생하면서 사회적으로 큰 변화를 초래해왔습니다. 감염병의 원인과 역사적 교훈을 알기 쉽게 정리해보았습니다.

이 같은 암담한 현실에서도 인류는 미래를 향한 발전을 계속하고 있는데요. 수천 년간 이어져온 로봇 개발의 역사와 미래를 짚어보았습니다. 또 감염병 대응이나 미래 발전을 추진하는 국가나 조직 차원의 리더십, 팔로워십에 대한 재미난 에피소드도 소개해볼게요.

3부

과학·경제 분야
최초·최고

01
감염병의 습격

최근 전 세계가 코로나19라는 신종 감염병으로 큰 고통을 겪고 있습니다. 🐻

전염병이 전 세계적으로 유행하는 것을 '팬데믹(pandemic)'이라고 부르는데, 세계보건기구(WHO)가 선포하는 감염병 6단계 중 최고 경고 등급이죠.

지금도 일부 목격자가 생존해 있는 20세기 최대의 팬데믹은 1918~1919년의 스페인 독감이었습니다. 당시 세계 인구가 17억 명이었는데, 5억 명이 감염되고 최소 5000만~1억 명이 사망했다고 합니다. 이는 당시 막바지에 치닫던 제1차 세계대전 사망자 1000여 만명보다 더 많은 겁니다. 우리나라 역시 예외는 아니어서 조선총독부 통계로 742만 명이 감염되어 13만 9000여 명이 희생되었다고 기록

(마스크를 쓴 미국 시애틀 경찰관들, 1918년) (© The U.S. National Archives and Records Ministration)

되어 있지요. 한반도 인구가 1,678만 명이던 시절이니, 무려 44%가 감염되었음에도 사망률은 0.83%로 유럽 등, 다른 나라에 비해서는 다행히 낮은 편이었다고는 하네요.

또한 스페인 독감 창궐 당시 세계 각국의 대처 상황을 보면, 이미 기본적인 예방의학 지식은 있던 상황이어서 유럽 및 미국, 일본 등에서 마스크 착용을 의무화했고 실내 예배를 금지했다고 하는데, 100여 년이 지난 지금도 그다지 개선된 것 같진 않습니다. 오히려 더 악화되었지요. 🐻

그나저나 이 스페인 독감이란 이름 자체가 가리지날입니다.

많이 알려져 있지만 이 스페인 독감은, 실은 스페인에서 시작된 건 아니예요. 최초 발원지가 어디인지는 지금도 논란이긴 한데, 미국 및 유럽 각지에서 유행이 시작될 당시는 제1차 세계대전이 한창인 시절이어서 각 나라마다 미디어를 통제해 이 전염병에 대한 보도가 거의 나가지 않았지만, 전쟁에 한발 비켜서 있던 스페인 언론이 연일 대서특필하면서 스페인의 독감 발병 사례가 유독 눈에 띄었기에 스페인에서 시작된 독감이란 오해를 산 것이지요. 🐻

그러다 보니 세계보건기구에서 특정 국가나 지명을 신종 감염병 명칭으로 쓰는 것을 금지하면서, 당초 '우한 폐렴'이라 불리던 이 신종 감염병이 '코로나19'라는 새 이름을 갖게 된 겁니다. 그렇게 명칭을 부여했다고 해서 중국이 코로나19를 마치 딴 나라에서 시작한 것마냥 시치미 뚝 떼는 건 도리가 아니지요. 실제 각국의 코로나19 유전자 분석에서도 명확히 중국이 근원지임을 밝히고 있어요. 🐻

그런데 이 신종 감염병은 일시적으로 인류에게 고통을 주고 마는 존재가 아니예요. 역사를 보면 이 대규모 감염병의 유행은 인류의 역사와 사회 구조를 송두리째 바꾸는 데 본의 아니게 혁혁한 공(?)을 세우고 있습니다.

감염병의 시작

인류가 수렵생활을 하던 원시시대엔 대규모 감염병이 존재하지 않았다고 합니다. 왜냐하면 감염병은 신석기시대 농사를 짓기 시작하면서 좁은 지역에 많은 사람들이 모인 환경이 갖춰지고, 정착생활과 함께 키우기 시작한 가축의 바이러스가 인간에게 전파되면서 비로소 시작된 것이기 때문이지요.

원래 동물과 인간의 생체 구조가 다르기에 동물 바이러스가 인간의 몸에 정착하기 어렵지만, 동물에 적응해 살던 바이러스가 어쩌다 인간의 몸에 적응하게 되면 인류에겐 신종 감염병이 되는 것입니다. 최근 밝혀진 바에 따르면 인류를 괴롭혀온 전염병 중, 홍역, 결핵, 천연두는 소에서 기생하던 바이러스가 인간의 몸에 적응하면서 시작된 것이고, 백일해와 인플루엔자(a.k.a 독감)는 원래 돼지에 있던 바이러스가 전파된 것이라네요. 또한 감기 역시 3가지 다른 계통에서 유래한 것으로 밝혀지고 있습니다.

이런 감염병 문제로 인해 인류 최초의 4대 문명이, 모두 건조한 기후대이지만 풍부한 수량을 가진 강 주변 지역에서 발생했다는 이론이 존재하지요. 최근 고고학이 발전하면서 홍산 문명, 불가리아 문명 등 다른 지역에서도 초기 문명의 흔적이 발견되고 있지만, 오랜 기간 존속하지 못한 것은 사막이 아닌 습윤한 지역이어서 가축으로부터 유래한 전염병이 빨리 퍼져 집단 사망 사태가 일어났기 때문이 아니었을까 추측된다고 합니다. 🐻

실제로, 동물에서 유래한 감염병은 인간의 몸에 정착한 초기엔 아주 강한 사망률을 보이다가 세대가 지나면서 점차 약화되는 양상을 보이지요. 이는 원래 숙주 동물에 적응해 있던 바이러스가 인간이라는 새 숙주에 정착할 때, 독성이 강한 부류는 숙주를 죽이며 자기들도 같이 소멸하는데, 반면 숙주와 공생할 수 있게 잘 적응한 바이러스는 후손이 번창하게 되면서 결국 인간을 죽이지 않으면서 공존하게 되는 겁니다.

그래서 처음에 에볼라 바이러스가 아프리카에서 발생했을 때에는 감염자 대다수를 사망에 이르게 해 모두를 두려움에 떨게 했지만, 이제는 점차 약화되어 사망률이 낮아졌지요. 마찬가지로 지금 겪고 있는 코로나 바이러스도 감기나 독감처럼 늘 일상 속에서 공존하게 될 겁니다. 🐱

이처럼 초창기 인류 문명은 바이러스를 통한 전염병 확산이 어려웠던 건조 지대에서 먼저 시작되었고, 가축 감염병이 약화되면서 점차 습윤한 지역으로 도시화가 이어져 나갔으니, 바이러스가 인류 문명에 지대한 영향을 끼친 건 사실이지요.

하지만 그후에도 신종 감염병이 계속 등장하게 되는데, 역사상 최초의 대규모 감염병 기록은 그리스 문명이 쇠퇴하게 되는 펠레폰네소스 전쟁 당시 아테네에서 발생한 전염병이었지요.

(고대 도시의 전염병 상황을 그린 그림)
(Michiel Sweets 작품)

페르시아 제국을 물리치고 그리스 도시국가들 위에 군림하던 아테네가 이에 반발한 스파르타를 중심으로 한 여러 도시국가들과 지루한 내전을 이어가던 중, 알 수 없는 역병이 아테네에 퍼지면서 인구의 30% 가까이

가 사망하면서 결정적인 타격을 입게 됩니다. 당시 해상 무역을 주도하던 아테네인들은 항구로 들어온 배에서 전파된 알 수 없는 역병에 수많은 시민이 사망하면서 회복 불능의 상태에 빠졌다고 합니다. 당시 아테네 역병 상황을 기록한 투키디데스의 저서에는 두통, 안구 충혈, 구토, 설사 등의 증상을 보인 뒤 1주일여 만에 사망했다고 하며, "사람들이 매순간 즐기면서 생명과 부가 하루아침에 사라져버릴 것처럼 행동했다."라고 적어 놓았다네요. 이처럼 아테네가 대혼란에 빠진 반면, 스파르타는 내륙에 위치해 외부와의 교류가 거의 없었고 소수 정예병으로 군대를 구성한 덕에 전염병에 걸리지 않아 결국 최종 승자가 되었지요. 🐻

당시엔 그 질병이 무엇인지 몰랐지만 기록에 나오는 여러 증세를 보면 아마도 '페스트(plague, pest)'였을 것이라고 분석한다고 하네요.

페스트는 원래 쥐가 걸리는 감염병인데 실제로는 쥐에 붙어 사는 쥐벼룩에 의해 전파된다고 합니다. 급성 열성 감염병인 페스트균은 숙주인 쥐벼룩의 식도까지 막아 피를 빨아도 소용이 없게 만들어 죽을 때까지 쉬지 않고 피를 빨게 유도해 이 쥐에서 저 쥐로 급속도로 전파시키는 전략을 구사한다고 합니다.

무서운 넘들! 🐻

(페스트균과 쥐벼룩)

페스트는 증세에 따라 크게 세 가지로 구분하는데, 그중 80%를 차지하는 '림프절 페스트(가래톳 페스트)'는 쥐에서 사람에게 옮겨지면 허벅지나 사타구니 림프절에서 염증이 시작되지만, 항생제로 치료하면 증상이 빠르게 호전된다고 합니다. 하지만 이건 현대의학의 발전에 의한 것이고, 과거에는 치료가 제대로 되지 않아 사망에 이르는 경우가 많았다고 하네요. 그 다음은 20%를 차지하는 '패혈성(혈액) 흑사병'인데, 이 역시 조직의 괴사, 저혈압, 신장 기능 파괴, 호흡 곤란 등을 일으키는 악성 질환이라고 하며, 가장 무서운 경우는 폐로 감염된 '폐렴형 흑사병'인데 기침이나 가래로 타인에게 전염시킨다고 합니다. 특히 폐로 감염된 경우는 치명적이어서 감염 후 3~5일의 잠복기가 끝나고 며칠 만에 사망하는데, 이들 세 가지 페스트 모두 감염자의 피부가 검게 변하기에 동양에선 오랜 기간 검게 변해 죽는 병, 즉 '흑사병(黑死病)'이라고 불렀지요. 🐻

안토니우스 역병 : 글로벌 팬데믹의 시작

이 페스트는 종종 전 세계적 감염을 유발하게 되는데, AD 79년 이탈리아 중부 폼페이가 화산 폭발로 함락되더니, 뒤이어 로마 제국에 페스트도 유행해 재난 구호에 애쓰던 티투스 황제까지 감염되어 AD 81년 재위 2년 만에 사망하고 맙니다. 그후 로마의 최전성기 시절인 5현제(五賢帝) 중 마지막 황제이자 전쟁터에서 밤마다 쓴 《명

상록》으로 위대한 철학자로 칭송받는 마르쿠스 아우렐리우스 안토니우스(Marcus Aurelius Antonius) 황제 시절에도 다시금 역병이 유행합니다.

당시 로마의 최대 라이벌이던 파르티아 제국과의 전쟁 이후 로마 군인들에게 번지기 시작해, AD 180년 황제 본인을 포함해 500만 명이 사망하면서 정치와 경제 면에서 대혼란이 일어나고, 로마 제국이 쇠퇴하는 데 지대한 영향을 끼칩니다. 이를 의학사에서는 '안토니우스 역병(AD 165~180년)'이라고 부르지요.

흥미로운 것은, 유럽에서 유행하기 19년 전인 161년 중국에서도 서북부 유목민과 싸우던 후한 병사들 사이에 역병이 터져 1/3이 죽었다는 기록이 나와, 일부 학자들은 이 두 사건이 연관성이 있지 않을까 생각하고 있답니다. 그후 중국에서 182년까지 20여 년간 역병이 수시로 발생하면서 많은 사람이 사망했는데, 이때 이들을 치료하면서 구세주로 등장한 이가 바로 황건적의 난(AD 184~205년)을 일으키는 태평도 교주 장각(張角)이니……

두둥~! 황건적의 난을 평정하고자 유비, 조조, 손권 등 지방 군벌이 일어나는 삼국시대를 여는 단초가 바로 이 역병이었던 것이었던 것입니다. 🐻

즉, 유럽 최초의 대제국 로마와 동양 최초의 장수 제국 한(漢)은 육지로는 실크로드로, 바다로는 인도와 동남아시아를 잇는 해상 교역 루트를 통해 활발히 교류했는데, 이 루트를 따라 병균이 이동하면서 두 제국의 쇠퇴를 불러일으키고 말았던 것이죠. 당시 로마 최전성기 5현제 중 마지막 황제가 사망한 해가 180년, 중국 한나라가 멸망에 이르는 황건적의 난이 시작된 것이 184년이니, 만약 이 두 사태에 얽힌 역병이 동일한 바이러스였다면, 사실상 인류 역사상 최초의 글로벌 팬데믹이라 할 만합니다. 🐻

1차 페스트 팬데믹 : 유스티니아누스 역병이 부른 로마 인프라의 종말과 서유럽의 탄생

그후 서로마 제국이 멸망하고 동로마 제국만 존재하던 유스티니아누스 황제 시절인 541년에 페스트가 유럽을 덮칩니다. 앞서 소개한 안토니우스 역병은 아직 그 실체가 페스트인지 천연두인지 전모가 드러나지 않았기에, 의학사에서는 유스티니아누스 역병을 1차 페스트 팬데믹이라고 부르지요. 당시 동로마 수도 콘스탄티노폴리스로 곡식을 싣고 오던 이집트 화물선에 타고 있던 쥐가 전파한 것으로 추측한다는데, 당시 치사율이 40~70%에 이르렀고 3000만~5000만 명이 사망하는 등, 세계 인구의 10%가 사망합니다. 🐻

그 시기는 페르시아를 통해 입수한 중국 비단 제조 기술을 국유화하여 두둑한 재정을 만든 유스티니아누스 황제(재위 527~565년)가 로마법을 집대성한 '유스티니아누스 법전'을 편찬하여 지금의 유럽 법 체계를 확립하는 한편, 이스탄불의 대표적 관광지로 각광받는 성 소피아 성당을 537년에 재건하는 등, 왕성한 활동을 전개하던 중이었습니다. 그와 동시에 야만족의 지배하에 들어갔던 서로마 제국 영토를 회복하고자, 벨리사리우스(Flavius Belisarius) 장군을 보내어 북아프리카 반달 왕국을 무너뜨리고 이탈리아 반도를 지배하던 동고트 왕국과 결전을 벌이던 중, 이 망할 넘(?)의 페스트가 침범한 것이죠. 🐻

당시 이 역병이 유럽과 중동, 중국을 돌고돌아 225년이나 지속되면서 무려 1억 명 이상이 사망했다고 합니다. 이 역병은 결국 부활하려던 동로마 제국에 군사력이나 경제면에서 큰 타격을 주어 이후 동로마 제국은 점차 쇠퇴하기 시작했습니다. 당시엔 이 역병의 원인을 몰랐으나 현대에 이르러 당시 유골 DNA를 분석한 결과 페스트균이 검출되면서 이 역병 또한 페스트가 원인인 것으로 알려지게 되었는데, 이 역병은 동로마 제국의 몰락은 물론 1500여 년 동안 유럽 사회의 식수 공급 문제를 일으키는 원인이 됩니다. 🐻

지금도 유럽 곳곳에 로마 제국 시절에 만든 수도교(水道橋) 유적이 많이 있는데, 로마 제국은 상하수도 시절을 완비해 도시 근처의 맑은 샘물을 완만한 경사의 수도교로 흐르게 해서 도시에 사는 시민들이 항상 깨끗한 물을 공짜로

(유스티니아누스 황제 (가운데)와 벨리사리우스 장군(황제 바로 왼쪽))

마실 수 있게 했지요. 하지만 이후 로마가 멸망한 뒤 방치되거나 파괴되면서 그후 1500여 년간 다시 우물 물을 길어 먹는 상황으로 쇠퇴합니다. 그래서 대부분은 이들 폐허 유적을 보면서 '게르만족이 쳐들어와 다 부수는 바람에 저 지경이 되었구나!'라고 생각하는데 그건 가리지날입니다. 🐻

정작 이 수도교들을 처음 파괴한 이들은 동로마인들이었습니다. 그게 어떤 사연이냐고요? 🐻

476년 서로마 제국이 멸망한 뒤에도 로마 등 서로마 영토 내 주요 도시는 여전히 번성하고 있었습니다. 비록 여러 게르만 부족이 서로마 영토를 갈라먹었지만, 서로마 제국을 끝장낸 오도아케르 왕국이나, 그 오도아케르를 죽이고 이탈리아 반도를 차지한 동고트 왕국은 물론, 다른 지역을 차지한 게르만 왕국 모두, 스스로를 동로마 제국 황제의 신하인 '왕(Rex)'으로 한껏 몸을 낮췄고, 고도로 발달한 로마의 인프라를 파괴했다가는 다시 회복할 수 없다는 사실을 잘 알았기에 이를 유지하고자 애썼지요. 다만 로마 제국 시절에는 수입의 10%만 받아가던 세금을 33%로 인상해 경제를 더욱 쇠퇴시킨 건 어쩔 수 없었지만요.

지금 유럽사를 정리하는 학자들이 죄다 서유럽 출신들이다 보니 서로마 제국의 멸망이 로마 제국의 종말이며 중세의 시작이라고 기술했지만, 그건 가리지날이지요.

실제로 로마 제국 말기에 오면 아버지의 직업을 아들이 대물림하도록 강제하는 등, 사회가 경직화되어 암울한 중세 사회로 이미 진입한 상태였고, 콘스탄티노폴리스로 제국의 수도를 이전한 상황에서 두 제국으로 나뉜 뒤에는 동로마 제국 황제가 주도권을 쥐었고 국력 역시 서로마 제국을 3배 이상 압도하던 상황이었기에, 서로마 제국의 몰락은 당시로선 그저 로마 제국의 일부 상실이었을 뿐 대변화를 불러일으키지 않았습니다.

게다가 항상 서로마 황제를 견제해야 했던 동로마 황제 입장에서는, 여러 게르만 왕국을 거느린 유일한 황제가 된 것이 그리 나쁜 상황도 아니었을 겁니다. 어차피 내 땅도 아니었던 서로마는 훈족 아틸라의 침입과 이에 따른 게르만족의 대이동으로 황폐화가 된 상태였으니 그다지 아쉬울 것도 없었지요. 그러니 게르만족의 지배를 받게 된 옛 서로마 제국 주민들도 명목상 여전히 로마 제국 시민이란 정체성은 갖고 있었고, 로마시 원로원은 그동안 로마 황제에게 빼앗겼던 동전 제조권 등, 자치권을 다시 회복할 수 있어서 오히려 기뻐했다고 합니다. '벤허' 등 영화로 익숙해진 마차 경주 역시 서로마 멸망 이후에도 100여 년 이상 지속되어 로마는 물론 각 속주 주요 도시에선 주말마다 열렬한 응원전이 펼쳐지던 상황이었지요. 🐻

그러던 중 동로마 제국 유스티니아누스 황제의 명령을 받은 벨리사리우스 장군이 이끄는 동로마군이 옛 영광을 되찾겠다고 이탈리아에 진군해 536년 동고트족(Ostrogoths)으로부터 로마시를 탈환합니다. 하지만 동고트족의 군사는 15만 명인 반면, 동로마 제국군의 숫자는 고작 7000명에 로마 시민군도 3만 명으로 열세이다 보니, 로마시 성벽을 사이에 두고 수년간 공방전을 하던 중에 역병이 확산되면서 동로마 군인과 로마 시민들이 쓰러지고 맙니다. 당시엔 아직 바이러스나 박테리아 감염에 대한 이해가 부족하긴 했어도 나름 과학적인 분석을 하던 시절이었기에, 벨리사리우스 장군은 야만족이 수도교로 독극물을 흘려보낸 탓이란 결론을 내리고 말지요. 그래서 수도교를 파괴해 도시 안으로 들어오는 물을 차단해버립니다. 하지만 이 조치로 인해 물 부족뿐 아니라 식량 문제까지 커지며, 결국 550년 동고트족에게 다시 로마시를 빼앗기면서 로마 시민 다수가 학살당하고 원로원 체계도 끝장납니다. 🐻

하지만 동로마군이 다시 대대적 원정을 감행해 처음 이탈리아에 상륙한 지 19년 만인 554년, 결국 동고트족을 물리치고 이탈리아 반도를 되찾죠. 그런데 너무 많은 전쟁 비용을 쓴 탓에 동고트족보다 더 많은 세금을 착취하기 시작하면서 옛 서로마 사람들을 절망에 빠뜨리게 되죠. 각지에서 반발이 심해지자 동로마 제국은 568년에 이탈리아 치안을 맡길 생각으로 알프스 북방에 살던 롬바르드(Lombards)족을 불러들이게 되는데, 이것이 결정적 실수가 됩니다.

동고트족들은 이미 100여 년 이상 로마 제국 내에서 생활을 영위해 로마 체계의 우수성을 알던 문명화된 부족이어서 로마 시민들의 자치권은 보장하고 기존 인프라를 최대한 활용해 로마 문명권의 일원이 되고자 한 반면, 로마 문명을 접하지 못했던 북방의 롬바르드족은 아예 모든 인프라를 박살내면서 동로마군까지 남쪽으로 밀어내고 이탈리아의 새 주인이 되지요. 🐻 이 대량 학살 사태 속에 피난 가던 이들이 바다 위에 베네치아 공화국을 세우고(568년 첫 자치

통치위원회 시작) 여전히 동로마 제국의 신민으로 남지만, 롬바르드족에게 점령당한 이탈리아 본토는 그후 수백 년간 역사 기록조차 제대로 남지 않은 암흑 시대가 됩니다. 그래서 8세기에 여자 교황 요한나가 있었다는 이야기가 다양한 형태로 전해지고 있기도 합니다. 🐻

그럼에도 이탈리아인들은 롬바르드족보다 고트족에 대한 반감이 더 컸는지 600여 년 뒤인 12세기 프랑스 카페 왕조에서 뾰족한 첨탑 성당을 짓기 시작해 알프스 이북 유럽에서 크게 유행하자, 이탈리아인들은 "저런 괴상한 건축물은 야만인 고트(Goth)족이나 만드는 것"이라고 비꼰 것이 '고딕(Gothic) 양식'이라는 명칭으로 굳어졌고, 지금도 이탈리아 중남부에는 고딕 양식 건물이 존재하지 않는답니다. 그러나 현대에도 장식 없이 딱딱한 서체를 '고딕체'

(로마 제국 AD117년)

117 AD

(로마 제국 분열 AD395년)

FRANKISH KINGDOMS
Europe in c. AD 600
Line to which Belisarius re-conquered Italy by 540
Toledo
Rome
BLACK SEA
Byzantium
Visigoths
Franks
Allemanni
Lombards (conquer Italy by 568)
Celts
Byzantine Empire
Carthage
MEDITERRANEAN SEA
Alexandria

(롬바르드족 서로마 침입 후 AD600년) (출처_turtledove. fandom.com)

(고딕 양식 프랑스 랭스 성당)

라고 부르고, 과격한 헤비 메탈도 '고딕 메탈(Gothic Metal)'이라고 부르고, 중세풍의 고혹적인 옷차림은 '고스 룩(Goth Look)'이라고 부르는 등, 고트족과 관련된 용어들이 남아 있지요. 반면 야만족이던 2차 침입자 롬바르드 부족 이름은 지금의 이탈리아 북부 지방인 롬바르디아 지역이라는 명칭으로만 남아 있네요. 🐻

우리가 세계사 시간에 주요 사건으로 배우는, AD 800년 교황 레오 3세가 프랑크 제국 샤를마뉴 대제에게 서로마 황제 관을 씌워준 임명식은, 이 롬바르드족의 등쌀에 못 견딘 로마주교(교황)의 요청에 따라 샤를마뉴 대제(Charlemagne, the Great)가 774년에 군사를 이끌고 쳐들어가 롬바르디아 왕국을 무너뜨린 공을 치하하고자 마련된 행사였지요. 우리나라 사람들에겐 그게 왜 중요한 이슈인지 이해가 잘 안 되지만, 서유럽인들에겐 드디어 로마 제국의 오랜 유산에서 벗어나 본격적인 서유럽 역사가 시작된 출발점이기에 의미를 두고 있는 것입니다. 🐻

즉, 서로마 제국 황제 임명식은, 교황이 실체도 없는 서로마 황제 관을 샤를마뉴 대제에게 씌워 프랑크 제국을 새로운 서로마 제국이라 칭함으로써, 아무 도움도 안 주면서 정통 기독교임을 주장하며 신의 대리인을 자처하던 동로마 황제와 콘스탄티노플 대주교(정교회, Orthodox Church)와 결별하고, 보편적인 기독교(가톨릭, Catholic Church)라는 기치 하에

(샤를마뉴 대제)
(Louis Felix Amiel 작품)

로마 주교가 새로운 신의 대리인(가톨릭 교황)으로 독립해 독자 노선을 걷겠다는 교황 레오 3세의 의도가 숨겨져 있던 것이죠.

또한 정치적으로도 가톨릭 교회의 수장인 교황을 통해 게르만족인 프랑크 왕이 동로마 제국의 신하 신분을 벗어나 서로마 황제로서 맞장을 뜰 수 있는 권리를 획득하고, 가톨릭 교회를 새로운 정신적 지주로 삼아 독자적인 세계관을 구축하는 시작점이 되면서 서유럽과 동유럽이 분리됩니다. 🐻

이처럼 페스트 1차 팬데믹은 유럽 사회를 종교적으로 동, 서유럽으로 양분하는 단초를 제공했습니다.

그후 프랑크 제국이 분열한 뒤, 지금의 독일을 차지한 동프랑크 왕국 오토 1세가 다시 962년 서로마 제국 황제 관을 받고선, 신성로마 제국(Holy Roman Empire)이라는 이름으로 1000여 년간 유지하게

됩니다.

그런데 이 이름은 정말이지 가리지날의 극치이지요. 신성하지도 않고, 로마와는 아무 상관도 없고, 심지어 제국도 아니었으니까요. 🐻 하지만 독일인들은 이를 독일의 첫 번째 제국이라 인식해 비스마르크가 주도한 독일 제국을 제2 제국이라 칭했고, 히틀러는 나치 독일을 제3 독일 제국이라 칭하게 됩니다. 🐻

예전 학창 시절 동로마 제국이 한때 서로마 제국 영토를 회복했던 지도를 보며 당시 로마인들이 행복했을 것이라 여겼는데, 실상은 이처럼 완전 정반대로 이탈리아를 끝장내버린 것이었습니다. 결국 100만 명을 자랑하던 세계 최대의 도시, 로마는 동로마 군인들에 의해 14개 수도망이 파괴되면서 우물을 길어 먹는 상황으로 후퇴하게 되었고, 이후 중세 시절 내내 식수 문제가 해결이 안 되어 티베레 강 근처에 옹기종기 수천 명만이 모여 사는 도시로 전락하고 맙니다. 현재 로마를 대표하는 관광지 중 하나인 트레비 분수는 1732년 고대 로마 수도관을 복구해 신선한 물을 공급하게 되면서 기념으로 만든 것이지요.

(로마 트레비 분수)

이 같은 상황은 우리나라에서도 발생하니,

고구려 수도이던 평양은 신라 말기 풍수지리가 유행하면서 "도시 형태가 표주박 모양이라 가라앉지 않으려면 우물을 막아야 한다."는 비과학적 제안으로 우물을 죄다 막는 바람에, 한동안 대동강 인근에만 수천 명이 사는 도시로 전락했던 것과 유사합니다.

또 중세 시절에는 고대 로마 토목건축 기술이 잊히면서, 당시 사람들은 '저건 악마가 밤에 만든 것'이라고 지레 짐작해버립니다. 문제는 이 같은 착각은 현대에도 계속되고 있지요. 가장 대표적인 예가 이집트 피라미드를 만든 과학적 원리에 대해 깊이 이해하지 않고, '저건 분명 외계인이 만든 것'이라고 주장하는 거죠. 이 같은 유럽인들의 주장에 열받은 이집트 당국이 해외 학자들의 피라미드 현장 탐사를 죄다 불허해 이집트학이 쇠퇴해버렸을 정도니까요. 🐻

문제는 지금도 유튜브 등을 통해 "아폴로 11호 달 착륙은 조작된 것이다.", "지구는 평평하다."는 비과학적 가짜 뉴스가 더 빨리 확산되는 겁니다. 결국 이런 가짜 뉴스가 "코로나19 사태는 음모론"이라는 주장으로까지 번져 마스크를 거부하는 사태로도 이어진 것이죠. 🗿

2차 페스트 팬데믹 : 현재 서구 사회 구조를 만든 중세 페스트

하지만 우리가 페스트라고 하면 떠올리는 대표적인 사례는 다름 아닌 중세 유럽의 2차 페스트 팬데믹 사태이지요.

당시 유럽 인구의 30~40%, 무려 2억 명이나 희생된 이 페스트
는, 잘 알려져 있지 않지만 현대 유럽 자본주의 사회의 기반이 되는
사건이기도 했습니다.

으잉? 그게 무슨 소리냐고요? 🐻

소위 우리가 '사' 자 직업이라 부르는 의사, 판사, 검사 등 전문직
종사자들이 사회 상류층으로 부각되는 계기가 바로 이 페스트 팬데
믹에서 비롯되었으니까요.

1347년부터 시작된 이 중세 페스트는 1년 전인 1346년에 인도와
중동 지역에서 먼저 시작해 유럽까지 오게 되는데, 이는 구체적인
기록이 남아 있습니다. 당시 이탈리아 해양도시국가인 제네바가 차
지하고 있던 흑해 크리미아 반도 항구도시 카파(Caffa, 현재 우크라이
나 페오도시야(Feodosia))를 수비하는 제네바군과 성을 차지하려는 몽
골 제국 산하 킵차크한국 간의 전투가, 페스트가 유행하기 3년 전인 1343년부터 4년째 이어지고 있었습니다.

카파 (페오도시야)
국제법상 우크라이나의 크림 자치 공화국이지만
2014년 러시아가 크림반도를 무력 합병한 뒤
사실상 러시아 연방의 크림 공화국이 관리하고 있다

(크리미아 반도의 카파, 현재
우크라이나 페오도시야)
(출처_tvN '벌거벗은 세계사' 캡처)

그 항구도시는 중국 등지에서 온 물
품을 유럽으로 보내는 중요한 거점 항

구로서 수많은 상인들이 몰려들었는데, 사소한 말다툼 끝에 제네바 상인이 이슬람 상인을 죽이는 사건이 빌미가 되어, 이미 이슬람화가 진행되어 있던 킵차크한국이 이를 응징하고자 침략한 상황이었지요.

길고 긴 공방전이 계속되던 중 몽골 군사들 사이에 페스트가 퍼져 쓰러지기 시작하자 이를 지켜보던 카파 성채 내 제네바군은 환호성을 질렀다지만, 몽골군은 투석기로 자기네 시체를 성내로 투척했다고 합니다. 바이오 테러가 이미 그때도 존재했던 거예요. 🐻

그래서 제네바군 사이에 페스트균이 퍼지기 시작해 7만 명이 죽으면서 도시가 폐허가 되자, 살아남은 이들이 필사적으로 탈출해 고국으로 돌아가게 됩니다. 그래서 이들을 후송한 배가 콘스탄티노폴리스를 거쳐 시칠리아섬에 당도했을 당시엔 이미 배에 탄 인원 중 절반이 사망한 뒤였고, 이들이 거쳐온 각 항구마다 페스트가 퍼지기 시작하면서 유럽에 본격적으로 창궐하게 됩니다.

이에 1348년 아드리아해 항구도시 라구사(Lagusa, 현재 크로아티아 두브로브니크(Dubrovnik))가 최초로 선박격리법을 제정해 외부에서 들어오는 배는 일단 30일간 항구 밖 작은 섬에서 대기한 후 아무

(선박격리법을 시작한 라구사, 현재 두브로브니크)

이상이 없을 때에만 들어오도록 강제합니다. 당시 라구사는 베네치아가 다스리던 해외 식민도시 중 하나여서 이 같은 조치는 곧 베네치아 본국 정부에도 전해지고, 격리 기간을 10일 더 연장해 40일간의 격리 조치를 시행하지요.

당시 베네치아 공화국은 비록 작은 도시국가였지만 유럽에서 가장 부유한 국가이자 국제 교역의 선구자였기에, 이는 곧 유럽 각국에 감염 방지 표준 모델이 되면서, 이탈리아어로 40일을 뜻하는 '콰란티나(quarantina)'에서 격리의 의미를 담은 영어 단어 '쿼런틴(quarantine)'이 탄생하게 됩니다. 🐻

당시 베네치아가 40일을 격리 기간으로 둔 것은, 과학적 이유가아니라 기독교 세계에서 40일이 갖는 의미가 컸기 때문이라고 하네요. 기독교《성경》에선 창세기 대홍수 기간에 40일 동안 비가 내렸다고 하며, 모세는 이스라엘 백성들을 이끌고 40년을 광야에서 보냈고, 시나이산에 올라가 40일을 기도하고 십계명을 받았으며, 이스라엘 민족은 40일 동안 가나안 땅을 정탐했다고 합니다. 이는 다시금《신약성경》에도 이어지는데, 예수님은 40일을 광야에서 시험받고, 부활한 후에는 40일 동안 제자들을 이끌었다고 나오니, 40은 신성한 의미를 지니고 있던 것이죠. 그래서 예수님이 부활한 것을 기념하는 부활절을 40일 앞둔 시기를 '사순절'이라 하여 이 기간 동안 금식과 기도를 하게 되는데, 이 사순절을 앞두고는 미리 그 스트레스를 풀기 위해 각 마을마다 대대적인 카니발 행사를 펼쳤던 것이 중세 사회의 표준 생활이었습니다.

이처럼 기독교가 모든 사상과 사회 규범을 지배하던 중세 유럽이었으니 페스트 공포에 직면한 수많은 신도들이 성당으로 몰려와 하나님께 구원을 요청합니다. 하지만 집단으로 모이면 더 빨리 전파되는 법. 신에게 의지하려던 성직자들과 신도 다수가 사망하지요. 뭐 이 같은 풍경은 21세기도 이어지고 있습니다만…….

('데카메론 이야기')
(John w. Waterhouse 작품)

당시 이 정체 모를

병이 유해한 공기로 전염된다고 생각한 이들은 깊은 산 속으로 도망가게 됩니다. 조반니 보카치오(Giovanni Boccaccio)가 이 상황을 묘사한 소설이 탄생하니, 페스트를 피해 도망간 10명의 귀족 남녀가 10일간 각자 하나씩 이야기한 100편의 옴니버스 단편소설 모음집《데카메론(Decameron)》이 바로 그 작품이지요. 그리스어로 '데카'는 십(10), '메론'은 날(日)이란 뜻이니, 데카메론을 번역하면 '10일'이란 뜻이지요. 🐻

당시 유럽 의학은 고대 4체액설을 신봉해, 일부에선 네 가지 체액의 균형을 이루기 위해 열이 나는 병에는 사혈요법, 즉 피를 뽑아 혈액을 치료해야 한다고 믿던 시절이었어요. 하지만 일부 선구적 의사들이 환자가 기침이나 재채기를 할 때 뿜어내는 비말(물방울)에 의한 전파가 아닐까 의심하면서, 비말 감염을 방지하고자 새부리 가면을 쓰고 진료를 하게 되지요. 이 복장을 처음 만든 사람은 '샤를 드 로름'이라는 로마 출신의 의사로 알려져 있답니다. 우스꽝스러워 보이지만 실제 새부리 모양 안에 여러 약초와 향료를 넣어 방독면 역할을 했다고 하니, 당시로선 나름 최선의 과학적 방법이 동원된 것이라 하겠습니다. 🐻

(중세 의사 복장)
(© Paul Fuerst 판화)

하지만 대다수 일반인들의 생각은 달랐습니다. 무시무시한 집단 감염병에 맞닥뜨리게 되면 보통 세 단계의 감정 변화를 거친다고 하지요. 1단계로 '내가 걸리지 않을까?' 하는 불안감을 느끼게 됩니다. 그후 2단계로 혐오감을 갖게 되어 감염자를 배척하게 되고, 결국 3단계로 희생양을 찾아 책임을 전가하는 양상이 되는데, 유럽 사회에 흩어져 살고 있던 유대인들이 1차 표적이 됩니다. 🐻

당시 유대인들은 중세 사회에서 천시하던 상업에 종사하면서 대부분 부유했기에 평소에도 시기 질투를 많이 받고 있었고, 단체로 모여 예배를 하지 않다 보니 상대적으로 페스트에 감염되지 않았는데, 일부 기독교인들은 이들이 악마와 짜고 페스트를 퍼뜨렸다고 여기게 되지요. 이 같은 '인포데믹(Infodemic)' 악성루머는 불안한 사람들의 마음을 파고들어 매우 빠르게 확산되어 전 유럽에서 유대인들의 집에 불을 지르고 집단 학살하기까지 합니다. 🐻

이 여파는 그후에도 이어져 40일간의 격리 제도를 처음 확립한 베네치아에서 1516년 3월 29일, 세계 최초로 이방인에 대한 거주 제한 시행령을 발동합니다. 이에 유대인뿐 아니라 오스만투르크(지금의 터키) 사람들에게도 동일한 방식을 적용하게 되는데, 유대인은 숫자가 많다 보니 일정 구역 내에 거주하도록 지정한 반면, 적대국이자 상주 인구가 적은 투르크인들은 아예 건물 하나를 지정해 오스만투르크에서 온 상인뿐 아니라 베네치아 거주 터키인들을 몰아넣고 군인들이 보초를 서고 밤이 되면 문을 걸어 잠그게 됩니다. 그래서 그후 300여 년간 투르크인들은 이 건물 안에 시장, 식당, 목욕탕, 모스크까지 만들어 하나의 작은 세계를 꾸미게 되니, 지금도 이 건물은 '터키 상인 회관(Fondaco dei Turchi)'이라는 이름으로 여전히 남아 있지요. 🐻

많은 여행책자에서 이 건물을 터키에서 온 상인들이 물건을 거래하던 장소라고만 소개하는데, 이는 가리지날. 실상은 터키인 감금 구역이었던 겁니다. 🐻

베네치아가 정한 이 조치는 각 유럽 국가로부터 뜨거운 찬사를 받으며 그간 암암리에 행하던 유대인 거주 제한을 공식화하는 계기가 되니, 결국 악명 높은 유대인 거주 지역 '게토(ghetto)'가 탄생하게 된 것이죠. 게다가 가톨릭 신앙심이 돈독했던 스페인 등에서는 아예 유대인을 몰아내기 시작해, 결국 상대적으로 거주가 용이했던 네덜란드, 폴란드로 대거 이주하게 됩니다. 하지만 그 결과, 활발히 경제 활동을 영위하던 유대인이 사라지면서 스페인 경제가 몰락하기 시작합니다. 🐻

(베네치아 터키상인회관, 지금은 역사박물관)

그리고 시간이 흘러 흘러 19세기 말부터 20세기 초, 유럽 각 국가들이 사회를 체계적으로 구성하기 시작하면서 영토 조사와 인구 조사를 실시하고 유대인 정보도 기록하게 됩니다. 그런데 제2차 세계대전이 터지고 나치 독일이 점령 국가 주민등록 자료를 활용해 유대인들을 색출하기 시작합니다. 이에 아우슈비츠 수용소로 대표되는 폴란드 및 《안네의 일기》로 유명해진 안네 프랑크(Anne Frank)가 살던 네덜란드 지역 유대인들이 가장 큰 희생을 당하게 된 것이니……, 이 중세 페스트로 인한 여파는 따지고 보면 지금까지도 이어지고 있는 셈입니다. 🐻

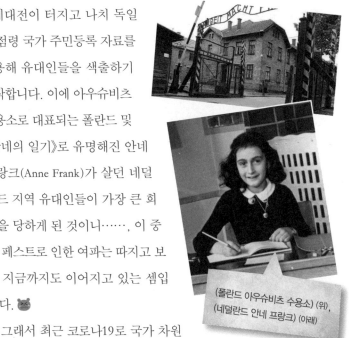

(폴란드 아우슈비츠 수용소) (위),
(네덜란드 안네 프랑크) (아래)

그래서 최근 코로나19로 국가 차원에서 이동을 제한하는 것에 대해 유럽 시민들이 과민한 반응을 보이는 것도 나름의 역사적 기억이 있는 것이지요. 우리 입장에서 보면 '마스크 안 쓰겠다, 자유 아니면 죽음을 달라'고 외치는 이들이 이해가 안 되지만, 과거 이방인을 구분짓고 조직적 학살을 자행했던 기억을 가진 유럽인들은 우리와 다른 가치관을 가지고 있다는 것도 어느 정도 이해가 되기도 합니다. 🐻

이처럼 페스트로 인한 슬픈 역사도 있지만, 페스트로 인한 사회 변화도 무시할 수 없겠지요.

페스트는 이후로도 수차례 계속 유럽을 찾아오면서 중세 시대의 종말에 기여하게 되는데, 그때까지 신의 권위 앞에 그 어떤 학문도 제대로 꽃피우지 못하던 엄격한 중세 기독교 사회에 균열이 오기 시작한 겁니다. 당시 살아남은 사람들은 의문을 품기 시작합니다. '왜 하늘에 구원을 요청한 이들이 단체로 죽었을까? 어째서 새부리 복장을 한 의사들과 산으로 피신한 이들은 살아남았는가?'라는 의혹에 대한 해명이 필요해집니다.

그러자 당시 가장 똑똑한 지성인들의 집합체이던 가톨릭 교회는 이 위기를 풀어나가기 위해 새로운 주장을 하게 됩니다. 즉, "하나님의 신실한 자손을 구하기 위해 의사를 보냈노라. 의사는 하나님을 대리해 너희를 치료해준 것이니 질병이 나은 사람은 신이 선택한 자"라며 의술이 곧 하나님의 시혜임을 강조하면서 프레임을 전환하게 됩니다. 그래서 이후 오랜 기간 동안 의학이 이교도 지역 진출 시 기독교 선교 활동의 주요 수단이 되었던 것이죠. 🐻

또한 유럽 각국의 왕들과 지방 영주는 더 이상 신앙심만으로 막을 수 없게 된 사회적 혼란을 바로잡기 위해 법에 의한 통치, 교회를 거치지 않는 세금 징수에 팔을 걷고 나서게 됩니다. 과거 로마 제국 시대에는 속주민들에게 10% 세금을 걷는 징세대리업자(푸블리카누스, publicanus)가 존재했었는데, 로마 제국 말기 기독교가 국교로 정해지면서 교회가 이들을 대신해 10% 세금을 걷어 제국에 납부했지요. 과거에는 누진세나 간접세 같은 복잡한 세금 원칙을 정하기 어려웠기에 대부분의 문명에서 10%, 20%, 33% 등 세기 쉬운 세율을 정했습니다. 때문에 중세에도 교회가 세금 징수 역할을 담당했는데,

교회를 이탈하는 이들이 증가하자 다시 영주나 왕이 세금을 걷기 위해 세금 징수인을 육성하게 되었지요.

그런 시대 변화 속에서 지성의 요람인 대학 내에서 지금까지 가장 중요시하던 신학과 함께 의학, 법학이 자연스레 부상하면서 신학, 법학, 의학은 중세 대학 3대 학문으로 두각을 나타내게 됩니다.

또한 15세기 동로마 제국이 멸망하는 과정에서 수많은 동로마 학자와 신학자들이 고대 그리스-로마 저서를 배에 싣고 이탈리아로 망명하면서, 신이 개입하지 않은 인간 본연의 고대 인문학에 눈을 뜨게 되어 르네상스 시대로 접어들며 학문도 더욱 전문화되고 다양해집니다. 🐻

이에 3대 단과대학 중 신학교에서 철학이 분화되고, 철학에서 다시 인문학, 자연과학이 분화되지요. 그래서 학문이 세분화되기 전에는 데카르트, 칸트 등 우리가 흔히 철학자로만 아는 이들이 자연과학 실험을 하고, 물리학, 천문학 관련 논문도 쓰게 된 것이고, 처음에는 수학으로 통칭되던 과학 분야는 천문학, 물리학, 화학, 생물학 등 자연과학과 공학으로 더욱 다양화됩니다. 🐨

근대 과학을 열게 되는 아이작 뉴턴(Issac Newton)의 경우에도 케임브리지대학교 교수로 재직중이던 1655년, 영국에서 페스트가 유행해 각 학교들이 폐강하는 바람에 고향에 내려와 쉬던 중, '미분과 적분', '만유인력의 법칙'을 발견한 것이니 페스트가 본의 아니게 좋은 일도 한 셈입니다. 🐻 이 같은 사례가 있다 보니 대학교에서 교수들에게 안식년 제도를 만들어 새로운 연구 기회를 주고 있는 겁니다. 골프 치고 놀라고 준 게 아니예요~. 🐻 또한 법학교 역시 세무학, 행정학 등으로 다양화되고, 뒤이어 경영학, 경제학 등이 새롭게 분화하게 됩니다.

그런 과정을 거쳤기에 유럽이나 미국에서는 종합대학교에서 신학-철학에서 기인한 인문학, 자연과학 등을 배우고, 그후 전문대학원 과정에서 의학(의학전문대학원), 법학(로스쿨), 경영학(MBA)을 배우는 방식이 대세가 된 겁니다. 그래서 우리나라에도 서구 학문이 처음 들어왔을 때 세브란스 의대, 가톨릭 의대 등 의과대학만 별도로 설립된 경우가 많았습니다. 하지만 한국적 특성상 단과대학으로는 존립이 어려워 지금은 다 종합대학교의 일부로 통합되었지요.

어쨌거나 서유럽이 근대로 넘어오면서 페스트 사태로 확립된 중세 3대 학문에 기반한 판검사, 세무사, 의사 등 '사' 자 전문직종이 새로운 고소득 사회지도층이 되면서 자연스럽게 부르주아 계급으로 발전합니다. 하지만 여전히 실력이 아닌 혈통으로 이어지는 왕족과 귀족이 군림하고 있었기에 이들 새로운 실력자들은 불만이 많았지요.

그런 불만이 누적되다가 결국 1789년 프랑스 대혁명이 터지며 이들 부르주아 계급이 혈통에 의한 1, 2계급을 타파하니, 서유럽 세계는 혈통이 아닌 실력을 가진 이들이 사회를 지배하는 체계로 변화하게 됩니다. 하지만 무작정 프랑스 대혁명을 찬양하기도 어려운 것이, 당시 방데 지역에서 반혁명 운동이 일어나자 해당 지역을 공격해 귀족이나 성직자뿐 아니라 일반 농민까지 무려 17만 명이나 학살한 근대 최초의 집단 학살 사건도 이들 혁명집단이 저질렀단 것이

죠. 그간 프랑스는 이 어두운 과거는 애써 숨기다가 2012년에야 역사적 사실임을 인정한 상황입니다. 🐻

실제로 1789년 프랑스 혁명은 이후 왕정파의 복고와 뒤이은 항거 등 혼란을 거듭했고, 이에 혁명의 다수를 차지하던 하층민(상퀼로트(Sans-culotte))들은 더욱 열악한 환경에 처하게 되지요. 이 같은 상황에서 칼 마르크스(Karl Marx)의 주장에 공감한 이들이 결국 "과거 왕과 귀족이 다스리던 때나 부르주아 계급이 다스리던 때나 우리는 여전히 피해자"라는 불만을 분출하며 1871년 파리에서 세계 최초의 공산정권인 '파리 코뮌'을 시작하지만 70여 일 만에 진압당했고, 이후 자본주의가 발달하지 않은 러시아에서 1917년 볼셰비키 혁명이 성공하게 됩니다. 하지만 곧바로 노동자의 천국에선 더 많은 모순이 터져 나오게 되지요. 🐻

당시 완전한 계급 타파를 주장한 공산주의 체계에선 기존 기득권을 인정하지 않아 의사 역시 기능공과 동일한 수준으로 대우하게 됩니다. 의학은 타 학문에 비해 오랜 기간의 공부와 수련이 더해져야 하는 학문이기에 이에 대한 응당한 처우가 뒤따라야 함에도, 이 같은 특성이 무시되면서 공산주의 정권에서는 의사가 월급만으로는 생활이 안 되어 밤에 택시 운전을 하는 상황으로 몰려 의학의 발전이 더뎌지는 반작용이 생겨나고 맙니다. 1990년대 공산권이 개방되면서 중국이나 베트남을 다녀온 이들이 의사가 밤에도 아르바이트(?) 한다고 놀라던 것이 다 그런 이유가 있던 겁니다. 🐻

이처럼 과거 봉건 사회와 자본주의 사회에서 상류층만이 혜택을 본다며 평등 사회를 부르짖던 공산주의자들도, 정작 권력자가 되자 자기들만 혜택을 거머쥐고 나머지는 외면하는 현상을 되풀이하고 있죠. 반면 초기의 모순을 개선하면서 자유 경쟁을 통해 부가가치를 창출해온 자본주의 사회는 더욱 발전하고 있는 것이 현재의 상황입니다.

한편 불과 100여 년 전까지 동아시아 문명권에서 의원(醫員)은 중인 신분에 머물렀는데, 서구화가 되면서 비로소 의사(醫師), 즉 '의사 선생님'으로 불리며 사회 최상층으로 올라서게 됩니다.

우리나라의 경우, 1884년 갑신정변이 시작된 우정국 낙성식 축하연에서 정변을 일으킬 당시, 칼에 맞은 민영익을 미국 의사 알렌(Horace N. Allen)이 살려낸 것이 결정적인 계기가 되지요. 당시 민영익을 살려낸 것을 치하하는 고종에게 알렌은 "조선에서는 의사 지위가 낮아 의술이 발전하지 못했다."며 양반 신분으로 격상할 것을 건의했고, 고종의 후원을 받아 1885년 설립한 제중원(濟衆院)에 양

(미국 의사 알렌) (출처_kr usembaxxy. gov) (좌), (한반도 첫 서양의학 병원, 부산 제생의원, 1877년) (출처_bosa. co.kr) (우)

반 자제가 입학하면서 사회 인식이 바뀌게 됩니다. 🐻

그런데 명성황후가 가장 총애하던 조카인 민영익이 칼에 맞은 그 긴박한 순간에 외무대신을 맡은 독일인 묄렌도르프(Paul Georg von Möllendorff)가 한의학이 아닌 양의(洋醫) 알렌에게 치료받아야 한다고 주장했을 때, 당시 대신들은 왜 순순히 이에 응했을까요?

대부분은 1885년 제중원이 국내 첫 서양의학 병원이라고 알고 있지만, 실제는 1877년 부산에 일본인들이 설립한 일본인 전용 병원 '제생의원'이 한반도 내 첫 서양의학 병원입니다. 당시 서양의학을 접한 지석영 선생이 1879년 종두 시술을 시작하는 등, 이미 서양의학의 우수성이 알려지고 있던 참이었지요. 그후 일본인들은 강화도 조약으로 개방한 원산(생생의원, 1880년), 인천(일본영사관의원, 1883년), 한양(일본공사관의원, 1883년)에 각각 일본인 전용 병원을 세우는데, 치료 성과가 뛰어나다고 소문이 나서 당시 조선 유력가들도 일본인들에게 청탁해 한양에 생긴 일본공사관의원을 이용했다고 합니다. 그러니 묄렌도르프가 "서양의학이 아니면 살릴 수 없다."고 주장했을 때 이미 경험했거나 소문을 들은 이들 고관대작들이 다들 동조한 것이지요. 🐻

이처럼 19세기 말 서유럽 기독교 문명권의 영향을 받으면서 서구식 근대화 과정을 겪은 아시아 지역에서도 의사, 판검사 등이 상류층으로 올라섰고, 특히 한국과 일본에서의 사회적 위치는 유럽 기독교 자본주의 사회 구조와 기존의 유교 사농공상(士農工商) 구조가 융합되면서 공고화된 것입니다.

하지만 여전히 기독교 문명과 대립 중인 이슬람 문명권에서는, 과거 동양 사회와 동일하게 의사의 지위가 왕족, 귀족보다 낮은 상황이어서 굳이 어렵고 힘든 의사라는 직업을 가지려는 이가 적다 보니 자국 내 의학 기술이 약해, UAE나 사우디아라비아 등 부유한 국가에서는 오일 머니를 바탕으로 자국에서 치료가 어려운 중증 환자를 해외로 의료 원정 보내거나, 해외 의료진을 자국에 불러들여 병원을 운영토록 하고 있습니다. 🐻

그래서 초기에는 미국이나 유럽 의료인들이 중동 국가에 진출했지만 의료진을 하대하는 현지인들에게 질려 철수하는 경우가 잦아지자, 최근 들어 우리나라 등 아시아 선진 의료 국가로 눈길을 돌려 치료하러 오거나, 의료진을 초빙해 현지 병원을 운영하는 방식을 채택하고 있습니다. 그래서 잘 알려지지 않았지만 한국에 온 중동 부호 환자들이 의료진을 하대하거나 간호사 선생님들을 희롱하는 불상사도 발생하고 있어요. 🐻

지금까지 페스트가 초래한 유럽 사회의 변화를 알아보았는데요, 예상보다 더 어마어마한 변화를 초래했네요.

그런데 과거 유럽 역사에서만 존재하고 지금은 없어진 것처럼 보이는 페스트는, 19세기에도 중국과 인도에서 터져 나와 1200만 명 이상 사망했습니다. 의학사에선 이를 '3차 페스트 팬데믹'이라고 분류하지요. 그리고 아직도 매년 2000여 명의 신규 페스트 확진자가 나오고 있고, 최근에도 중국과 몽골에서 발병 신고가 들어오고 있답니다.

의학계는 오랫동안 이 주기적인 페스트 집단 감염의 진실을 파헤

치고자 노력해왔는데, 최근 유전학 기술의 발전으로 손상된 DNA에서도 서열 분석이 가능해짐에 따라 그 진실이 서서히 드러나고 있습니다.

2015년 노르웨이 오슬로대학교의 연구 결과, 페스트는 파키스탄 북부 카라코룸 산맥이 그 출발점이라고 하네요. 즉, 카라코룸 산맥의 온도가 높고 습해지면 페스트균을 가진 쥐들이 살기 어려워져 서쪽 평지로 내려오면서 유럽으로 페스트균을 퍼뜨리게 된다는 것이죠.

이후 2019년 10월 〈네이처 커뮤니케이션〉 논문에서도 14~18세기 페스트 사망자 시신과 현대의 페스트균 유전체 정보를 함께 분석한 결과, 2차 페스트 팬데믹 이후 주기적으로 발생한 페스트는 순차적으로 진화해온 것을 밝혀냈으며, 최초의 균은 중국, 몽골, 키르키스스탄 등지에서 발생했다고 밝혔습니다. 🐨

이 같은 유전자 분석 기술은 최근의 코로나19에도 적용되니 전 세계 코로나 감염자에게서 추출한 유전자의 족보를 찾아내어, 그 출발점은 중국이란 것을 어김없이 입증하고 있습니다. 그러니 제발 중국 정부는 엉뚱한 소리 하지 말고, 세계인들에게 미안한 마음을 좀 가졌으면 합니다. 쯧! 👹

천연두의 습격

이처럼 유럽에서의 페스트 사례를 길게 짚어보았는데요, 동양에선

역사적으로 어떤 감염병 팬데믹이 존재했을까요?

동양에선 페스트보다는 천연두(天然痘, smallpox)가 더 극성이었지요. 역사적으로 30%에 이르는 치사율과 평생 곰보 자국을 남긴 천연두는, 중국 예방의학의 창시자이자 중국 역사 상 10대 명의(名醫) 중 한 명으로 손꼽힌다는 '갈홍(葛洪)'이 쓴 《주후비급방(肘後備急方)》에 세계 최초의 기록이 남아 있습니다.

(천연두를 처음 기록한 갈홍) (좌), (주후비급방) (출처 _ 바이두) (우)

(라제스(아부 엘 라지))

하지만 최근의 고고학 및 고문서학 연구 성과를 보면, BC 1350년 이집트와 중동 지역에 이미 천연두가 존재했고, 이집트 미라 중에도 람세스 5세 얼굴에 곰보 자국이 있다고 하지요. 또한 인도 의학서에선 BC 1500년경 천연두 기록이 나온다고 합니다. 현재도 힌두교의 수많은 신 중엔 천연두를 무찌르는 '시탈라' 여신도 존재한다는군요. 🐻

하지만 고열과 발진 등 증세가 비슷한 천연두와 홍역을 처음 명확히 구분한 학자는, 9세기 아랍 의사인 라제스(Rhazes, 아부 엘 라지(Abu al-Razi))라고 합니다. 그는 〈천연두와 홍역에 관한 논문〉을 통해 두 질환의 증상 차이를 명확히 기술했다고 하지요. 그는 평생 237권의 책을 썼다는데, 그중의 한 권에는 세계 최초로 커피에 대한 기록도 남겼다고 합니다. 🐻

이처럼 중동과 인도, 중국 등지에서 천연두가 자주 발생했지만 동양에는 대규모 팬데믹에 대한 기록이 잘 없는데, 다만 남아 있는 기록 중엔 AD 552년 백제 성왕이 일본으로 승려 노리사치계 등 사절단을 보내어 불교를 전파했는데, 이들 사절단은 천연두도 함께 전파했다고 합니다. 즉 이때에도 이미 우리나라에서는 천연두가 유행했고, 이게 일본으로 전파되어 30년마다 일본에선 천연두가 유행해 13세기까지 인구 면에서 큰 타격을 받았다고 하네요. 🐻

하지만 동양은 계속해서 강력한 전제왕조 체제였기에 왕조 유지에 위협이 될 만한 기록은 남아나질 않았지요. 즉, 과학적 이해와 지성이 발달했다고 하는 현 시대에도 정부가 감염병에 대한 대처를 제대로 하지 못하면 정권 자체가 위험해지는 상황이 전개되는데, 하물며 하늘의 뜻으로 세워졌다는 정통성을 전제로 유지되던 과거 왕조국가에서 역병의 창궐은 하늘의 뜻이 다했다며 새 왕조를 부르짖는 역성 혁명을 불러일으킬 수 있는 대단히 위험한 사태였기에 그 기록을 남기길 원치 않았던 것이죠. 🐻

반면 서구에서는 강력한 중앙집권 정치를 하던 로마 제국이 붕괴

(베네치아 가면 카니발)

된 뒤, 중세 시대 들어

1000여 년간 종교 권력은 가톨릭 교회가, 세속 권력은 봉건 영주가 다스리는 2원화된 느슨한 사회구조가 이어져왔기에 개인이 비교적 자유롭게 기록할 수 있었지요. 앞서 소개한 유스티니아누스 역병이나 중세 페스트 창궐 시 여러 지식인들이 당시 상황을 정확히 기록했기 때문에 우리가 상세한 내용을 알 수 있는 겁니다.

천연두는 유럽에서도 뒤늦게 유행했는데 1800년대에도 매년 40만 명이 사망했다고 합니다. 베네치아에서 비롯된 가면 무도회는 천연두로 인해 얼굴에 곰보 자국을 가진 이가 너무 많아 이를 감추기 위해 시작된 것이란 슬픈 이야기도 존재하지요.

(아메리카 원주민 재앙의 시작, 스페인군 상륙)
(출처_Native American Netroots)

그러나 천연두가 가장 재앙이 된 곳은 아메리카 대륙이었어요. 다른 세계와 전혀 교류하지 않아 천연두에 대한 면역성이 없던 중남미 대륙의 아메리카 인디언들은 1521년 스페인군이 가져온 천연두에 감염되어 90% 이상 사망했으니, 그 수가 5600만 명에 달했을 것으로 추산된다고 합니다. 🐻

(아프리카 흑인 노예 사냥)
(출처_ slaveryandremeberance.org)

문제는 이처럼 원주민이 죽어나가 노동력이 부족해지자 결국 정복자 유럽인들이 아프리카에서 흑인들을 잡아와 대신 노예로 부리게 되었고, 수백 년간 수천 만 명의 아프리카 흑인이 아메리카 대륙으로 강제로 실려와 현재까지도 인종 갈등으로 이어지고 있는 등, 그 첫 단추는 바로 '천연두'였던 것입니다. 또 이때 황폐해진 아메리카 농지들로 인해 일어난 기후변화는 16~17세기 소빙하기를 유발해 전 세계가 큰 피해를 봅니다. 🐻

우리나라 역시 예외가 아니어서 조선 현종 때 '경신대기근(1677~1671)'이라는 민족 최악의 자연재해로 이어져, 우박, 폭설, 가뭄, 태풍, 역병 등으로 부모가 자식을 잡아먹고 노부모를 내다버리는 사태 속에 100여 만 명이 사망하는 비극으로 치닫게 되었죠. 🐻

눈물을 쓰윽~ 닦고, 다시 동북아시아 이야기로 돌아와봅시다.

유라시아 북부 유목민들은 정착민이 아니었기 때문에 감염병에 대한 내성이 부족해, 역병 발병은 곧 부족 전체의 생존이 걸린 문제이자 위기로 인식해 철저히 대비해왔습니다.

특히 청나라 전성기를 연 강희제의 등극에는 천연두가 큰 역할을 했습니다. 만주족들은 예전부터 전염병을 매우 두려워했다고 합니다. 비디오 대여점이 유행하던 1990년대 비디오를 틀면, 항상 맨 앞에 "옛 우리 조상들은 호환, 마마를 두려워했습니다……."로 시작하는 건전비디오 캠페인 애니메이션이 나왔는데, 여기서 나오는 '마마'가 천연두를 의미하는 옛말로 원래는 만주어예요. 🐻

이들 만주족이 유목생활을 할 때는 전염병 감염이 드물었는데, 이후 중원으로 진출한 뒤 천연두 등 감염병에 속수무책으로 당하게 되자 청나라 관직 중 사두관(查痘官)이라는 천연두 발생 대책 관리까지 두었으니, 얼마나 이에 대해 민감했는지 잘 알 수 있지요. 그래서 군 장수 중에도 천연두를 앓아 면역이 생긴 이는 숙신(熟身), 그렇지 못한 이는 생신(生身)으로 구분해 황제 친위대는 숙신만 서도록 하는 등, 천연두 예방에 각별히 신경을 썼다네요.

이처럼 청 황실이 천연두에 신경을 썼음에도 3대 황제 순치제가

(청나라 강희제)

천연두로 사망하게 되는데, 그는 사망 직전 선교사 아담 샬(Johann Adam Schall von Bell)에게 누구를 후사로 삼아야 할지 물었고, 아담 샬은 "셋째 현엽을 후사로 삼으라."고 권했다고 합니다. 그 이유를 묻자 "그 왕자만이 천연두를 앓고 살아났기 때문"이었다고 답하지요.

이에 일곱 살 어린 나이에 황제로 등극한 이가 바로 청나라의 전성기를 연

강희제였습니다. 비록 셋째 황자였음에도 천연두 면역이 생긴 숙신이란 이유로 황제로 즉위해 61년간 다스렸고, 뒤를 이은 옹정제의 25년 치세에 이어 건륭제가 60년간 장기 재위하며 청나라의 전성기를 만들었으니, 이들 황제들은 천연두가 유행하는 겨울과 봄에는 종종 천연두가 없는 북방 지역으로 '피두(避痘) 여행'도 떠났다고 합니다. 🐻

(박지원의 《열하일기》) (출처_단국대 석주선 기념박물관 소장) (위), (《열하일기》 여정) (출처_book.skku.edu) (아래)

그래서 연암 박지원(朴趾源)이 1780년 청 건륭제의 칠순 잔치 축하사절로 북경에 갔다가 청 황제가 휴가를 떠난 열하(熱河)까지 찾아가게 되었으니, 조선 역사상 사신들이 처음으로 청 황제 별장지를 방문한 것을 기념해, 《열하일기(熱河日記)》라는 중국 방문기를 쓴 것이죠. 🐻

하지만 페스트와 함께 인류에게 큰 위협이 되었던 천연두는 1798년 영국 의사 에드워드 제너(Edward Jenner)의 종두법(種痘法)을 시작으로 예방과 치료가 가능해지면서, 결국 1980년 5월 8일 세계보건기구는 천연두의 완전 종식을 선언하니, 역사상 최초로 특정 바이러스 완전 소멸에 성공한 것이었습니다. 이에 따라 과거 1970년대생까지 맞던 '불주사', 즉 천연두

백신을 이제는 더 이상 맞지 않아도 되니 어깨의 불룩한 흉터 자국은 이제 역사의 유물이 되어가고 있지요. 🐻

모쪼록 현재의 코로나19가 빨리 종식되길 바라며, 앞으로도 신종 감염병은 언제든지 우리 인류를 위협할 것이지만, 우리 인류는 이를 슬기롭게 극복해나갈 것이라고 믿습니다. 🐻

02
적일까, 친구일까? 로봇의 탄생

앞서 우울한 이야기를 했으니 희망찬 이야기도 해야겠지요? 🐻

최근 4차 산업혁명이 부각되면서 인공지능의 발전으로 앞으로 일상생활에서 더 많은 로봇이 활약할 것이라고 예측하는데요. 로봇의 역사도 알고 보면 참 흥미롭답니다.

로봇(Robot)이란 이름의 탄생

'로봇(robot)'이란 용어는 체코슬로바키아의 연극작가 카렐 차페크(Karel Capek)가 1920년에 발표한 희곡《로숨의 유니버설 로봇(Rossum's Universal Robots)》에서 처음 등장한 것이란 사실은 잘 알려

(카렐 차페크(왼쪽)와
요세프 차페크(오른쪽) 형제)
(출처_coputer-history.com)

져 있지만, 카렐 차페크가 로봇
이란 단어를 만들었다는 것은
사실 가리지날이에요.

희곡은 카렐 차페크가 쓴
건 맞지만, 로봇이란 단어 자
체는 공동 작업자인 그의 형
요세프 차페크(Josef Capek)
가 만들었거든요. 동생의 명
성에 가려진 형 요세프 차페크는 소설가이자 화가이기도 했는데,
나치 독일의 체코 병합에 항의하다가 6년간 수용소에 갇혀 있던 중,
1945년 전쟁이 끝나기 직전 사망하고 말지요. 🐻

또한 흔히 이 'Robot'이란 단어의 어원인 체코어 Robota가 '노동
(labor)'을 뜻한다고 알려져 있지만, 원래 이 단어의 의미는 '강제노
역'이래요. 즉 죄수나 노예에게 강제로 일을 시킨다는 의미이니 조
금 오싹하긴 한데, 그럴 수밖에 없는 것이 이 희곡의 스토리 자체가
인간이 창조한 로봇들이 결국 인간을 상대로 반란을 일으키는 암울
한 미래를 묘사하려다 보니 자연스럽게 강제노역이란 의미가 더 적
합했겠지요. 🐻

설명을 듣고 보니 왠지 이 연극 스토리가 급 궁금해지시죠?

《로숨의 유니버설 로봇》이란 희곡 내용은 지금 봐도 참 세련된 이
야기입니다.

간단히 줄거리를 보면, 가까운 미래에 로숨이란 천재 과학자가

로봇을 대량 생산하게 되면서 인류는 노동과 전쟁을 모두 로봇에게 맡기고 살게 되는데, 신형 로봇이 인간과 유사한 감정을 갖게 되면서 드디어

(연극 '로숨의 유니버셜 로봇')

인간에게 반란을 일으켜 그동안 로봇과 함께 노동을 하면서 인간적으로 배려한 노동자 한 명만 남긴 채 지구상의 모든 인간을 멸종시켜버립니다. 🐻

하지만 인간이 없으면 자신들이 고장 나도 고칠 수 없다는 사실을 깨달은 로봇 지도자는 유일하게 남은 인간에게 자신들의 구조를 파악해 추가 생산해줄 것을 요청하지만, 그는 지식인이 아니었는지라 아무런 도움이 되지 못하지요. 그러나 이들 로봇 중 한 쌍의 남녀 로봇이 서로 사랑하는 감정이 생겨 아기 로봇을 탄생시키게 되니, 마지막 남은 인간은 "인간은 멸종하지만 인간의 사랑만큼은 로봇과 그 후손을 통해 영원히 이어질 것"이라고 예찬하면서 이 연극은 끝나게 됩니다.

우리가 흔히 보는 영화 '터미네이터' 류의 원조 스토리이지만, 결론은 해피 엔딩(?)으로 끝나지요. 🐻

또 하나 재미난 사실은, 지금은 로봇의 하부 개념으로 쓰이는 '안드로이드(Android)'란 단어가 원래는 로봇보다 더 먼저 나왔다는

거~. 1886년 프랑스 작가 오귀스트 빌리에 드 릴라당(Auguste Villiers de L'Isle-Adam) 이 쓴《미래의 이브(L'Eve Future)》라는 작품이 최초의 인조인간 관련 소설이라고 하는데, 이 소설에서 인간을 닮은 기계인간을 Andro(인간) + eidos(형상)을 합친 신조어 '안드로이드'라고 불렀다네요. 🐻

그 소설의 줄거리는, 영국의 미남 귀족 에왈드 경이 연구자금을 후원해준 미국 발명가 에디슨(우리가 아는 그 에디슨 맞습니다. 🐻)을 찾아가 인조인간을 만들어 달라고 합니다. 이에 에디슨은 스폰서인 에왈드 경이 사랑하던 알리시아를 빼닮은 인조인간 '아달리'를 만들어주고, 이를 통해 에왈드 경은 사랑을 이루려다 비극으로 끝나는 작품이라는데 그다지 성공하지 못해 잊혀졌다고 합니다. 🐻

당시엔 소설 등에서 유명인사 이름을 사전에 양해나 허락 없이 쓰는 경우가 많았다네요. 그래서 당시 유명하던 에디슨을 소설 속 안드로이드 발명가로 등장시킨 것이죠. 이와 비슷한 사례로, 모리스 르블랑이 '괴도 뤼팽 시리즈 2편'《뤼팽 대 홈스의 대결》에서 셜록 홈스를 등장시킨 경우가 가장 유명하지요.

그러다가 체코의 희곡《로숨의 유니버설 로봇》이 전 세계적으로 대히트를 치면서 이후 기계로 만든 인조인간을 죄다 로봇이라 칭하다 보니, 안드로이드는 먼저 등장했지만 로봇의 유명세에 밀려 로봇 중에서도 특히 인간 형태를 닮은 로봇을 의미하는 하부 개념으로 받아들여지게 되었고, 최근에는 아이폰과 대항하는 구글의 스마트폰 OS 이름으로 더 널리 쓰이고 있지요. 🐻

어쨌거나, 당시 이《로숨의 유니버설 로봇》이 얼마나 유명했던지, 이미 1925년 일제 치하였던 우리나라에서도《인조노동자》라고 번역되어 출간되었을 정도였는데, 반면《미래의 이브》는 2013년에야 우리말로 번역되었어요. 🐼

이 외에도 로봇이란 거대한 개념 아래, 안드로이드 외에 사람 몸에 기계가 이식된 것은 '사이보그', 인간과 유사하지만 인간과 많이 닮지 않은 로봇은 '휴머노이드'라고 부르고 있지요. 일본의 '아시모', 우리나라의 '휴보' 같은 인간형 로봇이라고 생각하시면 돼요.

이처럼 인간과 많이 닮지 않은 로봇을 안드로이드와 따로 구분하는 이유는, 인간은 '불쾌한 골짜기 효과

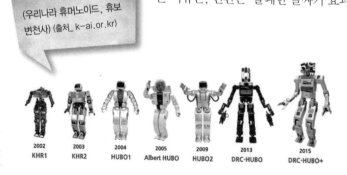

(우리나라 휴머노이드, 휴보 변천사) (출처_ k-ai.or.kr)

2002 KHR1
2003 KHR2
2004 HUBO1
2005 Albert HUBO
2009 HUBO2
2013 DRC-HUBO
2015 DRC-HUBO+

(Uncanny Valley Effect)'라 불리는 근원적 공포심을 가진 존재라서 그런 겁니다. 이는 1970년 일본 로봇공학자 모리 마사히로(森 政弘) 교수가 처음 제기한 로봇공학 이론인데요. 인간은 로봇이 어느 정도 인간과 유사할 때까지는 호감을 가지지만, 어느 경계를 넘어 인간과 거의 같아지면 무서운 감정을 느낀다는 건데, 이는 다른 동물에게선 보이지 않는 특징이에요. 즉, 사자나 호랑이 같은 고양잇과 동물들은 자기와 유사한 종을 보더라도 별 반응이 없지만, 사람은 아기 때부터 삼각형, 원 같은 기하학 무늬보다 사람 얼굴과 닮은 형상을 먼저 알아보고, 자연에서도 사람 얼굴과 유사한 형태를 보면 공포심을 가지는 특징이 있어요. 🐻

이 현상에 대해 명확한 이유는 밝혀진 바 없지만, 과거 우리 조상 크로마뇽인들이 네안데르탈인과 운명을 걸고 싸웠던 기억이 우리 유전자에 깊숙이 각인되었기 때문이란 주장도 있지요. 그래서 인종 차별도 이 같은 다수자의 집단 심리가 이방인에게 발현된 것이란 의견도 있지요.

인조인간의 유래

그런데 이 같은 인조인간 개념은 이미 고대 여러 신화에 등장합니다. 기독교《성경》에선 하나님이 흙을 빚어 아담을 만드셨다고 나오고, 메소포타미아 고전《길가메시 서사시》에선 창조의 여신이 진흙으로 만든 인간, '엔키두'가 등장하지요. 그리스 신화에서도 노아의 방주처럼 대홍수 당시 데우칼리온과 피라 부부가 제우스로부터 미리 언질을 받고 방주를 만들어 위기를 모면한 뒤 지상에 내려와 "어머니의 뼈를 등 뒤로 던져 새 인간을 만들라."는 명을 받고는 고민하다가, '어머니의 뼈'란 만물의 어머니인 대지의 돌임을 깨닫고 돌을 등 뒤로 던져 새 인간을 창조하는 장면도 있습니다. 이 외에도 중국 신화에서는 '여와(女瓦)'라는 여신이 흙을 빚어 사람을 만들어냈다고 합니다.

또한 동양 고전에서도 《서유기》의 손오공은 자신의 털을 뽑아 후 ~ 불면 똑같은 모습을 한 분신들이 쏟아져 나와 전투를 돕는 것으로 묘사되죠. 하지만 자주 사용하면 탈모가 된다는 부작용이……. 🐻 그래서인지 우리나라 《홍길동전》에서는, 탈모인들은 쓸 수 없는 손오공 변신술 대신 당시 흔하디 흔한 짚 인형으로 분신을 만들어 조선 8도에 하나씩 출현시키는 배려를 하신 거지요. 🐻

현대 의학이 엄청난 발전을 이뤘지만 아직 완벽한 탈모 치료제는 나오지 않고 있어요. 저 역시 요새 스트레스가 많아서 머리카락이 빠지는 건지 머리카락이 빠져서 스트레스를 받는 건지 잘 모르겠지만, 탈모를 근본적으로 치료하는 의학자가 나온다면 그분은 노벨 생리의학상이 아니라 노벨 평화상을 받아야 한다고 생각합니다. 🐻 일단 눈물은 쓰윽~ 닦고 계속 이야기를 진행해봅시다.

이처럼 고대 신화나 문학 작품에서 신이나 인간이 흙으로 만든 창조물 이야기가 많이 나왔지만, 기독교 문명이 자리잡은 뒤 유럽 세계에서는 인간이 새로운 창조물을 만든다는 이야기는 금기시됩니다. 왜냐하면 하나님만이 창조주인데 감히 인간이 다른 피조물을 만든다는 것은 엄청난 죄악이라 여긴 것이죠. 🐻

이처럼 감히 인간이 만든 피조물에 의해 인간 스스로가 파멸할지도 모른다는 기독교적 가치관을 바탕으로 해서, 산업혁명을 거치면서 새롭게 부각된 재료인 철을 사용한 피조물에 의해 인간이 멸망하고 기계 세계가 열린다고 재해석한 이야기가 바로 《로숨의 유니버설 로봇》이니 당시 유럽인들이 큰 관심을 가진 것이지요.

로봇 탄생의 배경이 된 체코 문화

그리고 쇠로 만든 피조물, 로봇이란 개념의 탄생에는 당시 체코의 문화적, 산업적 특징이 있었어요.

우선 문화적으로는 체코에 살던 유대인들이 갖고 있던 독특한 '골렘(Golem) 신화'를 참고한 것으로 보입니다. 유럽 각지에 흩어져 살던 유대인들이 각지에서 탄압이 가해지자 상대적으로 우호적인 보헤미아(체코 동쪽) 지역에 많이 모였다네요. 그러다가 중세 시대 페스트가 유행하면서 1516년 3월 29일, 세계 최초로 베네치아가 이방인에 대한 거주 제한 시행령을 발동해 유대인들을 특정 구역에서만 살게 한 것이 유럽 전체로 유행처럼 번지니, 프라하에서도 구시가지 동쪽 지역에 유대인 거주 구역 '게토'가 만들어지고, 이곳에서 독특한 민간 전승인 골렘 신화가 탄생합니다. 이는 당시 핍박받던 유대인 아이들에게 랍비들이 희망을 주려고 만든 것으로 여겨지는데, 큰 줄기는 이렇습니다.

유대교 종교지도자 랍비가 단식 등 수행과 의식을 마친 후 찰흙을 뭉쳐서 만드는 인조인간 골렘은, 인간 모습으로 빚은 후 주문과 함께 'emeth(히브리어로 '진리')'라고 쓴 양피지를 머리에 붙이면 완성된다고 합니다. (어째 중국 강시 느낌이……. 🐻)

평소 골렘은 충실하고 유능한 하인이지만 과업을 마쳤을 때 칭찬을 하지 않거나 지시사항을 번복하면 주인을 해칠 수 있기에 조심히 다루어야 하는데, 골렘을 없애려면 이마에 붙인 양피지에 쓰인 emeth란 글자에서 첫 글자 e를 지우면 meth(히브리어로 '죽음')가 되어 사라진다고 합니다.

이런 신화적 배경을 가진 나라 사람인 극작가 요세프 차페크, 카렐 차페크 형제도 익히 골렘 이야기를 알고 있었기에 그들의 희곡에 이 골렘 신화를 참고하는 한편, 유럽에서도 최고 수준으로 인정받던 체코 공업기술력을 상징하는 철을 새로운 재료로 이용했다고 보는 것입니다.

우리는 흔히 체코라고 하면 프라하, 체스키 크룸로

(체코산 탱크)
(구글 이미지)

프 등 아름다운 관광지를 연상하지만, 실제로는 정밀 기계공업 강국이기도 하지요. 나치 독일이 제2차 세계대전 직전 체코를 합병한 뒤 체코 내 공장에서 루가 권총, 탱크 등 주요 군사장비를 제작해 요긴하게 사용했었습니다. 🐻

그후 이 희곡으로 만든 연극이 대성공하자 이에 자극받아 프리츠 랑(Fritz Lang) 감독이 1927년 독일에서 최초의 SF영화 '메트로폴리스(Metropolis)'를 만들게 되지요. 정작 감독 본인은 오스트리아 출신 유대인이었는데 히틀러가 그의 영화를 무척 사랑했다고 합니다. 결국 그는 1933년 정권을 막 잡은 히틀러의 선전부장관 괴벨스가 독일 영화위원회장 직을 제안하며 나치 찬양 영화를 만들도록 지시하자 파리행 기차를 타고 홀로 독일을 벗어나 미국으로 망명하지요. 프리

(1927년 영화 "메트로폴리스" 포스터) (ⓒ Heinz Schulz-Neudamm) (좌),
(영화 속 상상 미래도시 장면)
(ⓒ Friedrich-Wilhelm-Murnau-Foundation) (우)

츠 랑은 할리우드에서 계속 영화를 찍었지만 미국 영화사와의 갈등으로 걸작 영화는 더 이상 나오지 않았고, 1958년에 다시 독일로 귀환합니다. 🐻

어쨌거나 알프레드 히치콕(Alfred Hitchcock), 오손 웰즈(Orson Welles) 등에게도 큰 영향을 끼친 당시 최고의 명감독이던 그를 대표하는 영화 '메트로폴리스'에는, 안락하게 잘사는 지상 도시 인류와 이들을 위해 평생 노동에 시달리는 지하 도시 인류로 양분화된 미래 사회가 등장합니다. 애니메이션 '미래소년 코난'에 나오는 암울한 첨단도시 '인더스트리아'가 연상되지요. 다만 지하에서 혹독하게 혹사당하는 노동자의 근무 시간이 10시간이었다는 거~. 🐻

이때 통치자를 미워한 한 과학자가 지상과 화해하려는 지하 세계 지도자와 똑같은 모습을 한 여성 로봇 '마리아'를 만들어 폭동을 유발해 도시를 파괴하려 하지만, 지상 세계의 지도자 아들과 오리지날 마리아가 힘을 합쳐 결국 사랑의 힘으로 위기를 극복하고 모두가 화해하는 스토리로 구성되어 있지요.

당시 이 영화는 일제시대 우리나라 극장에서도 상영되어 《상록수》를 쓴 소설가 심훈(沈熏)이 영화 평론을 쓰기도 했다는군요. 90여 년 전 흑백 무성 영화라고 생각하기 힘들 정도로 멋진 미래 세계 세트 및 인조인간 분장과 함께 무려 3만 7600명이 동원된 군중 씬 등 볼거리가 풍부한 걸작이자 '블레이드 러너', '스타워즈' 등 SF영화의 롤모델이 된 이 영화는, 유네스코 세계기록유산에 처음 등록된 영상물이기도 합니다. 🐼

1920년대에 상상한 미래도시가 어떤 느낌인지 궁금하시면, 유튜브에서 영국 그룹 '퀸(Queen)'의 뮤직비디오 '라디오가가(Radio Ga Ga)'를 검색해보세요. 당시 프레디 머큐리가 그 영화를 복원할 때 사운드트랙 작업에 참여한 것을 기념해 해당 영화 장면을 많이 사용했답니다. 🐻

그후 1930년대 할리우드에서 SF영화가 쏟아지던 시절에도 로봇이 인류를 파괴시킬 것이라는 암울한 미래를 강조한 작품들이 계속 나오게 됩니다. 그러던 중 드디어 인류의 불안감을 해소할 방법을 제시한 소설가가 등장하니……, 두둥~ 그의 이름은 바로 '아이작 아시모프'였습니다.

SF 소설가가 제안한 '로봇 3원칙'

로봇이 만들 암울한 미래를 걱정하던 과학계에 '로봇 3원칙'을 제시하며 한줄기 희망의 빛을 선사하신 그분, '아이작 아시모프(Issac Asimov)'는 원래 보스턴대학교 생화학과 교수였지만, SF소설의 대가이기도 한 분이셨습니다. 아서 클라크(Arthur C. Clark), 로버트 하인라인(Robert A. Heinlein)과 SF소설 3대 거장으로 손꼽히죠.

원래 소련에서 태어난 유대인이지만 세 살 때 부모님이 미국으로 이민 온 덕에 미국에서 잘 자라나 콜럼비아대학교 생화학 박사 학위를 따고 보스턴대학교 교수가 되었는데, 아 글쎄, 본업인 대학교수

보다는 글쓰기에 더 재미를 붙여 대학교수를 사직한 뒤 평생 500여 권의 책을 출간했다고 하지요. 그 주제도 방대해 무신론자임에도《성경》해설서를 쓴 것을 비롯해 자연과학 분야는 물론 인문학, 예술 등, 모르는 분야가 없을 정도로 방대한 지식을 자랑하셨지요. 🐻

(아이작 아시모프)

　그의 작품 중 유명한 SF소설이《로봇 5부작》,《파운데이션 7부작》시리즈인데, 원래 별개이던 이 두 시리즈를 나중에 하나의 세계관으로 연결합니다. 즉, 원래《로봇》시리즈는 먼 미래의 지구에서 로봇 형사가 범죄자를 잡는 형사물이었고 애초 3편이 끝이었지만 4, 5편을 추가로 만들게 되고, 원래 은하계 내 거대한 세력 간 500년의 반목과 전쟁을 다룬《파운데이션》시리즈는 제3편이 첫 책이었지만 그 앞에 1, 2편을 추가로 쓰면서,《로봇》시리즈 5부 끝과《파운데이션》1부 이야기가 서로 이어지게 한 겁니다. 와우! 🐻

(아이작 아시모프 평생의 대작《파운데이션》7부작)
(출처_asimov.fandom.com)

　이후 이 같은 시도는 영화 '스타워즈' 프리퀄에 이어 '마블 시리즈' 등에서도 면면히 이어지고,《은하영웅전설》등 유사 소설들의 롤모델이 됩니다. 또한 일부 소설은 영화로도 만들어지니 《바이센테니얼 맨》, 《아이, 로봇》 등이 히트했지요. 다만 SF소설의 불모지인 우리나라에선 그나마 번역된 몇 안 되는 작품도 대부분 절판 상태입니다. 🐻

하지만 지금까지도 아시모프를 유명하게 만든 것은, 1941년 발표한 단편소설 모음집 《아이, 로봇》인데요, 로봇이라면 반드시 지켜야할 3가지 원칙을 제시함으로써 '로봇 3원칙(Three Laws of Robotics)'이 현 로봇 개발의 가이드라인이 됩니다.

> 제1원칙 : 로봇은 인간에게 해를 입혀서는 안 된다. 그리고 위험에 처한 인간을 모른 척해도 안 된다.
> 제2원칙 : 제1원칙에 위배되지 않는 한, 로봇은 인간의 명령에 복종해야 한다.
> 제3원칙 : 제1원칙과 제2원칙에 위배되지 않는 한, 로봇은 로봇 자신을 지켜야 한다.

그리고 이를 확장한 개념이 추가되니,

> 제0원칙 : 로봇은 인류에게 해를 가할 만한 명령을 받거나, 행동을 하지 않음으로써 인류에게 해가 가해지는 것을 방치해서도 안 된다.

까지 제시합니다. 🐼

따라서 《로숨의 유니버설 로봇》이나 영화 '터미네이터' 시리즈에서처럼, 로봇이 인간을 해치는 것은 제1원칙을 위반하는 것이므로 이 원칙을 통해 막연히 갖고 있던 로봇에 대한 불안감을 해소시키는 한편, 지금도 로봇과 관련된 인공지능 연구 시 이 원칙을 근거로 개발이 이루어지고 있어 소설과 과학의 절묘한 앙상블이라 하겠습니다. 🐨

그의 단순하면서도 명쾌한 로봇 윤리 가이드라인이 엄청난 영향을 끼치게 되자, 이후 미래를 예측하는 여러 미래학 분야에서 소설가를 비롯한 문학인들도 주요 멤버로 참여하고 있습니다. 최근 인문학자들이 '인문학이 모든 학문의 중심'이라고 강조하지만, 과학적 지식과 인간 중심의 배려까지 갖추어야 진정한 인간을 위한 인문학이 되는 것이겠죠.

로봇 개발의 역사

지금까지 로봇이란 개념의 탄생과 이에 대한 서양 기독교 문명의 근원적 불안감, 이를 해소하려는 '로봇 3원칙' 등을 알아보았는데요. 이 같은 인문학적 관점 말고 공학적으로는 오래전부터 로봇을 개발하려는 선구자들이 존재했습니다.

고대 그리스 기록에선 BC 350년 이탈리아 남부 식민도시 타렌툼에 살던 아르키타스(Archytas)가 하늘을 나는 새 모형을 날렸다는 기록이 있으며, 알렉산드리아에서 활약한 수학자이자 과학자인 헤론

(Heron)은 성수(聖水) 자동판매기를 만들었지요. 당시 자동판매기 속 지렛대가 감지기 역할을 해서 동전의 무게와 정확히 맞으면 통에 든 물이 나오도록 했다고 하네요. 🐱

(헤론의 성수 자동판매기 상상도) (출처_kookje.co.kr)

그후 유럽이 중세 암흑기이던 시절, 고대 그리스 지식을 이어받은 중동에선 알 자자리(Al Jazari)가 헤론의 기술을 더욱 발전시켜 물이 흐르면 자동으로 움직이는 공작 분수대, 코끼리 물시계, 자동문을 만들어냅니다. 그는 죽기 직전《독창적인 기계장치의 지식에 대한 책》을 저술하며 본인이 만든 100여 개의 기계 장치를 소개했지요. 🐱

이 책은 유럽에도 전해져 레오나르도 다빈치에게 영감을 주었다는 주장이 있고, 그 지식은 동쪽으로는 원나라를 거쳐 조선의 장영실(蔣英實)에게로 이어지니, 1434년에 조선에서 물시계 '자격루'가 만들어져 국가 표준시계가 됩니다.

하지만 세종이 타실 가마가 시험 운행 중 부서졌다는 이유로 처벌을 받은 후 장영실은 역사 기록에서 사라졌고, 21년 뒤에 자격루가 고장났어도 14년간 고치지 못하다가 다시 수리해 사용했지만 임진왜란 때 불타 사라졌지요. 🐱

현재 남아 있는 자격루는 1536년 중종 때 새로 제작한 것인데, 이 역시 우여 곡절을 겪으며 일부만 현재까지 남아 국보 229호가 되었죠. 하지만 그후 조선은 더 이상 기술 발전을 이뤄내지 못하지요. 🐻

반면 유럽에서는 뒤늦게 르네상스 이후 공업 기술이 발전하면서 16~17세기에 '오토마타(Automata)'라는 간단한 작동 인형들이 유행하지요. 그중 스위스 시계 장인 자크 드로즈(Pierre Jaquet-Droz)는 글을 쓰는 소년 인형을 제작해 큰 인기를 끌게 됩니다.

(알 자자리 《독창적인 기계장치의 지식에 대한 책》) (좌), (국보 229호 자격루) (우)

(유럽의 오토마타 인형) (좌), (일본 카라쿠리 인형) (우)

이 정밀 기술은 네덜란드인들을 통해 일본으로도 전해져, 1645년부터 일본에서도 버튼을 누르면 움직이거나 굴러가는 카라쿠리(からくり) 인형 제작으로 이어지지요.

이후 프랑스 발명가 조셉 마리 자카드(Joseph Marie Jacquard)가 이러한 자동인형 작동 원리를 응용해 1801년 자카드 방직기를 만들게 되는데, 그는 이 기계에 천공 카드를 삽입해 다양한 무늬의 천을 찍어낼 수 있게 만듭니다. 🐻

응? 천공카드(Punch Card)요? 맞아요. 산업혁명 당시 발명된 천공카드가 140년 뒤인 1946년 인류가 개발한 첫 컴퓨터 에니악(ENIAC : Electronic Numerical Integrator and Calculator)의 입력 장치로 활용되었고, 그후 현재까지도 대학 입시 등에 활용하는 OMR 카드 등으로 이어져요. 이처럼 최초의 컴퓨터 데이터 입력은 200여 년 전 개발된 방직기 무늬 입력 장치와 동일한 원리였던 겁니다. 🐻

그후 1961년, 드디어 근대 로봇의 아버지라 불리는 조셉 엥겔버거(Joseph F. Engelberger)가 설립한 유니메이션(Unimation) 사에서 최초의 산업용 로봇 팔 '유니메이트(Unimate)'를 개발해 450대가 미국 GM 자동차 공

(조셉 자카드) (좌),
(자카드 방직기-윗 부분에 천 무늬 입력 천공카드가 있음) (우)

장 조립라인 주물 부품 하역 작업용으로 투입됩니다. 하지만 여전히 미국이나 유럽에선 로봇에 대한 부정적 인식이 강했고 노동자들의 반발이 거셌지요. 그래서 그 회사는 사업 돌파구를 일본으로 삼아 대성공을 거둡니다. 🐻

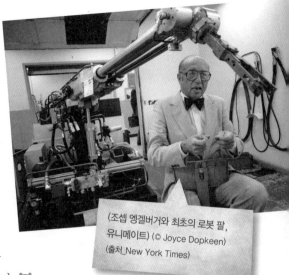

(조셉 엥겔버거와 최초의 로봇 팔, 유니메이트) (© Joyce Dopkeen)
(출처_New York Times)

실제로 1967년 일본에 진출해 로봇 팔 설명회를 열었는데, 시큰둥한 반응을 보이던 서구 설명회와 달리 2시간 이상 질의응답이 이어지는 등 큰 관심을 받았고, 여러 회사에서 이 로봇 팔을 구매해 자동화 라인을 깔기 시작합니다. 뒤이어 1968년에는 일본 가와사키중공업이 라이선스를 받아 산업 로봇 시장에 뛰어들며 일본에서는 로봇 팔 사용이 급증했다네요. 이처럼 일본에서의 대환영에 오히려 미국 측에서 더 놀라워했고, 이후 미국에서도 다시금 로봇 팔 보급이 촉진되었다고 하네요. 🐻

유니메이션 : "아놔~. 미쿡에서도 잘 안 팔리는데 바다 건너 재팬에서 이게 먹힐까메이비? 일단 설명이나 해테스트."

일본 참관단 : "놀랄 노짜데스~. 우리가 꿈에 그리던 로봇또를 벌써 아메리카 코쟁이들이 만들었스바라시이~."

유니메이션 : "우리도 놀랐다메리카~. 청중들이 다들 엄청 흥분했다 유나이티드. 이 분위기는 뭔가스테이트?"

일본 참관단 : "얼마면 되겠쿠라데스까? 니뽄이노 딸라 열라 많구라 데스~. 우리 회사에 먼저 설치해랏사이마세~."

그런데 어째서 일본에선 로봇이 이렇게 큰 환영을 받은 걸까요? 이유는, 동양에서는 기독교적 원죄론이 없었기에 인간이 창조한 인조인간에 대해 거부감이 적었던 것도 한몫을 했지만, 로봇은 인간을 이롭게 하는 존재로 여기는 인식이 일본 사회 전반에 퍼져 있었기 때문인데요.

이 같은 일본인들의 로봇 사랑의 배경에는 만화가로 성공한 한 의사가 큰 역할을 했으니, 그의 이름은 바로~ 데즈카 오사무였습니다.

일본 애니메이션이 만든 로봇의 새로운 인식

일본은 이미 17~18세기 도쿠가와 막부 시대부터 판화 제작이 활발했던 전통이 있었고, 영화 역시 1898년에 첫 영화를 촬영할 정도로 영상매체에 대한 적응도가 빨랐습니다. 그러다 보니 1920년대부터 애니메이션도 제작했고, 1937년에는 지금도 메이저 영화사인 '도호(東宝) 영화사'가 설립되는 등, 영화 및 만화 산업이 팽창합니다.

이 시기에 데즈카 오사무(手塚 治)라는 만화가가 등장합니다. 원래 그는 의사였습니다. 🐻

그의 증조부가 일본 최초의 군의관이어서 유복한 환경에서 자라나 어릴 적부터 외국 영화와 디즈니 애니메이션을 즐겨 보았다네요. 또한 어린 시절부터 천문학(오오~, 역시!)과 생물학에 심취했던 그는 1945년 오사카제국대학 의학부에 합격하고 1951년에 졸업했는데, 제2차 세계대전으로 몸과 마음에 상처를 입은 어린이를 돌보아야겠다는 생각에 소아과 의사가 되었고, 1961년 의학박사 학위까지 취득합니다. 하지만 그 바쁜 의대 2년생이던 1946년에 전쟁 기간 중 틈틈이 그려오던 만화가 신문에 연재되면서부터 만화 작품활동을 시작하고, 연이어 걸작 만화를 탄생시킵니다. 1950년 《정글대제》('흰사자 레오', '라이온 킹'의 원작이라고 일본에선 주장), 1951년 《아톰대사》 등이 베스트셀러가 되자 결국 갈등 끝에 의사보다는 어린이들에게 꿈과 희망을 주는 만화가의 길을 걷기 시작하는데, 의대생이 그린 만화라는 유명세에 힘입어 당시에 얼마나 만화가 잘 팔렸는지 일에 쫓겨 결혼식마저 지각했다고 하죠. 🐻

이후 1961년 만화 제작사를 설립해 본격적으로 후배들을 육성하기 시작한 데즈카 오사무는 1962년 일본 최초의 TV 애니메이션 '철완 아토무(鐵腕 アトム)'를 만듭니다. 그는 세상을 구하는 어린이 로봇을 통해 일본 어린이들에게 미래에 대한 꿈과 희망을 주고자 했는데, 전 세계적인 인기를 끌게 됩니다. 그런데 일본에서는 이 애니메이션 제목이 '철완(쇠처럼 단단한 팔) 아토무' 였는데, 이게 미국으로 건너가면서 'Astro Boy(우주소년)'로 바뀝니다.

그후 우리나라에 들어오면서는 제목이 '우주소년 아톰'이 되었으니, 일본과 미국 제목의 하이브리드 결합 버전이었고, 라떼들은 잘 아는 만화영화 아톰 주제가 "푸른 하늘 저멀리~ 라라

(데즈카 오사무. 오사무는 큰 벌레란 뜻이에요.) (위) (데즈카 오사무가 그린 만화 캐릭터) (구글 이미지) (아래)

라~ 힘차게 날으는~ 우주소년 아~톰"도 원래 일본 노래 그대로 가사만 우리말로 바꿔 방영했지요.

(철완 아토무. 우리나라에선 우주소년 아톰) (출처_amajon.co.jp)

이처럼 아톰 애니메이션이 등장한 지 1년 뒤인 1963년, 첫 거대 슈퍼로봇 애니메이션이 등장하니 40~50대에게는 익숙한 '철인 28호(鉄人28互)'가 일본 TV에서 방영됩니다. 그런데 이 작품은 이후 작품들과 달리 일본의 침략 전쟁에 대한 반성이 담긴 작품이기도 해요.

요코야마 미츠테루(橫山 光輝) 작가의 1956년 만화가 원작인 '철인 28호'는 소년 탐정인 가네다 쇼타로가 사건을 해결하기 위해 리모콘으로 조종하는 철인 28호로 악당과 싸운다는 내용입니다. 어린 소녀를 사랑하는 '롤리타 신드롬'과 정반대로, 여성이 어린 소년을 사랑하는 심리를 의미하는 '쇼타로 신드롬'이 바로 이 소년에서 유래한 거예요. 🐻

시대 배경은 일본이 2차대전에서 패전한 지 10년 뒤인 1955년, 당초 제2차 세계대전 말기에 일본군 개발연구소장이던 쇼타로의 아버지가 미국과의 최종 결전을 위해 만들던 비밀병기 로봇 중 28번째 완성품이어서 '철인 28호'라고 이름지었다죠? 🐻 그러나 개발연구소가 있던 섬이 미군의 폭격을 맞으면서 파묻혔다가 뒤늦게 악당들에게 발견되어 애초에는 악당들이 사용하던 무기였지만 쇼타로 군이 리모콘을 입수하면서 정의의 로봇이 되지요.

이 애니메이션의 특징은 리모콘을 누가 차지하느냐에 따라 정의의 수호자가 되기도 하고, 악의 화신이 되기도 하는 위험한 무기였기에, 쇼타로 탐정이 마지막으로 최종 악당을 제거한 뒤 전쟁 무기로 만들었던 철인 28호를 용광로 쇳물에 집어넣어 녹여 없애면서 끝나는 스토리여서, 일본의 과거 침략 전쟁에 대해 반성하는 자세를 보여준다는 점에서 최근의 일본 애니메이션과는 그 정서가 달랐습니다.

그리고 1972년에는 최초의 조종사 탑승 로봇 '마징가 Z'가 방영되었고, 우리나라에선 국민 정서를 감안해 미국 애니메이션이라고 속여서 방영해 큰 인기를 모았죠. 이후 '그레이트 마징가', '그랜다이저' 등도 인기를 끌었지요. 🐻

이렇게 만화와 애니메이션으로 로봇에 대해 호감을 갖고 있던 일본인들이었으니 1967년 선보인 로봇 팔이 크게 환영받았고, 이때 미래의 로봇 과학자를 꿈꾼 일본 어린이들이 커서 로봇 분야에서 선도적 역할을 수행한 것은 어쩌면 당연한 결과였지 않을까요? 우리도 1970년대엔 일본의 영향을 받아 '로보트 태권 V' 등 로봇 붐이 일면서 장래희망 1위가 과학자이던 시절이 있었습니다. 🐻

1970년대 공중파 TV 방송에선 저녁 6시부터 1시간은 어린이 프로그램 시간대여서 로봇 애니메이션과 함께 '부리부리 박사' 같은 과학 실험 프로그램과 인형극이 최고 인기를 끌었지요.

이런 사회 분위기가 지금의 중화학공업 강국, 반도체, 휴대폰 등,

전자산업 선도 국가로 발전하는 토양이 될 수 있었던 겁니다. 앞으로도 우수한 인재들이 모여 자연과학, 공학, 의학 등의 분야에서 우리나라가 세계 최강국이 되길 기원해봅니다. 🐻

로봇의 발전

현재 로봇 분야는 크게 나눠 산업용 로봇과 지능형 로봇 2가지로 구분된다고 합니다.

앞서 소개했듯이 산업용 로봇은 1961년 최초의 로봇 팔이 등장한 이래 벌써 60년이 흘러 수많은 대량 생산용 산업 로봇이 널리 사용되고 있지만, 인간과 유사한 형태의 지능형 로봇의 발전은 더딘 느낌이긴 합니다. 🐻

그건 인간이란 존재가 육체적으로는 다른 동물과 달리 온전한 두 다리로 걷고 다관절 가동이라는 아주 복잡 미묘한 움직임을 갖고 있고, 정신 분야에서도 아직 현대 과학으로는 온전히 모방하지 못하는 매우 까다로운 존재이기 때문입니다.

그래서 나온 유명한 법칙이 있으니, 바로 '모라벡의 역설(Moravec's Paradox)'입니다. 미래학자이자 카네기멜론대학교 로봇공학 교수이던 한스 모라벡(Hans Moravec) 박사가 제창한 이론으로서, "인간에게 어려운 일은 로봇에게는 쉽고, 로봇에게 어려운 일은 인간에게는 쉽다."입니다. 즉, 인간에게는 감당하기 힘든 24시간 연속

노동, 고위험 작업 등, 물리적 능력은 로봇이 월등하지만, 직관에 의한 공감 능력이나 이미지 판별 등은 인간이 월등하기 때문이지요.

그럼에도 로봇공학자들은, 컴퓨터의 CPU가 초기 진공관에서 트랜지스터를 지나 고밀도 회로로 발전하고 각종 공학이 발달함에 따라 점점 더 인간에 가까운 다양한 지능형 로봇을 개발하고 있지요.

1966년에는 셰이키라는 센서를 이용한 길 찾기 로봇이 처음 등장했고, 1967년에는 인공지능 분야 선구자이자 미국 MIT 인공지능연구소를 설립한 마빈 민스키(Marvin Minsky)가 가재 집게발을 응용한 로봇 팔을 개발하지요.

그후 1970년에는 소련에서 '루노호트 1호(Lunokhod 1)'라는 달 탐사 로봇을 보내어 10km 이상 탐사했습니다. 1969년 미국의 '아폴로 11호'에게 최초의 인간 달 착륙 기록을 빼앗긴 뒤 절치부심하며 만든 탐사 로봇인데, 무려 40년이나 연락이 되었다네요. 🐻

(소련이 만든 최초의 달 탐사 로봇, 루노호트 1호)

미국은 달 탐사 로봇은 소련에 뒤졌지만 1997년에 첫 탐사 로봇 소저너(Sojouner)를 화성에 보내 3개월 동안 화성 표면을 다니며 사진을 전송하도록 했지요. 이후 2004년에는 화성으로 더 개량된 탐사 로봇 스피릿(Spirit)과 오퍼튜니티(Opportunity) 2대를 보내고,

다시 2012년에는 큐리오시티(Curiosity)를 보내어 성공리에 탐사를 수행했습니다. 🐻

또한 의료 분야에서는 이미 로봇 수술이 외과 영역에서 널리 활용되고 있는데, '다 빈치(Da Vinci)'가 가장 대표적인 로봇 수술 기기이지요.

이런 특수 로봇 개발 중에도 여전히 안드로이드(인간형 로봇) 개발도 다양하게 시도되고 있는데, 최초의 인간 크기의 안드로이드는 1973년 등장한 '와봇 1호(WABOT-1)'로 기록됩니다. 외형은 여전히 투박한 금속 튜브 형태였지만, 인공 눈에 목소리도 나오고, 18개월 정도의 아기 지능을 가진 로봇이었다네요. 🐻

그후 1999년 일본 소니(SONY) 사에서 첫 애완견 로봇 아이보 (AIBO, 짝꿍이란 의미)를 개발해 큰 화제가 됩니다. 주인과 교감을 하고 학습을 하면 더 발전하도록 만들어졌고, 이후 2017년 더 개량된 신형 모델까지 출시하지요. 그후 2002년에는 첫 로봇청소기 '룸바'가 등장했고, 이제는 다른 분야보다 우리 일상에서 더 익숙해진 상황입니다.

하지만 우리에게 가장 각인되는 인간형 로봇은 2000년 일본 혼다 (HONDA) 사가 발표한 세계 최초의 이족보행 휴머노이드 '아시모 (ASIMO)'였어요. 키는 120cm, 무게는 43kg으로 어린이 정도의 크기인 아시모는, 느리긴 하지만 인간과 유사하게 두 다리로 걷고 유연하게 움직여 세계적으로 화제가 되었습니다. 하지만 사실 혼다는 그 이전부터 안드로이드 개발에 투자해왔어요. 1986년에 '이오(EO)'라

(아시모 변천사)
(출처_therobotreport.com)

는 로봇을 만들었지만 당시
엔 몸체와 두 다리만 있어서
이족보행만 가능했기에 온
전히 인간과 닮은 아시모를
통해 비로소 전 세계의 주목
을 받게 됩니다. 당시까지 15
년 동안 2000억 원을 투자했

다고 하네요. 이후 아시모는 더욱 개량되어 더 빠르면서 인간과 유
사하게 걸을 수 있게 진화하는 중이죠.

이에 일본에는 도저히 질 수 없는 대한민국의 카이스트에서 2004
년에 '휴보(HUBO)'를 발표하며 우리도 일본 못지 않게 로봇 개발
능력이 있다는 걸 증명해냅니다. 일반 휴보에 이어, 아시모에는 없
던 인간형 얼굴을 넣어 표정까지 구사한 알버트 휴보까지 선보였는
데요, 우리나라 과학계의 대표 인물(예를 들면, 장영실 같은) 대신 굳
이 아인슈타인 박사님 얼굴을 쓴 건 좀 아쉬었어요. 🐢

이후 인공지능 분야의 발전으로 로봇의 소프트웨어 영역에서도
최근 큰 발전이 이루어지고 있습니다. 인공지능에 대해서는 오랜 기
간 연구가 이어져왔는데, 2006년 캐나다 토론토대학교 제프리 힌튼
(Geoffrey Hinton)교수가 '딥 러닝 (Deep Learning)' 방법론을 제창하고
압도적인 성능을 실증하면서 혁신적 도약이 이뤄지고 있지요.

이처럼 인공지능이 막 발달하던 2011년 3월, 동일본지진으로 후
쿠시마 원전이 녹아내리는 대형 사고가 터집니다. 이에 미국은 방사

능 수치가 높아 사람이 접근하기 어려운 원자로 봉쇄를 위해 자신만 만하게 탐사 로봇 2대를 투입하지만, 통신이 두절되면서 실패하고 말지요. 그래서 결국 일본 정부는 사람을 투입하는 강행군을 펼치게 됩니다. 🐻

이에 미국은 큰 충격을 받고 새로운 탐사 로봇 개발을 위해 미국방위고등연구계획국(DARPA : Defense Advanced Research Projects Agency, 미국 국방부 산하 연구기관)이 주관하는 로봇 대회인 'Robotics Challenge'를, 2012년 예선전부터 시작해 결승전까지 3년에 걸쳐 개최하게 됩니다.

이 대회에는 전 세계에서 250여 개 로봇팀이 참여하게 되는데, 기획에만 1년이 걸린 8개 과제를 1시간 이내에 성공하는 것을 목표로 진행하게 되었는데, 그 8개 과제가 뭐냐면, 1) 로봇이 운전하기 2) 자동차에서 내리기 3) 문 열고 들어가기 4) 밸브 잠그기 5) 벽 드릴로 뚫기 6) 비밀 과제(대회 전날밤 12시에 공개) 7) 벽돌 잔해 통과하기 8) 5단 계단 올라가기였지요. 🐻

사람이라면 그렇게 어렵지 않은 미션이었지만 온전히 로봇이 이러한 과제를 수행하게 하는 것이다 보니, 로봇공학자들은 생전 처음 겪는 어려운 과제에 줄줄이 탈락하게 되는데, 마지막 결승전에는 6개국 24개 팀이 남게 됩니다.

그중에는 놀랍게도 우리나라도 3개 팀이나 생존해 있었지요. 미국 12개 팀, 일본 5개 팀에 이어 한국 3개 팀, 독일 2개 팀, 이탈리아 1개 팀, 홍콩 1개 팀이었으니, 국가별 숫자로도 3번째 강국이었습니

(DARPA 로봇대회 우승은~,
코리아의 '팀 카이스트'!)
(출처_news.kaist.ac.kr)

다. 그리고 우승은 무려 우리 나라 팀카이스트(Team KAIST)가 만든 휴보가 차지하게 됩니다. 와우~! 🐻

미국, 일본 등 로봇 강국에 비해 열악한 상황이던 우리나라가 이런 엄청난 성과를 올렸지만, 당시엔 제대로 뉴스에 나오지도 않았습니다. 🗿

반면 일본에선 5개 팀이 나오고도 체면을 구긴 뒤 혼다 사는 결국 2018년에 아시모 연구팀을 해산하고 맙니다. 자동차 회사로선 로봇 연구가 더 이상 가치가 없었던 모양입니다. 게다가 2016년 구글 산하 자회사인 보스턴 다이내믹스(Boston Dynamics)에서 선보인 '아틀라스(Atlas)'라는 이족보행 로봇이, 엄청 빨리 달릴 뿐만 아니라 넘어지면 스스로 일어나는 등, 아시모를 능가한 것이 결정적 타격이었다네요.

그럼 우리나라는 어떠냐? 현재 카이스트가 연간 무려 2억 원(!)의 연구비를 국가로부터 지원받아 휴보를 업그레이드하고 있지만, 수많은 공과대학원생들의 영혼을 갈아 넣어(?) 만드는지라…… 공밀레 (공대생+에밀레) 라고 부른다네요. 🐻

최근 공개한 2017년 휴보는 평창올림픽 성화 봉송 이벤트로 모습을 보였지만, 예전에 비해 뭐가 발전했는지 잘 모르겠습니다. 이런 가운데 불행히도 최근에는 앞서 소개한 아시모, 휴보와 같은 안드로이드형 로봇 개발에서 중국에 밀리는 형국이라고 합니다. 🐻

현재 전 세계 로봇 분야 선두기업으로 손꼽히는 UB테크(UB Tech)라는 중국 기업이 2019년 소개한 '워커(Walker)'는 단시간에 아시모, 휴보 수준의 기술력을 선보였고, 국가적 지원과 풍부한 재력 덕분에 앞으로 더욱 스마트한 머신으로 발전할 것으로 기대된다고 하네요.

이 같은 이족보행 로봇 발전상이 뉴스에서 잘 소개되지 않다 보니, 우리가 세상의 변화를 실감하게 된 사건은 아무래도 2016년 인공지능 '알파고(Alpha Go)'와 이세돌의 바둑 대결에서 알파고가 승리한 사건으로, 사람들에게 엄청난 충격을 던져주었지요. 이에 조만간 인간과 거의 유사한 지능으로까지 발전할 것을 기대하고 있지만, 여전히 일부에선 기계에게 종속될 미래를 두려워하고 있습니다.

(중국 휴머노이드 로봇, 워커)
(출처_irobotnews.com)

하지만 각국의 연구진들은 여전히 인간형 로봇을 개발하는 중인데, 그중 하나의 목표는 2050년 월드컵 우승팀과 로봇팀이 축구 경기를 해서 승리하는 것이라고 하니, 아직은 인간 수준의 로봇 발전까지는 좀 더 기다려야 할 것 같네요. 🐻

그리고 또 하나의 희소식은 앞서 소개한 보스턴 다이내믹스 사가 구글에서 일본 소프트뱅크

(Softbank) 사로 인수되었는데, 다시금 2020년 12월에 우리나라 현대자동차그룹이 인수했답니다. 카이스트 휴보에 이어 로봇 시장에서 또하나의 든든한 코리아 로봇이 등장하게 될 예정이네요. 🐻

이처럼 좋든 싫든 로봇 분야는 더욱 발전해 조만간 우리 일상생활에 더 가까이 다가올 것입니다.

과연 로봇이 우리 인류에게 밝은 미래를 선사할지, 인간 세상을 멸망시킬지 알 순 없지만, 오랜 옛날부터 많은 이들이 꿈꿔온 인간을 닮은 기계 피조물이 어떻게 발전해갈지 지켜보는 건 흥미로운 일이 아닐 수 없네요. 🐻

03

리더십과 팔로워십 : 똑게형 상사가 최고의 직장상사라고요?

코로나19로 인해 국가 간 희비가 엇갈리고 있습니다.

초기엔 미국과 유럽, 일본에서 확진자 폭증과 사망자 다수 발생이라는 최악의 상황을 맞았던 반면, 우리나라는 처음부터 지금까지 방역 선진국으로 전 세계의 주목을 받고 있습니다. 그러면서 각국의 리더십에 대한 비교가 이어지고 있는데요.

유능한 리더십뿐 아니라 의료진들과 국민이 리더의 방향에 잘 따라주는 성실한 팔로워십을 보인 것도 큰 역할을 했지요. 🐨

그런데 리더십이 경영학 학문 분야로 주목받게 된 것은, 70여 년 전인 1945년부터라고 합니다. 제2차 세계대전이 끝난 뒤, 미국 국방부에서 연합국과 주축국 장군들의 어떠한 역량이 승리와 패배로 이어졌는지 분석하면서 본격화되었지요.

당초 리더십에 관한 연구 초반에는 리더의 타고난 선천적 역량에 더 주목했는데, 이후 후천적인 노력을 통해서도 리더십을 키울 수 있음이 증명되면서 다양하게 발전하고 있습니다. 그러면서 10여 년 전부터 온라인 상에서 직장 상사의 리더십에 대한 우스갯소리 같은 이야기가 떠돌고 있습니다. 이미 다들 알고 있겠지만, 직장 상사의 유형은 크게 4가지 타입이 있다고 하지요. 똑부(똑똑하고 부지런), 똑게(똑똑하고 게으른), 멍부(멍청하고 부지런), 멍게(멍청하고 게으른).

그중 최고는 똑게형 상사이고, 멍부형 상사가 제일 나쁘다고들 하고, 이게 더 발전해서 상사와 부하 간 궁합 관계라는 재미난 도표도 떠돌고 있지만, 이 상사 분류법은 실은 가리지날입니다. 🐨

원래 이 4가지 유형 분류법은 후배들이 상사를 평가하기 위한 것이 아니라, 상사가 후배를 평가하는 분류법이었습니다. 즉, 리더십이 아닌 팔로워십에 대한 기준이던 것이 정반대로 바뀐 것이죠. 🐻

이 4가지 유형별 분류법을 만든

(직장 상사의 4가지 유형)

	멍청하다	똑똑하다
부지런하다	**멍부** :멍청한 인간이 부지런하기만 하다	**똑부** :똑똑한 인간이 부지런하기까지 하다
게으르다	**멍게** :멍청한 인간이 게으르기까지 하다	**똑게** :똑똑한 인간이 게으르다

성실성

능력

이는 19세기 프로이센 왕국 귀족 출신으로서 독일 제국 육군 참모총장이던 헬무트 폰 몰트케 백작 (Helmuth Karl Bernhard von Moltke)입니다. 조카인 몰트케 백작도 제1차 세계대전에서 활약하는 바람에 흔히 대(大) 몰트케 백작이라 부르는 사람인데요.

(대 몰트케 백작) (좌), (독일제국 3대 건국 영웅 – 왼쪽부터 비스마르크 재상, 룬 백작, 몰트케 백작) (우)

처음 듣는 사람이라고요? 🐻 우리에겐 생소한 이름이지만 독일인들에게는 철혈재상 비스마르크(Otto von Bismarck) 수상, 룬(Albrecht von Roon) 백작과 함께 독일 제국 3대 건국 영웅 중 한 명이라고 합니다.

그는 1863~1864년 덴마크와의 제2차 슐레스비히-홀슈타인 전쟁에서 승리해 덴마크 남부 곡창 지역인 슐레스비히, 홀슈타인, 헬골란트를 덴마크로부터 분리하는 데 성공해 지금의 독일 영토로 편입시킨 인물이지요. 🐻

그후 독일연방의 주도권을 둘러싼 갈등으로 촉발된 1866년 프로이센-오스트리아 전쟁에서도 승리해, 프로이센 왕국이 독일 연맹 국가 중 주도권을 쥘 수 있게 되니, 독일연방에서 오스트리아가 탈퇴함으로써 지금도 같은 게르만족 국가이지만 독일과 오스트리아로 나뉘어 있지요.

어쨌거나 이 전쟁 승리로 독일연방의 주도권을 쥔 프로이센이 1871년에 거인 프랑스와 맞붙은 프로이센-프랑스 전쟁에서도 승리하여, 드디어 적의 심장, 파리 베르사유 궁전에서 오스트리아를 제외한 게르만계 국가들의 연맹체인 제2 독일 제국의 성립을 선포하니, 이 과정에서 프로이센 참모본부장 몰트케 백작이 대활약합니다. 또한 현대의 모든 군대에서 채택하고 있는 참모본부 제도를 확립해 전 세계 군사학 교과서에 이름을 남긴 인물이기도 합니다. 🐵

게다가 핵이빨 복서 마이크 타이슨의 말로 유명해진 "누구나 그럴싸한 계획을 갖고 있다. 쳐맞기 전까지는……."이라는 명언의 원래 주인이기도 합니다. 몰트케 백작이 남긴 오리지날 문구는 "아무리 잘 짜여진 전술, 작전 상의 계획이라도 첫 총성이 울리는 순간, 쓸모가 없어진다."였다고 합니다. 🐵

몰트케 백작은 당시 첨단 교통시설이던 철도의 중요성을 일찍이 간파해 신속한 이동을 통한 압도적 우위로 적을 궤멸하는 '전격전'이라는 모델을 처음 구상한 인물이기도 했다는군요. 하지만 이후 제2차 세계대전 초기 전격전 전술로 승승장구하던 나치 독일은 이 전법을 위대한 총통 히틀러가 만드셨다고 찬양하게 되지요. 🐻

이처럼 계획에 의한 전쟁 수행보다는 실전에서의 유동적인 전술을 더 중시하는 스타일이던 몰트케 백작은, 후배 장교들을 정신적, 육체적 특성에 따라 영리하고, 멍청하고, 게으르고, 근면한 네 부류로 파악했다고 합니다.

유형 A. 멍청하고 게으른 자 (멍게형) – 중간형

군대에서 높은 위치까지 승진할 수도 있음.

유형 B. 똑똑하고 부지런한 자 (똑부형) – 참모형

지휘보다는 시키는 일을 제대로 하는 위치에 놓아야 함.

유형 C. 멍청하고 부지런한 자 (멍부형) – 쓰레기형

군대에서 당장 내쫓아야 하는 유형.

유형 D. 똑똑하고 게으른 자 (똑게형) – 지휘관형

똑똑하고 아이디어가 많아 임기응변에 능한 유형.

즉, 그가 참모본부장이란 직책에서 내린 분석인 만큼, 똑똑하고 부지런한 B형 후배들을 참모본부에 앉혀 자신의 지휘를 받으며 최고의 두뇌를 풀 가동케 하여 시시각각 변하는 상황에 맞춰 각 군단의 신속한 전진, 후퇴 등 작전을 총괄토록 하고, 똑똑하지만 게으른 D형 후배들은 자기가 일 시키키엔 느리지만 원래 똑똑하므로 현장에서 임기응변으로 대응할 수 있으니 최일선 지휘관으로 내보낸 것이고, 멍청하고 게으른 A형은 살아남아 있다면 D형 지휘관들이 전쟁터에서 죽은 뒤 어쩔 수 없이 써야 한다고 본 반면, 멍청하고 부지런한 C형 후배는 본인이 지시하기도 전에 사고를 칠 확률이 높으니 미리 제외한다는 겁니다. 따라서 참모총장으로서 똑똑하고 부지런한 후배를 가장 총애했음을 알 수 있어요. 너무 당연한 결과이긴 하죠. 🐻

그러나, 이 부하 유형 분석 이론은 그가 사망한 후 오랜 기간 잊

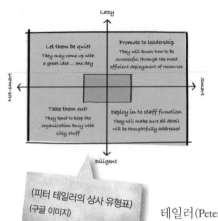

(피터 테일러의 상사 유형표)
(구글 이미지)

혀집니다. 참모본부에 둘 유능한 후배를 어떻게 선발한 것인지 본인만의 기준이었기에, 대부분의 리더십 학자들이 눈여겨볼 만한 체계적인 이론이라고 보지 않았나 봅니다.

그러다가 2009년 미쿡의 피터 테일러(Peter Taylor)란 학자가 이 유형표에 흥미를 느끼고, 몰트케의 이론에서 '유형D의 똑똑하고 게으른 자는 지휘관이 될 수 있다'는 항목을 중심으로 'The Intelligence of Laziness(게으름의 지혜)'라는 상사 유형 분류법으로 관점을 완전히 바꿔 재활용하면서 주목받게 됩니다. 🐻

이는 2008년 미국발 금융 위기 당시 방향성 없이 지나치게 부지런한 직원들이 결국 대형 사고를 친 사실과 맞물리면서 화제가 됩니다. 게다가 생물학자들이 "개미 사회에서 30%의 일개미는 평소에는 놀고 있다가 위기가 발생하면 현장에 투입되어 기존 생산은 유지하면서도 위기에 대처한다."고 주장한 것과도 연계되어, 지나치게 주주 이익 극대화를 위한 단기 성과 위주로 돌아가던 미국 회사들의 경영 정책을 비판하는 데 꽤 유용하게 써먹게 되지요.

이 이론이 태평양을 건너 한국 땅에 와서는 앞서 소개한 것마냥 재미있게 각색된 겁니다. 게다가 이 미쿡식 상사 유형 이론에 따르면, '멍청하건 똑똑하건 상사는 무조건 게으른 게 더 낫다'는 결론이

니, 후배 입장에서는 좋지만 조직 입장에선 심각한 문제가 되거든요. 🐻

실제 조직에선 완전 초짜 신입직원이 아닌 다음에야 모두가 조직 구성상 상사이자 부하이기도 하니, 리더이자 팔로워 두 가지 역할을 다 수행하고 있기에 이 같은 상사 유형만으로 판단한다는 건 한쪽 관점에서만 바라본 것이니까요.

마찬가지로 일부 리더십 학자는 모든 조직 문제는 다 리더의 문제라고만 얘기하는데, 그건 가리지날입니다. 리더십 못지않게 중요한 게 팔로워십이니까요. 잘 알다시피 어느 조직이건 또라이는 존재하기에……, 그래서 나온 게 '또라이 불변의 법칙'입니다. 🐻

- 어느 조직에나 또라이는 존재한다.
- 또라이가 사라지면 새 또라이가 오거나, 기존 인력이 또라이로 진화한다.
- "우리 조직에는 또라이가 없다."고 말하는 이가 있다면, 그가 바로 또라이다.

이건 학술적 이론은 아니지만 농담 같은 진실 아닐까요? 🐻

그리고 흔히 떠돌고 있는 상사-부하 궁합표에선 똑게형 상사와 똑부형 부하가 만나는 것이 최고의 궁합이라고 나오지만, 그것도 가리지날이지요. 똑게형은 상사로선 1등이지만 또한 더 위 상급자의 부하일 수 있는데, 부하 중 가장 안 좋은 유형이거든요. 조직이란 것

이 단순히 상사-부하 1단계로 이루어지는 게 아니잖아요. 🐻

따라서 저 이론을 그저 웃으며 보지 말고 어떻게 잘 활용할지 선배와 후배 입장을 다 놓고 본다면, 가장 이상적인 경우는 역시 '똑부형 선배와 똑부형 후배'의 만남이라고 생각합니다. 아, 물론 잘못 만나면 서로 잡아먹을 순 있습니다만…… 🐻

동양에서의 리더십과 팔로워십

이처럼 서구에선 리더십이 현대에 들어서야 주목받고 있지만, 어느 조직이나 국가건 간에 훌륭한 리더와 더불어 훌륭한 팔로워십이 동시에 존재해야 성장할 수 있다는 사실은 이미 동양에서는 수천 년 전부터 강조되어 오고 있었습니다.

즉, 유교에서 군신유의(君臣有義), 부자유친(父子有親)이라 하여 상하 간에 의리와 배려가 있어야 한다는 점을 늘 강조해왔지요. 이 같은 관점에서 보면 역사상 가장 멋진 리더십과 팔로워십 사례로 손꼽히는 건,《삼국지》에 나오는 유비와 제갈공명 간의 '수어지교(水魚之交)'라 할 수 있겠습니다. 유비가 말한 대로 마치 물고기가 물을 만난 것처럼 찰떡 궁합을 이뤄 중국뿐 아니라 동양 각국에서 널리 칭송되고 있지요. 🐻

그런데 이 소설 제목이《삼국지》라는 건 가리지날이라는 사실은 다들 잘 알고 계시죠? 실제로 위나라를 이어 삼국을 통일한 진나라

시대에 진수가 편찬한 정식 역사서가 《삼국지(三國志)》이고, 나관중의 소설은 《삼국연의(三國演義)》라는 것을요. 엇! 다 알고 있는 가리지날을 소개하다니, 실망이 크시다고요? 🐻 워워~ 릴렉스, 아직 본론 안 들어갔어요. 🐻

중국 삼국시대 당시 실세는 조조였지만 가장 미약했던 유비의 촉나라를 정통으로 서술한 《삼국연의》로 인해 더 부각된 유비와 제갈공명의 첫 만남은, 뒤이어 나오는 적벽대전과 함께 소설의 하이라이트이자 사건의 대 전환점이 되는 부분입니다.

즉, 소설 《삼국연의》에서 유비, 관우, 장비가 주인공처럼 보이지만, 전반부는 조조가 진짜 주인공이었다가 적벽대전 장면부터 급격히 방향이 바뀌어 후반부 주인공인 제갈공명의 활약이 시작되지요.

한때 유비를 '쪼다'로 비유하는 만화나 도서가 1980~1990년대에 크게 유행한 적이 있는데, 새 나라를 건국해 중국 통일을 도모한 위인이 쪼다일 리는 없지요. 진짜 쪼다였다면 그 많은 사람들이 본인의 생명을 걸고 유비를 따랐을까요? 🐻

유비의 진짜 장점이 뭐냐고 물으신다면, 인재를 보는 눈이 남달랐다는 것이 첫 손에 꼽힐 것 같네요. 유비의 인재 등용 이야기 중에서도 가장 하이라이트, 전략가 제갈공명을 스카우트하고자 유비가 관우, 장비를 데리고 세 번이나 초가집을 찾아갔다는 '삼고초려(三顧草廬)' 이야기인데요, 감동적이기까지 합니다.

삼고초려 이야기는 소설 속 이야기가 아니라, 실제로 유비 황제가 사망한 후 제갈공명이 유비의 아들, 유선 황제에게 위나라 정복

出師表

전쟁을 위해 떠나며 올린 '출사표'에, "선제(先帝, 유비)께서는 신을 비천하다고 여기지 않으시고 외람되게도 스스로 몸을 낮추시어 초가집으로 세 번이나 찾아오셔서 신에게 세상사를 물으셨습니다."라고 기술했으며, 진수가 쓴 정사《삼국지》에도 기록되어 있기에 우리는 이를 진실이라고 여기고 있습니다. 그리고 이 짧은 이야기를 나관중은《삼국연의》에서 극적으로 묘사하고 있죠.

(제갈공명의 출사표.
장기 출장 품의서를
이렇게 간지나게
쓰다니……)
(구글 이미지)

당시 유비의 나이 어느덧 47세.

기반이 되었던 서주를 빼앗긴 후, 형주의 유표에게 의탁해 형주 최북단 작은 고을 '신야' 하나를 맡아 다스리며 이 나이가 되도록 근거지 없이 떠돌아다니는 본인의 신세가 서글퍼 화장실에서 눈물을 흘리던 어려운 시절이었죠. 유비를 따르던 서서가 "와룡과 봉추 중 한 명이라도 얻으면 천하를 도모할 수 있다."고 추천하자 스무 살이나 어린 와룡선생, 즉 제갈공명을 만나러 두 동생 관우와 장비를 대동해서 가지요. 그러나, 첫 방문 때에는 출타했다고 해 허탕을 치고, 두 번째 방문 시에는 낮잠을 자고 있다는 말에 화가 나 깨우라는 관우, 장비의 재촉에도 불구하고 해질녘까지 기다리다가 결국 되돌아옵니다.

세 번째 찾아가서야 드디어 만나 천하 통일의 비법을 묻자 제갈공명은 '천하삼분지계(天下三分之計)'를 설명하며, 이미 북쪽은 위나라, 동쪽은 오나라가 섰으니 서쪽으로 진출해 새로운 나라를 건국해 3국 시대를 열라고 말하죠. 그런 다음 먼저 오나라와 손을 잡고 위를 정복한 후에 오나라마저 진압해 통일을 도모하자고 제안하지요. 유비는 이에 크게 감동하여 제갈공명을 책사로 모셔가게 된다는 이야기이죠.

실제 사서에선 그저 "유비가 초가집에 세 번 찾아갔다."고 한 것을 나관중이 관우, 장비까지 추가해서 저렇게 멋지게 스토리텔링한 겁니다. 🐻

그런데……, 이 삼고초려 이벤트는 사실 가리지날이 숨겨져 있습니다. 🐼

정사 삼국지가 나오기 전 위나라 어환(魚豢)이란 역사학자가 쓴 《위략(偉略)》이라는 역사서가 있습니다. 정사 《삼국지》를 쓴 진수는 제갈공명이 죽기 2년 전에 태어난 자이지만, 어환은 그 시대에 살고 있던 사람으로 당시의 상황을 정리했는데, 위나라 역사가였던 만큼 본인이 모시던 조조의 천하통일 야망을 꺾은 제갈공명에 대해 더 면밀히 분석했을 겁니다. 또한 수십 년 뒤 진나라 시절 사마표가 쓴 《구주춘추(九州春秋)》에서도 이와 유사하게 기록되어 있다고 합니다.

그럼 《위략》에서는 유비와 제갈공명의 만남에 대해 어떻게 기록했을까요?

그 내용은~ 두두두둥……! 제갈공명이 먼저 유비를 찾아갔다고

합니다. 🐻

당시 형주에 있던 귀족들은 곧 북쪽에서 조조가 쳐들어올 것이라고 근심하던 중 황제로부터 숙부로 인정받은 명망가, 유비 장군이 왔다는 소식에 단체로 만나러 갔다네요. 이에 유비가 이들과 이런저런 정세 이야기를 했는데, 제갈공명도 질문을 했다지만 유비의 눈에 띄지 않았다고 하지요. 우리가 흔히 게임이나 만화에서 여리여리한 꽃미남 스타일로 제갈공명을 묘사하지만,《위략》엔 "투박한 생김새여서 잘 눈에 띄지 않았다."고 적혀 있답니다. 🐻

원래 제갈 가문은 서주에서 이름을 날리던 집안이었는데 서주가 유비, 여포, 조조로 주인이 계속 바뀌며 대학살을 당하던 전란을 맞아 그나마 안전한 형주로 이사 온 상황이었죠. 그래서 피난 와중에 형제들이 뿔뿔이 흩어지면서 제갈 가문 자제들이 각자 다른 주군을 모시게 된 겁니다.

당시 형주 양양 땅에 이사 온 제갈공명은 방덕공, 황승언 등 여러 스승들로부터 가르침을 받았고, 양양 귀족 자제 모임의 주요 멤버이기도 했으니 농사나 짓던 평민은 아니었지요. 그래서 이 멤버들이 지역 대표로서 유비를 만나러 갈 때 같이 갔던 겁니다. 그러나 유비와의 모임에서 별다른 계책을 못 들은 다른 유지들은 실망하면서 집으로 돌아갔지만, 제갈공명은 유비에게 좀더 어필하려고 남아 있었다고 합니다. 🐻

그런데 유비는 이들이 돌아가자 아직 제갈공명이 남아 있는 줄 모르고는 심심하면 하던 취미 활동을 했더랍니다. 요즘 같으면 휴대

〈위략〉
유비와 제갈공명의 만남

폰 게임 같은 것을 했겠지만, 당시 유비가 한 소일거리는 바로~, 소
털로 새끼 꼬기. 청년 시절 돗자리 장사를 하던 때부터 즐기던 시간
때우기 버릇이었다지요. 🐻 그 장면을 본 제갈공명은 크게 실망했
나 봅니다. 그래서 유비에게 한소리 했답니다.

제갈공명 : "오마이공자맹자! 지금 세상이 이 지경인데 고작 새끼나
꼬고 있단염장?"
유비 : "엇. 댁은 뉘신지열라뻘쭘."
제갈공명 : "황숙을 흠모해 여기까지 왔는데 천하통일 고민은 고사하
고 이러고 있을분통? 지금 천하는 조조 시대. 겨우 수천 무리로 조조
에게 어찌 할 계책?"

241

유비 : "(자세를 가다듬으며) 암 쏘 쏘리, 그 점이 위크 포인트. 어찌하면 좋겠솔직리뷰요망."

제갈공명 : "천하삼분지계란 필살아이템 존재하지만 S급 인재로 평생 채용 보장 시 공개. 계약서 사인 하오(好)?"

유비 : "하오하오. 얼마면 돼, 얼마면 되겠네고?"

이에 유비가 제갈공명의 진가를 알아보고 정중히 사과한 후 책사로 모셨다고 합니다. 여기까지가 《위략》의 내용인데요.

그럼 왜 《위략》이 전한 이야기는 후대에 잘 알려지지 않고 삼고초려 이야기만 널리 알려졌을까요? 이는 진수가 《삼국지》를 편찬할 당시 《위략》의 제갈공명 셀프 스카우트 내용과 제갈공명의 '출사표' 속 삼고초려라는 상반된 스카우트 이야기 중, '출사표'에 나온 삼고초려 이야기를 선택했기 때문입니다.

제 의견으로는 《삼국지》를 저술한 진수가 비록 위나라를 정통으로 삼아 역사서를 적었지만, 원래 촉에서 태어난 인물이라 여전히 촉을 사랑하는 마음이 있었기에 유비를 선주(先主), 유선을 후주(後主)라고 대놓고 우대했고, 제갈공명을 아끼는 마음에서 삼고초려 이야기만 취사선택하지 않았나 생각합니다. 🐻

이는 당시 《위략》이 서술한 이야기 역시 전혀 근거가 없지 않기 때문인데, 조조가 공격을 준비하는 상황에서 유비가 그리 여유있게 세 번이나 검증받지 않은 새파란 젊은 책사를 찾아갈 형편이 아니었고, 유비 성격상 사전 면담 없이 그렇게 확신을 갖고 지극정성을 쏟은 경우가 없었다는 점입니다.

그럼에도 제갈공명의 삼고초려 역시 거짓이라 보기 어려운 것이, 황제에게 올리는 문서에 선대 황제와 관련된 거짓 이야기를 쓴다는 것은 목을 내놓을 각오가 아니면 불가능에 가깝기 때문입니다. 그러니 그날 유비와 둘만의 대화의 시간을 가진 후, 삼고초려라는 이벤트를 공동 모의하지 않았나 합니다. 정말 어려운 S급 인재를 유비가 직접 어렵게 스카우트했다고 널리 각인시켜야 새파랗게 어린 넘버 2를 노땅 선배들이 업신여기거나 왕따시키는 행위를 하지 못할 것이니까요. 🐻

참! 그리고 삼고초려란 말에 나오는 초려(草廬, 초가집) 역시 가리지날이에요. 앞서 설명했듯이 당시 제갈 집안은 명망가였기에 제갈공명은 농사일 대신 매일 책을 읽던 귀족이었고, 살던 집 역시 초가집이 아니라 기와집이었다고 합니다. 생각해보세요. 초가집에 살면서 농사로 입에 풀칠하기 바쁜 촌부였다면 언제 공부를 했겠으며, 그런 가난한 초가집에 어린 집사까지 두고 있다는 게 말이 안 되잖아요. 🐻

하지만 출사표를 쓸 당시 촉나라 최고 재상이던 제갈공명은 본인이 먼저 유비에게 찾아간 이야기는 쏙 뺀 채, 유비가 자신을 얼마나 아낀 인재였는지 표현하고자 삼고초려 이야기를 굳이 넣어 위나라 공격이 필요함을 설득한 거죠. 다만 본인을 낮추어 표현하느라 "농사나 짓던 촌 놈", "초가집으로 몸소 유비 황제가 세 번이나 찾아오셨다."고 하니 후대 사람들이 초가집으로 묘사해온 겁니다. 🐻

그래서 일부 역사가들은 삼고초려 이야기 자체가 공명의 출사표

이외에는 근거가 없으니 그가 유선 황제를 설득하기 위해 만든 거짓말이라고 주장하고 있는데, 중국 주류 학자들은 "공명 선생이 그런 거짓을 고할 리 없다."고 반박하는 모양새라고 합니다. 🐻

그러나 우리에겐 어느 것이 진실인지 뭐 그리 중요하겠습니까? 제 생각에는 두 이야기가 모두 다 참이라고 가정한다면, 유비와 제갈공명이 아주 멋지게 등장 각본을 짠 것 같다고 여겨지네요. 🐻

그나저나, 현대를 살아가는 우리 직장인들도 조직을 키우고 이끌어나갈 인재가 되길 갈망합니다. 하지만, 잘 생각해봐야 하는데, 인재는 3가지가 존재한답니다. 잉? 그게 무슨 말이냐고요? 🐻

그게……, 발음은 다 '인재'이지만, 한자로 쓰면 인재(人才)와 인재(人材)와 인재(人災)가 다 인재이거든요.

실제로 조직의 발전을 위해 외부에서 유명한 인물이라고 스카우트해와서 보면 모두가 원하는 지니어스한 천재, 인재(人才)는 드문 반면, 그저 평범한 인재(人材)인 경우가 절대 다수이고요. 심지어 존재 자체가 재앙이 되는 인간 재앙, 인재(人災)도 종종 등장합니다. 🐻

그러니 외부의 인재 영입은 정말 잘 선택해서 신중히 해야 하는데, 정사《삼국지》에서도 유비는 인재 등용을 위해 무척 애쓴 인물이며 이를 통해 황제의 자리에까지 오를 수 있었음을 잘 설명하고 있습니다.

비록 정사《삼국지》나 소설《삼국연의》에서는 유비와 제갈공명의 실제 첫 만남이 멋진 모양새가 아니어서 각색했을 수도 있지만, 인재에 대한 눈썰미가 있었던 유비는 그저 타인의 추천이나 풍문만 믿고서 삼고초려를 한 것이 아니라, 먼저 상대방을 만나 그의 됨됨이를 살펴본 후 S급 인재를 스카우트하는 열정을 불태워 역사에 이름을 남기고 지금까지도 사랑받는 위인이 된 것입니다.

삼고초려의 뒷 이야기를 알고 나니, 오히려 그들에게 더 정감이 가지 않나요? 🐻

직접 찾아가서 스카우트되기를 희망한 열정 넘치는 꿈 많은 백수 청년(?) 제갈공명과 스무 살 어린 청년에게 본인의 실수를 사과한 후 모양새를 갖추어 정중히 모신 후 끝까지 믿어준 유비. 이에 감복해 가장 약한 촉나라 땅에서 죽는 날까지 고군분투하며 약속을 지키려 애쓴 말년의 제갈공명. 🐻

다만 이후의 역사를 보면, 제갈공명 영입이 유비에게 꼭 좋은 일만 가져온 것은 아니었어요.

실제로 본인이 2인자라고 자부한 제갈공명과 관우 사이가 틀어지게 되면서, 관우는 본인의 위상을 되찾으려고 무리하게 위나라를 공격하다가 형주 땅을 탐낸 오나라의 기습 배신 공격으로 사망하게 되고, 이에 격분한 유비와 장비 역시 관우의 원수를 갚는다고 제갈공명의 만류를 뿌리치고 오나라를 공격하다가 본인들의 목숨은 물론 유능한 젊은 장수들과 다수의 군인을 잃으면서 결국 천하통일 기회를 놓치거든요. 🐻

제갈공명의 지혜가 결국 뜻을 이루지 못한 것은 아쉽지만 유비가 인재를 모시기 위해 노력한 그 장면만은 현대를 살아가는 우리에게 교훈이 되었으면 합니다. 🐻

인류가 기록을 남기는 이유는 일상생활 속 소통과 함께 지식을 전달하고자 하는 필요성 때문이지요.

이처럼 지식을 기록하기 위한 수단으로 오래전부터 다양한 필기구를 개발해온 역사를 짚어보고, 이후 등장한 타자기와 관련된 우리나라 근현대사 에피소드와 한글 점자인 '훈맹정음' 창제 이야기를 소개합니다.

또한 예술 분야에서는 영화음악의 거장 고(故) 엔니오 모리꼬네와 시칠리아섬의 슬픈 역사 이야기를 풀어봤습니다.

4부

언어·예술 분야
최초·최고

01
알고 쓰자, 필기구

PC, 휴대폰 등 디지털 기기가 발달해 예전보다는 직접 글자를 쓸 일이 줄었다곤 하지만, 여전히 우리는 다양한 필기구를 사용합니다. 제가 어릴 적만 해도 중학교에 진학하면 친척 어르신들이 열심히 공부하라고 만년필을 기념 선물로 주셨을 정도로 필기구에 각별한 애정을 갖고 계셨고, 수많은 이들이 여전히 아날로그의 향수를 느끼고 있지요.

그래서 그런 사자성어가 유명하죠. '적자생존'. '적는 자만이 생존할 수 있다.' 네? 그게 그런 뜻이 아니라고요? 네네~, 잘 알고 있어요. 아재 개그였어요. 🐻

필기구의 발달사

동아시아 한자 문화권에서는 예전부터 동물의 털을 모은 붓에 먹물을 묻혀 필기하거나 그림을 그렸기에 '문방사우(文房四友)'라 하여 붓, 먹, 벼루, 종이를 애지중지했고, 가느다란 세필부터 사람 키만 한 다양한 크기의 붓으로 글자의 아름다움이나 그림의 선과 명암을 표현하는 기법을 중시했습니다.

(문방사우) (위), (깃털 펜) (출처_ superstore.tistory. com/458) (아래)

　이 같은 흐름은 이슬람 문명권에서도 유사하게 나타나 코란 구절을 쓴 글자의 아름다움을 예술로 승화하는 방식으로 발전해갔지요.

　반면 유럽에서는 BC 4세기 이집트에서 갈대로 펜을 만든 것에서 시작해, 새의 깃털 끝에 잉크를 묻혀 쓰는 방식이 2000여 년간 이어져 왔습니다. 펜(pen)이란 단어는 로마 제국의 언어, 라틴어의 'Penna'에서 나왔는데, 원래 그 단어 의미가 '깃털'이었던 것처럼 새의 깃털이 주로 사용되었죠. 가장 선호했던 것은 새의 깃털 중 가장 단단한 거위 수컷 왼쪽 바깥쪽 날개 2, 3, 4번 깃털이었다고 합니다. 크기도 적당했고 오른손으로 쥐고 사용하기 편하게 휘어져 있었기 때문이라네요. 나름 디테일했군요. 🐻

　실제로 '해리포터' 영화에서 호그와트 마법학교 학생들이 깃털

펜으로 공부하는 장면이 나오죠.

그림에서도 동양에서는 묵을 갈아서 나온 검정색의 명암을 중시한 반면, 서양에서는 색깔 사용을 중시해 중세 종교화에 이어 르네상스 시기에 유화 그림이 유행하면서 화가들은 목탄을 이용해 스케치하고 유화 물감으로 색을 입히는 기법을 사용합니다.

그래서 《마지막 잎새》 등 반전 있는 결말로 유명한 최고의 단편소설가 오 헨리(O. Henry)의 소설 중에도, 이와 관련된 에피소드가 하나 나와요. 작품 제목은 《마녀의 빵》. 줄거리는 이렇습니다.

빵집 판매원인 노처녀가 매일 제일 싼 식빵만 사가는 총각을 혼자 사모하면서 '가난해서 싼 빵만 먹나 보다.' 하고 안타까워합니다. 그러던 어느 날 큰 결심을 하고 식빵 안에 몰래 버터를 넣어서 판매했는데, 잠시 뒤 그 총각이 얼굴이 벌개져 가게 문을 박차며 들어옵니다. '드디어 마음이 통했나 보다.' 하고 판매원 눈에서 하트를 뿅뿅 쏘는 순간! 그 총각은 화를 버럭 내며 "몇 달간 준비해서 내일 보고할 건축 설계도를 마무리하고 있었는데, 목탄 지우려고 산 식빵에 왜 버터를 넣어서 망치게 했느냐?"고 말해 짝사랑에 종지부를 찍게 되지요. 🐻

앞서 빅뱅 이야기를 하면서 미국 문학의 시조가 되는 애드거 앨런 포에 대해 설명드렸는데, 오 헨리 역시 미국이 번영하기 시작한 19세기 말과 20세기 초반의 문학을 대표하는 2세대 작가 중 한 명이지요.

원래 이름이 윌리엄 시드니 포터 (William Sydney Porter)인 오 헨리는 약사 자격증을 땄지만 경제적으로 어려웠다고 합니다. 그래서 돈을 벌고자 지방악단에서 만돌린이나 기타도 연주하고, 지방신문사 기자 생활도 했지만 경제적으로는 여전히 어려웠다고 합니다. 실제로 지금도 일선 취재기자는 고달픈 일과를 보내고 있지요. 미국은 영토가 넓다 보니 19세기 중반부

(오 헨리)

터 각 지역 언론이 활성화되어 지금도 인구 대비 기자 수에서 세계 최고입니다. 그런데 세계 2위는 어디인지 아세요? 바로 대한민국입니다. 🐻

그래서 생활고에 허덕이는 꼴을 보다 못한 장인어른이 알선해 오 헨리는 지방은행에 취업했는데, 글재주가 있던지라 이때부터 틈틈이 단편소설을 썼다고 합니다. 그러던 어느 날, 계산 실수로 금액 차이가 났는데 은행이 횡령죄로 고소하자 멕시코를 거쳐 온두라스로 도망갔다가, 아내가 결핵으로 죽어간다는 연락을 받고 1년 만에 귀국해 임종은 지켰지만 결국 체포되고 맙니다. 그는 당초 재판에서 5년형을 선도받고 모범수로서 감형받아 3년간 복역했는데, 이때부터 교도관장 이름인 '오린 헨리'를 본따 '오 헨리'라는 가명으로 단편소설을 썼다고 합니다.

오 헨리는 교도소에서 특기를 살려 약사로 일하면서 동료 죄수들

의 온갖 사연을 듣고 이에 힌트를 얻어 서민들의 애환을 담은 수많은 작품을 쓰게 되었는데, 출감한 뒤 그의 재능을 높이 산 〈뉴욕 월드 선데이 매거진(New York World Sunday Magazine)〉이란 잡지를 내는 출판사의 제안으로 1902년부터 1908년까지 7년 사이에 무려 381편의 단편을 기고했죠. 하지만 재혼한 부인이 가출하는 등 악재가 계속되면서 결국 48세란 젊은 나이에 병으로 사망하고 말지요. 유쾌하고 가슴이 따뜻해지는 작품을 많이 남겼지만, 그의 인생 역시 애드거 앨런 포 만큼이나 참으로 씁쓸했습니다. 🐻

이와 유사하게 우리나라 문학계에서도 항일 활동을 하시다가 1927년 투옥되었을 당시 죄수 번호 '264'를 이름으로 개명한 이육사(본명 이원록) 선생님이 계시지요. 오 헨리는 개인적 문제로 수감된 것이지만 이육사 선생님은 조선일보 대구지사 기자 생활을 하다가 중국으로 건너가 의열단에 입단해 사격, 폭탄 제조 등 각종 무장투쟁을 위한 훈련을 받고, 이후 무기를 반입하려다가 실패하는 등 치열한 삶을 사셨지만 끝끝

(이육사)

내 해방을 못 보고 1944년 중국 북경 형무소에서 눈을 감으셨어요. 제가 가장 좋아하는 윤동주 시인과 함께 위대한 항일 민족 시인으로 우리 가슴 속에 영원히 남을 것입니다. 🐻

필기구가 주제인데, 이야기가 잠시 샜습니다. 🐻

　이렇게 펜과 목탄이 유럽에서 주로 사용되던 1564년 어느날, 영국 보로데일 광산에서 흑연이 발견됩니다. 기존의 석탄과 달리 부드럽고 잘 마모되어 목탄 대신 필기용으로 사용할 수 있다는 사실을 깨닫게 되자, 영국, 프랑스, 독일 등에서 이를 새로운 필기 재료로 활용하기 시작합니다. 하지만 잘 부러지고 손이 더럽혀졌기에 초기에는 흑연 조각을 나무 막대에 묶는 형태로 사용했다고 하네요. 그걸 어떻게 아냐고요? 1565년 스위스 박물학자 콘라트 게스너(Conrad Gessner)가 기록을 남겼거든요. 🐻

　그후로도 첫 형태 그대로 그럭저럭 잘 쓰이던 연필은 1760년 어느날, 독일 뉘른베르크에서 캐비닛 제조사업을 하던 카스파르 파버(Kaspar Faber)가 흑연과 유황을 섞은 심을 발명하고, 나무 막대기 두 개 사이에 홈을 파서 흑연 심을 넣은, 지금 우리가 보는 형태의 연필로 재탄생시키지요. 이게 크게 인기를 끌자 파버는 아예 다음해인 1761년 아들 안톤 빌헬름 파버(Anton Wilhelm Faber)와 함께 아들의 이름을 딴 A.W Faber라는 필기구 회사를 설립하니, 세계 최초 필기구 전문 회사 '파버-카스텔(Faber-Castell)' 사가 설립된 겁니다.

　이 회사는 우리나라에선 색연필 브랜드로

(파버-카스텔 로고)

널리 알려져 있는데, 이 회사 로고 아래에는 '1761'이라는 숫자가 자랑스럽게 붙어 있어요. 즉, 자기네가 세계 최초의 연필 회사라는 자부심인 거지요. 🐻

하지만 당시만 해도 영국에선 독일 제품의 품질이 나쁘다며 코웃음을 치던 때여서 독일식 연필이 인기가 없었답니다. 당시 영국에서도 독일 연필과 유사하게 펜촉 형태의 나무에 흑연 심을 끼워 프랑스와 미국 등지로 수출하고 있었다네요. 가장 먼저 산업화에 성공해 자신감에 차 있던 영국은, 자기네 나라에 들어오는 품질 나쁜 독일 제품으로부터 영국 소비자를 지키겠다며 의회에서 제정한 상품표시법(Merchandise Marks Act)에 의거해 영국에 수입되는 모든 상품에 원산지 표시를 하도록 강제하니, 1887년부터 독일 제품에는 반드시 'Made in Germany'라는 표식을 달게 해 영국 소비자들이 원산지를 확인함으로써 싸구려 독일 제품을 사전에 인지하도록 했지요. 하지만 지금에 이르러서는 이 마크가 오히려 독일 제품의 우수한 품질을 인증하는 표식이 되고, 전 세계 공통으로 생산지를 알려주는 표식으로 널리 활용되니……, 아이러니이긴 합니다. 🐻

어쨌거나 당시 자신감 뿜뿜이던 영국은 1789년 바다 건너 프랑스에서 혁명이 발발하여 왕과 왕비의 목이 날아가고 귀족들이 몰락하는 것을 보고 경악합니다. 당시에 친분이 있던 프랑스 귀족의 망명을 돕고, 왕정 복고를 후원하는 등, 기존 체제 유지를 희망한 영국은 이에 대한 보복조치로 영국 제품의 프랑스 수출을 금지해버립니다. 마치 우리나라에 반도체 재료 수출을 금지한 일본과 유사한 행동을

벌인 거지요. 🐻

이때까지 연필은 순수 흑연이 없으면 만들 수 없었는데, 당시만 해도 흑연은 영국 광산에서만 채굴되어 독점하던 상황이라 한동안 프랑스는 연필 공급에 애로를 겪게 됩니다. 그런 위기 상황에서 1795년에 프랑스 발명가 니꼴라 자크 콩테(Nicolas-Jacques Conte)가 순수 흑연이 없어도 점토와 가루 흑연을 섞어서 구우면 가능하다는 사실을 밝혀내 프랑스 연필의 국산화에 성공합니다. 지금 우리가 쓰는 연필심은 이때 고안한 방식으로 만들어진답니다. 🐻

그리고 점토와 흑연의 비율을 조정하면 심의 굳기가 달라진다는 사실도 알게 되니, 1802년 오스트리아 비엔나의 요세프 하트무스(Joseph Hardtmuth)가 현재 우리가 알고 있는 연필 심 강도인 'H(Hard, 딱딱함)', 'B(Black, 부드러운)'라는 기준을 만듭니다. 그래서 학생들이 주로 쓰는 연필은 HB라 하여 중간값의 강도이며, 10H~10B까지 다양한 강도의 연필이 등장해 미술 스케치 분야 발전에 획기적으로 기여하게 되죠. 이후 18~19세기 미술계에서는 그동안 쓰던 목탄에 비해 잘 지워지지 않고 세월이 흘러도 전혀 색 변화가 없는 연필에 열광하게 되어, 판화 작품에 일련번호와 서명을 연필로 쓰는 것이 전통이 되었지요. 🐻

그러던 중 A.W 파버 사는 4대째 회장인 로타르 폰 파버(Lothar von Faber) 대에 이르러 드디어 세계적 명성을 떨치게 됩니다. 1871년 독일 제2제국 결성을 주도한 프로이센 왕국의 철혈재상 오토 폰 비스마르크는 이 회사 연필에 애정을 갖고 있었는데, 당시만 해도

(로타르 폰 파버 초상화) (좌),
(비스마르크 재상 초상화) (우)

연필이 죄다 동그란 원통형이
어서 책상 위에 놔두
면 데구르르 굴러 떨
어져 심까지 부러지는
것에 불평했답니다. 그
소식을 접한 로타르 폰
파버 회장은 어떻게 하
면 잘 쥐어지면서도 굴
러가지 않는 연필을 만들

것인지 고민하다가 드디어 세계 최초의 6각형 연필을 만들어 비스
마르크에게 선물해 유명세를 탑니다. 또한 1856년에 인수한 시베리
아 광산의 고품질 흑연을 이용해 뾰족하게 깎은 심지를 아래로 해서
땅에 던져도 잘 부러지지 않는 심을 개발하니, 지금까지도 이 회사
연필의 특징이 되지요. 다만 연필심의 강도가 세어지다 보니 다른
회사 제품에 비해 연하게 나오는 단점은 있어요. 🐻

또한 이때 파버 회장이 자기네 회
사 연필 길이를 18cm로 통일했는데, 이
기준은 전 세계 표준이 되었지요. 이 같
은 전통을 바탕으로 금속제 케이스에 회
사 문장을 박은 연필 세트를 만드는 등, 고
급 제품 브랜드로 널리 인정받아 드디어 영
국, 프랑스 제품들을 제치고 세계 연필 산업

(파버 카스텔 제품)
(출처_defo.co.kr)

의 선두주자로 치고 나가게 됩니다. 이 같은 자신감 속에 1884년 직원 자녀들을 위한 '아이들의 정원, 킨더가르텐(Kindergarten)'을 설립하니, 이는 독일 최초의 기업부설 유치원이라고 하네요. 🐻

　그렇게 승승장구하던 파버 가문은 로타르 파버의 외동아들 빌헬름 폰 파버가 42세에 급사한 뒤 아내가 임시로 회사를 이어받게 됩니다. 그후 빌헬름의 장녀인 오틸리에 폰 파버(Ottillie von Faber)가 알렉산더 카스텔-뤼덴하우젠(Alexander Castell-Rüdenhausen) 후작과 결혼해 사위인 알렉산더 후작이 운영하게 되는데, 창업자의 유지를 받들기 위해 파버 성씨를 유지하고자 독일 왕실의 허락을 받아 카스텔-뤼덴하우젠이 아닌 파버-카스텔로 성씨를 바꾸게 됩니다. 이 같은 귀족 성씨 변경 승인은 독일 역사상 처음이었다는군요. 회사명 또한 지금의 '파버-카스텔'로 바꾸고 9대째 이어지고 있다고 하니 엄청난 브랜드 파워라 할 수 있겠지요. 🐻

　이처럼 수많은 이야기를 지닌 연필이 지금은 초창기에 비해 그리 널리 쓰이진 않지만, 여전히 파버-카스텔 회사만 해도 매년 20억 자루의 연필을 판매해 8500억 원 이상의 매출을 기록하고 있다고 합니다. 실제로 금속성 필기구의 날카로운 촉감을 싫어하는 감수성 짙은 문인들은 이 부드러운 흑연의 감촉을 좋아해 질 좋은 연필을 찾아 애용하지만, 대다수 사람들은 초등학교 이후로는 연필을 잘 사용하지 않으려 하죠. 조금만 쓰면 끝이 뭉툭해져 수시로 깎아야 해서 연필깎이나 칼을 늘 지참해야 하는 불편함이 있기 때문입니다. 이에 연필의 단점을 보완할 새 필기구에 대한 요구가 커지게 됩니다.

샤프의 탄생

이런 요구에 부응하듯 연필의 단점을 보완해 심을 깎을 필요가 없는 새 필기구, 샤프가 탄생합니다.

하지만 샤프는 사실 가리지날 명칭이에요. 처음 탄생할 당시의 정식 명칭은 '에버 샤프(Ever Sharp)'였답니다. 즉 항상 날카로운 연필이란 의미였는데, 무려 170여 년 전인 1838년 미쿡에서 찰스 키란(Charles Keeran)이란 발명가가 만들었다고 하네요. 와우~! 🐻

하지만 당시는 지금처럼 샤프 뒤에서 똑딱똑딱 누르는 형태가 아니라 몸통을 회전시켜 심이 나오게 하는 회전식 샤프였고, 구리, 철 등 금속제 부품에 조각까지 가미한 고가 제품이었다고 합니다. 그후 1877년에 일본에 전래될 때까지 아직 샤프 심을 가늘게 만들 기술력이 없어서 1mm 두께로 두꺼웠다는데, 이후 일본에서 적극적인 개량이 시도됩니다.

(똑딱이 샤프의 창시자,
하야카와 도쿠지)
(출처 _mba.mk.co.kr)

1915년 일본 샤프전자의 창업자인 하야카와 도쿠지(早川 德次)가 이 미쿡 기계식 연필을 똑딱이 샤프로 개량해 '샤프 펜슬(sharp pencil)'이라 부르니, 현재 우리가 아는 '샤프'란 명칭은 여기서 유래합니다. 실제로 미쿡에서는 기계식 연필이란 의미의 '미케니컬 펜슬

(mechanical pencil)'이라고 부른다고 하죠.

그런데⋯⋯, 샤프전자 창업자가 왜 샤프 펜슬도 만들었냐고요? 그게 순서가 정반대예요. 샤프 펜슬을 개량해 돈을 벌어서 전자회사를 차리게 되었기 때문에 이를 기념해 전자회사 이름을 샤프전자라고 한 거거든요. 🐻

이 '일본의 에디슨' 하야카와 도쿠지는 참 불행한 어린 시절을 보냈다고 합니다. 친부모는 폐병에 걸려 어려운 가정 살림에 아이를 돌볼 수 없어 그를 다른 집에 양자로 보냈는데, 그 집도 넉넉하지 못해 겨우 소학교(초등학교) 1학년만 마치고 금속세공 공장에 들어가서 일을 배웠다고 합니다. 17세 때 우연히 입양 계약서를 발견한 그는 친부모를 찾아 나서지만, 이미 친부모는 이 세상 사람이 아니었고 계모는 학대가 심했다네요. 🐻

그러나 그는 이 같은 자신의 처지를 비관하지 않고 묵묵히 일했는데, 워낙 머리가 좋고 손기술이 뛰어나 19세에 '도쿠비조'라는 조임식 버클을 만들어냅니다. 즉, 남성용 정장 허리 벨트에 구멍을 내지 않는 조임식 허리띠를 만든 거예요.

그는 이 발명을 바탕으로 독립해 회사를 세웠고, 22세에는 드디어 우리가 지금도 주로 쓰는 똑딱이 샤프 펜슬을 만들어 큰돈을 벌게 되었다네요. 하지만 관동대지진으로 아내와 두 아들을 잃고 공장도 폐허가 되자 샤프 펜슬의 특허권을 넘기고 오사카로 이전해 다시금 하야카와 금속공업연구소를 설립, 1925년에 미국 라디오를 모방한 일본 최초의 라디오를 개발합니다. 이때 샤프를 개발하던 당시의 초심을 살린다는 차원에서 'SHARP'라는 브랜드를 달았으니, 그후 회사명을 아예 샤프전자로 바꾸고 세계 무대로 진출한 것입니다. 🐻

그후 1951년 일본 최초 TV, 1962년 일본 최초 전자레인지, 1966년 세계 최초 IC칩 전자계산기를 개발하는 등, 세계적 종합 가전회사로 성장했지만, 최근 쇠락하기 시작해 대만 폭스콘으로 경영권이 넘어가버렸지요. 🐻

참고로 제가 이분 이야기를 이렇게 길게 하는 이유는, 관동대지진 당시 무고한 조선인과 중국인들이 일본 폭도들에게 학살당하는 참사가 벌어지자 자기 회사에서 일하던 조선인 종업원을 숨겨서 살려낸 의인이기 때문입니다.

이처럼 연필과 달리 샤프가 일본에서 지속 개량된 것은 한자와 히라가나 등 가느다란 획이 많은 일본 글자 특성상 연필보다는 샤프가 더 글자를 표현하기가 용이했기 때문에 끊임없이 개선한 것이라고 하네요. 이 같은 샤프 선호 현상은 우리나라나 중국 등, 아시아권 국가에선 공통된 현상으로 동양 글자의 특성상 샤프가 더 사용하기 편해서입니다.

또한 샤프심도, 1962년 일본에서 흑연에 합성수지를 혼합하는 방식을 개발해 0.7mm, 0.5mm가 등장한 데 이어 0.4mm, 0.3mm 등 더 가는 심을 가진 제품이 등장하는 등, 일본이 다양한 샤프 펜슬 제품을 선도해 개발해온 것이죠. 그래서 우리나라 문방구에 일제 샤프가 많은 거랍니다. 🐻

만년필의 탄생

앞서 유럽에서 쓰이던 목탄을 대신해 연필이 발명되고, 이후 샤프로 발전해온 과정을 봤는데요.

2000여 년간 사용하던 깃털 펜 역시 변화를 거치게 되니, 그것은 바로 금속 펜의 발명이었어요. 펜촉을 잉크에 찍어 쓰는 금속 펜은 1748년 영국의 요한 잰슨(Johann Jantssen)에 의해 발명되어, 유럽과 미국에선 거위 깃털 대신 금속 펜 사용이 급속히 보편화됩니다.

그러던 어느 날 기존의 펜 방식을 개량한 새 필기구가 미국에서 발명되니, 1884년 보험판매원 출신인 루이스 에드슨 워터맨(Lewis Edson Waterman)이 모세관 현상을 응용해 만년필을 만들어낸 것이죠. 🐻

(루이스 에드슨 워터맨) (위), (워터맨 만년필. 지금은 프랑스 회사라능. 🐻) (아래)

워터맨의 만년필 개발 에피소드는 꽤 유명합니다. 원래 워터맨은 뉴욕에서 보험판매업을 하고 있었는데 어느 날 오랜만에 큰 계약을 성사시켜 계약서에 서명만을 남겨놨는데, 하필 그때 그가 내민 금속 펜촉에서 왈칵 잉크가 튀어나오고 이에 놀라 팔을 옮기다가 잉크통마저 쏟아져 계약서가 엉망이 되는 바람에 화가 난 고객이 그냥 가버렸다고 하지요. 이 사건 이후 워터맨은 잉크를 묻히지 않고도 펜 끝으로 잉크가 계속 나오게 하는 펜을 만들겠다는 집념에 사로잡혀 맹렬히 연구를 거듭한 결과, 드디어 날카로운 펜촉(닙, nib) 위에 가느다란 홈을 내고 펜 아래에 달린 잉크 통에서 중력으로 내려온 잉크가 모세관처럼 틈새로 내려와 종이에 묻게 되는 만년필을 발명해냅니다. 인간 승리 만쉐이~! 🐻

애초엔 완전 수공업 제작이라 꽤 비싼 제품이었기에 5년 품질 보장을 내걸었어도 그다지 주목을 받지 못했다고 하네요. 하지만 사용한 고객들이 만족해하면서 곧 입소문을 탔고, 주문이 몰려 드디어 본인의 성을 브랜드로 하는 만년필 공장까지 차리게 됩니다. 그후 1901년 창업자 루이스 워터맨이 사망하자 조카인 프랭크 워터맨 (Frank Waterman)이 이 사업을 이어받았고, 1905년에는 주머니에 꽂을 수 있게 클립이 달린 만년필을 개발해 큰 인기를 끌면서 유럽까지 진출하죠. 1926년에는 프랑스에도 공장을 세웠는데, 그후 경영 실패로 1954년에 파산하지만 프랑스 지사가 본사를 인수하여 현재는 워터맨이 프랑스 회사가 되었지요. 🐻

그런데 크로아티아에선 워터맨의 발명보다 1년 먼저인 1883년에 슬라볼류브 펜칼라(Slavoljub Pencala)가 이와 동일한 방식의 필기구를 먼저 개발했지만, 해외에 알려지지 않았다면서 원조는 자기네라고 주장하는 중이라네요. 아아~, 약소국의 설움은 유럽도 마찬가지네요. 🐻

그후 1888년 미국의 파카(Parker), 1906년 독일의 몽블랑(Mont Blanc, 지금은 스위스 기업에 매각) 등 다수의 만년필 전문 회사들이 출현해 경쟁을 벌이지만, 국내에선 카트리지 구매도 까다로운 편이어서 서명용 고가품이 아니고서는 잘 사용되지 않고 있습니다.

그러던 중 같은 잉크 필기구로서 만년필보다 더 사용이 편리한 제품을 원하는 요구가 늘어나면서 드디어 볼펜이 탄생하게 됩니다.

볼펜의 탄생

이제 필기구계의 막내뻘인 볼펜을 소개할 차례네요. 🐻

볼펜 역시 가리지날 이름이에요. 첫 이름은 '바이로(Biro)' 였지만 그 명칭은 잘 사용되지 않았고, 필기구의 특징을 살린 '볼포인트 펜(ballpoint pen)'이란 이름으로 주로 쓰여 다들 그냥 줄여서 볼펜이라고 하지요. 이 필기구가 '볼포인트 펜'이라 불리는 건, 볼 끝에 아주 작은 금속 공(볼)이 들어가 있어서 그런 이름이 붙은 거예요.

볼펜이 써지는 것은 중력의 힘을 이용해 끈끈한 잉크가 내려와 금속 공의 움직임에 따라 묻어나오게 하는 원리에 의한 것인데, 만년필에 비해 보관도 간편하고 따로 잉크를 교체할 필요도 없으며 가격도 상대적으로 저렴해 지금은 가장 많이 쓰이는 필기구가 되었습니다. 과거에는 유성 잉크 제품이 다수였으나 최근에는 수성 잉크나 겔 잉크를 쓰는 볼펜은 '롤러볼 펜(rollerball pen)'이라고 따로 부르기도 합니다.

그런데 왜 처음엔 볼펜을 '바이로(Biro)'라고 불렀을까요? 그건 발명가의 성에서 따와서 그런 겁니다.

일부에선 1888년 미국의 존 라우드(John J. Loud)가 첫 발명자라는 주장도 있지만, 현재 쓰이는 볼펜의 첫 모델로 보면 1938년 헝가리의 라스즐로(라디슬라오) 비로(Laszlo/Ladislao Biro), 게오르그 비로(György/Georg Biro) 형제라고 하네요.

원래 가죽 가공업자이던 존 라우드는 가죽에 만년필이 잘 써지지

(라스즐로 비로)

않자 1888년에 강철 볼을 고안해 특허를 땄지만, 잉크가 새어 나오는 문제를 해결하지 못해 실제 상품으로 개발되지 못한 반면, 50년 뒤 헝가리의 조각가이자 화가이며 신문사 교정기자를 하던 라스즐로 비로가 동생 게오르그 비로와 함께 볼펜을 개발해냅니다.

라스즐로 비로는 교정 중 자주 만년필의 잉크가 말라버리자 어떻게 이를 개선할까 고민하다가 화학자이던 동생에게 "잉크가 오래 나올 수 있는 필기구를 만들어보자."고 제안했다고 하네요.

라스즐로 비로 : "동생아, 요새 내 만년필이 맨날 말썽이라 일이 제대로 안 되니 새 필기구 하나 만들어줄헝가리?"

게오르그 비로 : "난 화학자이지 발명가가 아닌게오르그."

라스즐로 비로 : "형이 좋은 아이디어를 냈는데 그렇게 반응한다부다? 좀더 끈끈한 잉크면 되지페스트. 라잇 나우!"

게오르그 비로 : "난 전문가가 아니니 늦더라도 원망하지 말라세체니. 그런데 신문사 윤전기 잉크는 어떨까유레카!"

　그렇게 수년간 공동 연구한 끝에 만년필 촉 대신에 금속 공이 구르면서 윤전기용 끈끈한 잉크가 흘러나오는 펜을 고안해 특허를 냅니다. 하지만 다음해 제2차 세계대전이 터지고 나치 독일이 유대인을 탄압하기 시작하자 유대인이던 이들 형제는 프랑스를 거쳐 아르헨티나로 망명합니다. 이후 1943년 아르헨티나에서 다시 특허를 받고 세계 첫 볼펜을 생산하게 됩니다. 형의 이름이 '라스즐로' 또는 '라디슬라오'라고 두 가지 형태로 소개되는 이유가 원래 헝가리에선 이름이 '라스즐로'였으나, 스페인어를 쓰는 아르헨티나에선 이 발음이 어렵 자 '라디슬라오 호세 비로(Ladislao Jose Biro)'라고 이름을 고쳤기 때문 이에요. 그래서 아르헨티나는 볼펜의 종주국이라며 라디슬라오 비로 의 생일인 9월 29일을 '발명의 날'로 기념하고 있다고 합니다. 🐻

그후 비로 형제의 특허는 이들을 후원하던 영국 사업가 마틴이 사들여 제2차 세계대전 당시 영국 공군에 처음 지급되었는데, 높 은 상공에서 만년필보다 더 사용이 편해 조종사들로부터 환영을 받 았고, 아르헨티나에 사업차 갔던 미국 사업가 밀턴 레이놀즈(Milton Reynolds)도 협력회사를 차리고 생산을 시작하자 미국 정부도 10만 개를 구입해 군인들에게 지급했다네요.

그후 전쟁이 끝난 1946년부터 본격적으로 일반인에게 판매되는 데, 처음에는 비로 형제의 영어식 발음인 '바이로'라 불렸다가 이후 볼포인트 펜으로 명칭이 굳어졌다고 합니다.

이후로도 볼펜의 개발이 더욱 진행되어 처음에는 만년필처럼 뚜 껑을 여는 형태뿐이었지만 1950년 영국 플래티그넘(Platignum) 사에 서 똑딱이 볼펜을 개발해 만년필보다 더 편한 필기구로 자리잡습니 다. 하지만 이때까지도 볼펜은 만년필보다 비싼 100달러대의 고가 제품이어서 대중화가 느렸다고 하네요. 그러다가 이탈리아 출신으 로 부모를 따라 프랑스로 이민 간 마르셀 빅(Marcel Bich)이 'BIC' 사 를 설립한 뒤, 드디어 1950년에 플라스틱과 비닐을 이용해 현재처럼 값싼 1달러대의 볼펜을 만들어 가격이 저렴해지자 대박을 치게 되고, 지금도 유럽과 미국에서 가장 많이 팔리는 볼펜이다 보니 많은 분들이 BIC을 미국 회사라고 잘못 알고 계시죠.

그리고 이 프랑스 회사는 '쓸데없는 부분을 줄여 낭비를 최소화한다'는 경영 이념을 충실히 적용해, 플라스틱을 최대한 활용한 세계 최초의 1회용 면도기와 1회용 라이터도 선보였어요. 🐻

(프랑스 필기구 회사 BIC 볼펜)
(구글 이미지)

반면에 고급 볼펜 개발에 뛰어든 만년필 전문인 파카 사는 1954년 고급형 볼펜인 '조터(The Jotter) 볼펜'을 출시했는데, 이때 처음 금속 볼펜 심을 선보인 것이 국제 표준 규격이 되어 지금도 고급 볼펜은 이 금속 케이스 심을 사용하지요.

그런데 만년필이나 샤프와 마찬가지로 서양인들은 굵은 볼펜을 선호한 반면, 동양에서는 일본 필기구 회사들이 선도해 샤프심과 마찬가지로 0.7mm, 0.5mm에 이어 0.4mm, 0.3mm 등 가느다란 굵기의 볼펜이 개발되었고 이런 제품들이 더 선호되고 있으며, 겔 잉크 등 필기감이 좋은 새로운 잉크가 개발되면서 볼펜은 필기구의 대명사가 되었지요.

우리나라에도 해방 이후 미군에 의해 볼펜이 알려졌는데 처음에는 워낙 비싼 물건이어서 기자들이 주로 사용해 기자의 상징으로 여겨졌다고 합니다. 그후 1963년 광신화학에서 드디어 국산 '모나미153' 볼

(옛날 모나미 볼펜 광고)
(구글 이미지)

펜을 개발하면서 우리나라 역시 볼펜이 대중화되었는데, 당시 153이란 명칭은 '15원 가격의 세 번째 볼펜'이란 의미에서 붙였다나요? 🐻

이 볼펜은 지금도 인기가 좋은데, 광신화학은 이 제품이 대박을 치자 아예 회사 이름을 볼펜 브랜드명이던 모나미로 바꿉니다. 이와 유사한 사례로, 조선맥주가 '하이트(Hite)'로 대박을 치자 아예 회사 이름을 하이트로 바꿨죠.

무중력 볼펜의 탄생

그런데 이 볼펜과 관련해 미국과 소련의 우주개발 경쟁 중에 있었던 재미난 이야기가 수십 년째 떠돌고 있지요.

소문인 즉, 미국 항공우주국(NASA)이 우주에선 중력이 없어 볼펜이 써지지 않자 100만 달러가 넘는 엄청난 비용과 노력을 들여 무중력 상태에서도 쓸 수 있는 우주 전용 볼펜을 만들었는데, 나중에 소련 우주인들과 우주정거장에서 만나고 보니 그들은 그냥 연필을

쓰고 있었고, 결국 미국이 삽질했던 거라는 에피소드 말이에요. 🐻

하지만 이 이야기는 가리지날입니다. 🐻

실제 우주에서 연필을 쓰는 건 대단히 위험한 행동이라고 합니다. 처음에는 미국이나 소련 모두 중력의 영향을 안 받는 연필을 썼고 그후 미국은 샤프 펜슬을 사용했는데, 아뿔싸! 흑연이 전기가 통하는 물질인지라 흑연 가루가 공중에 둥둥 떠다니다가 전자기기 사이에 들어가면 스파크를 일으킨다는 사실을 깨닫고 화재나 대폭발을 방지하고자 다들 연필 사용을 금지했어요. 🐻

그후 미국은 1967년부터 무중력에서도 쓸 수 있는 특수 볼펜을 쓴 건 사실인데, 이 우주 전용 볼펜이란 게 나사가 거금을 들여 연구해서 만든 건 아니예요. 실은 미국의 벤처 발명가 폴 피셔(Paul C. Fisher)가 만든 필기구 회사 피셔 스페이스(Fisher Space) 사에서 개발했다네요. 🐻

(피셔 스페이스 펜)

폴 피셔의 회고에 따르면, 1965년 나사 직원들이 찾아와 우주에서도 쓸 수 있는 펜을 개발할 수 있을지 물었다고 합니다. 20여 년 전 펜 카트리지를 개발해 큰 성공을 거둔 폴 피셔였기에 그에게서 아이디어를 구하려 한 것이지요. 하지만 처음에 폴 피셔는 자신이 만들 수 있을지 자신이 없다며 나사 직원을 돌려보냈다고 합니다. 그러나 이틀 뒤 반전이 일어납니다. 그의 꿈에서 돌아가신 아버지가 나타나신 거지요. 꿈에서 아버지가 "아들아~. 잉크에 로진(송진, 소나무 수액)을 살짝 넣으면 스며나오는 것을 멈출 수 있딸라~." 라고 말씀하셨다고 합니다. 🐻 '아니 아버지~, 로또 번호를 좀 남겨주시지……!' 🐻

이에 꿈에서 깬 폴 피셔는 당장 연구원들에게 잉크에 로진을 넣어보라고 지시했다네요. 처음엔 '사장님이 아침에 뭘 잘못 드셨나~.' 하고 웃으며 넘겼던 연구원들은 사장이 진심인 걸 알고는 잉크에 로진 등 각종 수지를 비율을 달리해 넣었고, 드디어 3개월 뒤 잉크 속에 2%의 수지를 넣은 젤러 잉크를 완성합니다.

이에 폴 피셔는 나사에 "내가 개발할 터이니 기다려 달라."고 제안하고는 스스로 100만 달러를 투자해 고급 볼펜에 들어가는 조터 파카식 금속 볼펜심 안에 압축질소가스를 주입해 사막이나 물속, 진공 상태 등, 영하 45도에서 200도 고열에 이르는 극한 환경에서도 가스 압력으로 잉크가 밀려나오도록 만들어냅니다. 이 볼펜을 완성한 뒤 폴 피셔는 특허를 취득하고, 1968년 2월 겨우 단가 6달러에 400개를 나사에 납품하죠. 그후 'Fisher Space Pen - AG7'이란 이름으로 시중에 팔았는데, 달에 갔다 온 펜이라는 이유로 50년이 지난 지금까지도 잘 팔려 개발비용을 건졌다고 하네요. 🐻

소련 우주국은 그 당시 기존 연필보다 심이 덜 부러지고 가루가 남기 힘들도록 흑연에 왁스를 추가한 그리스 연필을 쓰고 있었는데, 이 미쿡 무중력 볼펜을 알게 된 뒤 1969년에 우주 펜 100개와 카트리지 1000개를 왕창 주문합니다. 그러면서 가격을 후려쳐 개당 2.39달러에 사갔다네요. 뭐 결국 당시 승자는 거저 먹다시피 한 소련이

란 결론인 건가요? 🐻

그후 이 볼펜은 40년 가까이 모든 국가의 우주 비행사들이 애용하는 제품이 되었고, 2000년대에 들어와 더욱 업그레이드된 '셔틀펜(Shuttle Pen)'이 등장해 현재 사용되고 있습니다.

그런데……, 뭔가 이상하지 않나요? 지금 우리가 쓰는 볼펜은 거꾸로 들고 써도 잘 써지거든요. 그건 폴 피셔의 우주용 볼펜 개발 기술이 현재 우리가 쓰는 모든 볼펜에 도입되어 그런 것이랍니다. 즉, 첫 우주 펜을 만들면서 사용한 점성이 강한 잉크와 볼 끝에 약하게 홈을 파서 끊어지지 않게 한 기술이 이제는 일반 볼펜에도 보편적으로 사용되기 때문이에요. 폴 피셔 아저씨 땡큐예요~! 🐻

이처럼 우주에서의 연필 사용 이야기는 완전 엉터리 정보예요. 발상의 전환과 효율성을 강조하는 건 좋은데, 미국의 핵심 두뇌집단 나사를 바보로 만든 이 가짜 뉴스는 현재까지 두고두고 전해지고 있고, 심지어 제가 대학원에서 배운 마케팅 도서에도 진짜인 것마냥 수록되었으니, 이 블랙유머 배포자는 깊이 반성해야 한다고 이 연사 힘차게 힘차게 외칩니다아아아아~!

지우개의 비밀

이처럼 필기구의 역사를 간략히 알아보았는데요. 엇? 뭔가 충격적인 반전이 없어서 시시하다고요?

위워~ 릴렉스. 그럼 뽀나스로 하나 더 알려드릴게요.

앞서 연필이 오랜 기간 큰 환영을 받았다고 말씀드렸는데, 다른 필기구에는 없는 특징이 하나 있어요. 그건 연필은 종이 위에 흑연 가루를 묻히는 거라 글자를 지울 수 있는 지우개라는 짝꿍이 있다는 것이죠. 우리는 다들 이 지우개를 고무 지우개라고 부르고 있지만, 이건 가리지날~. 지금 우리가 쓰고 있는 지우개는 플라스틱이에요.

응? 이게 고무가 아니라고요? 네, PVC 플라스틱이에요.

앞서 연필이 1760년에 발명되었다고 알려드렸는데요. 지우개는 불과 10년 뒤인 1770년에 개발되지요.

이 발명은 우연히 이뤄졌는데, 신학자이자 과학자였으며, 1772년 탄산가스를 발견해 1780년부터 탄산음료 시대를 열게 한 영국 조셉 프리스틀리(Joseph Priestley)가 그 주인공이죠. 그가 1770년 어느날 연필로 글을 쓰다가 평소처럼 빵을 집어들고 지우려했는데 그만 옆에 있는 고무 조각을 들고 문질렀답니다. 그런데……, 어라? 종이에 써진 연필 글씨가 지워지는 겁니다. 연필 필기는 흑연이 종이에 달라붙는 원리이기 때문에 당시 빵으로 목탄을 지울 수 있는 것처럼 고무 역시 흑연을 종이에서 떼어낼 수 있음을 우연히 발견해낸 겁니다. 이에 불과 2년 뒤인 1772년에는 지우개가 상품으로 개발되어 유럽까지 수출되면서 이미 250년 전부터

(조셉 프리스틀리)

연필은 고무 지우개와 단짝처럼 붙어다녔는데, 이 짝꿍을 하나로 결합한 것은 88년 뒤 한 화가 지망생에 의해 이루어집니다.

1858년 미국 필라델피아에 살던 화가 지망생 하이멘 립맨(Hymen Lipman)이 연필로 스케치를 했는데 종종 방구석 어딘가에 굴러다니던 지우개를 찾다가 지쳐서 연필 뒤에 지우개를 실로 묶어 사용했답니다. 그러던 어느날 실을 묶기 위해 뚫어둔 지우개 구멍에 연필 끝이 박힌 것에서 아이디어를 얻어 지우개 달린 연필을 만들어 특허를 취득해 화가 대신 사업가로서 떼돈을 벌었다는 훈훈한(?) 결론으로 끝이 나지요. 🐻

그후로도 100여 년간 연필은 거듭 개선되었지만 고무 지우개는 크기나 색상만 바뀌었을 뿐이었어요. 그런데 고무로 필기 내용을 지우면 고무가 마찰력으로 심가루를 제거하면서 종이 표면도 뜯어버렸기에 질 나쁜 책은 잘 찢어졌죠. 예전에 그런 경험하신 분들도 꽤 있을 겁니다.

그렇게 고무 지우개만 있던 1958년 어느 날, 일본 시드(SEED) 사에서 PVC 플라스틱 지우개를 개발합니다. 이 부드러운 플라스틱 지우개는 종이 위 흑연 가루를 감싸듯이 지워 나가면서도 종이 손상이 없었기에, 이후 일본은 물론 유럽의 파버-카스텔 등 유수 필기구 회사에서도 플라스틱 지우개로 점차 바꾸어 나갔습니다. 다만 이 플라스틱 지우개는 부드럽게 만들기 위

(일본 SEED 사의
플라스틱 지우개)
(출처_seedr.co.jp)

한 가소제 성분이 포함되어 있어서 더운 날씨에 플라스틱 제품과 같이 두면 지우개가 달라붙어버리는 단점이 있긴 하지요. 이제 왜 지우개랑 플라스틱 자를 같이 두면 서로 달라붙는지 아셨죠? 🐻

다만 아직도 샤프 끝이나 연필 끝에 달린 작은 원통형 지우개는 제작상 어려움 때문에 합성고무로 만든 게 있긴 해요. 그러니 지우개를 사실 때는 성분을 살펴보세요. 아마도 대부분 성분은 플라스틱이라고 써 있을 테지만, 여전히 우리는 이 말랑말랑한 재질이 플라스틱이라고는 전혀 생각하지 못하고 예전처럼 고무 지우개라고 부르고 있는 것이랍니다.

마지막으로 혹시나 헷갈려 하실까 봐 필기구의 발명 순서를 다시 알려드릴게요.

1760년 연필 발명

1770년 고무 지우개 발견

1838년 샤프 발명

1858년 연필 끝에 지우개 부착 상품 개발

1884년 만년필 발명

1938년 볼펜 발명

1958년 플라스틱 지우개 발명

1967년 우주용 볼펜 발명, 롤러볼 펜 등으로 확산

이제 정리되셨죠? 그럼 이상 끄읕~! 🐻

02
한글 타자기의 탄생

필기구에 이어 타자기 이야기를 할까 합니다.

다른 생물들과 인간의 결정적 차이가 뭘까요? 여러가지가 있지만 근본적인 차이라면, 다른 생물들은 습득한 지식을 후손에게 물려줄 방법을 모르지만, 인류는 여러 방식으로 지식을 공유하고 이를 남겨 후대로 이어주어 고도의 문명을 이룩할 수 있었다는 것이라 생각됩니다. 🐻

지금까지 인류가 남긴 지식 중 가장 오랜 기간 남아 있는 것은 돌에 새긴 글자들이지만, 이는 대단히 오랜 시간과 공을 들여야 하므로 권력자이거나 부유한 집안이 아니면 불가능했지요. 가지고 다닐 수도 없었고요.

그래서 인류는 다양한 종류의 재질에 지식을 남기고자 했습니다.

고대 이집트는 갈대의 일종인 파피루스 잎에 글자를 새겼고, 메소포타미아 지방에서는 점토판을 만들어 쐐기로 글을 찍었고, 동아시아에서는 대나무 조각에 글을 적었기에 지금도 한자 '책(冊)'은 이어 붙인 대나무 조각을 형상화한 글자로 남아 있지요. 또한 목축이 가능한 지역에서는 양가죽, 소가죽 등에 글을 남겼습니다.

그러다가 중국에서 2000년 전 전한 후기 시절 나무를 이용해 종이를 만들어냈고, 이 종이 제조법은 오랜 기간 비법으로 전수되어 중국의 주요 수출품이 되지요. 하지만 751년 당나라 시절 고구려인의 후손, 고선지 장군이 이끈 서역 원정대가 사라센 제국과 맞붙은 탈라스 전투에서 패배해 중국 제지 장인이 포로로 잡히면서 중국의 종이 제작 기술이 이

슬람 세계를 거쳐 유럽에까지 알려지게 되지요. 🐻

　그후 책은 오랜 기간 인류의 가장 주요한 지식 저장 창고로서 그 역할을 충실히 수행해오고 있습니다.

　하지만 오랫 동안 책은 일일이 손으로 베껴 써야 했기에 책을 하나 만든다는 것은 오랜 시간이 걸리는 작업이었어요. 실제로 중세 유럽의 경우 1282쪽짜리 대형《성경》책 한 권을 만들려면 필경사가 일일이 수작업으로 글을 쓰고 화려하게 채색을 한 뒤,

(필사 책 만드는 과정을 그린 'St. Jerome in the Scriptorim')

고급 동물가죽으로 표지를 입히고 닳지 말라고 모서리마다 금속 장식까지 하는 데 꼬박 3년이 걸렸다고 합니다. 당시 종이 가격도 어마어마하게 비쌌을 뿐 아니라 제작 인력의 3년치 연봉 비용까지 투자되어야 했으니, 책 한 권 가격이 어마어마하게 비쌌지요. 🐻

금속활자의 탄생과 대량 인쇄 시대

그래서 동서양 모두 나무활판을 만들어 인쇄하는 기법이 등장했고, 드디어 1234년에 우리나라 고려에서 세계 최초의 금속활자본《상정

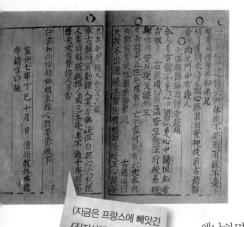

《지금은 프랑스에 빼앗긴 《직지심체요절》》

고금예문(詳定古今禮文)》이 만들어지죠. 🐷 그리고 1377년에 간행한 《직지심체요절(直指心體要節)》은 현존하는 세계 최초의 금속활자 책자로 인정받고 있지만, 실제 금속활자는 우리가 상상하는 것만큼 유용하지는 않았습니다.

왜냐하면 당시 고려시대에 발명된 금속활자는 모래주형에 녹은 구리를 부어 글자를 만들다 보니 주조 과정에서 활자가 매끈하게 나오지 않아 먹물을 묻혀 고르게 글자를 찍기가 쉽지 않았고, 두세 장만 찍으면 글자가 비뚤어지는 등 실제 인쇄 시 나무활판에 비해 유용하지 않았던 것이 1차 원인이었습니다. 그래서 왕실에서 주로 불경을 손쉽게 제작하기 위해서만 쓰였고, 적은 숫자의 불경 책자들이 왕실과 주요 사찰에만 보급되었죠.

이후 조선시대에도 세종이 주도해 1434년 개량 형태인 갑인자(甲寅字)를 만들어 하루에 40장씩 찍어내긴 했지만, 여전히 목판 인쇄의 보조수단이었을 뿐이었다네요. 그리고 무엇보다 아쉬운 점은, 목판 및 금속활자판으로 만든 책자 역시 국가기관에서만 발행했고 민간으로의 기술 공유는 엄격히 금지했기에, 왕실 및 사대부층의 유교 지식 독점에 활용되어 일반 백성들에게까지는 변화를 일으키지

못했다는 겁니다. 🐨

(요하네스 구텐베르크)

반면 유럽은 우리보다 220여 년 늦은 1454년에 요하네스 구텐베르크(Johannes Gutenberg)에 의해 금속활자 인쇄 시대로 접어드는데, 일부에선 우리나라 금속활자 기술을 구텐베르크가 배워갔다고 주장하지만, 글쎄요……, 아직 그 실체도 모를뿐더러 그게 중요한 것이 아니예요. 🐨

우리나라의 금속활자 인쇄가 당시 사회에 별다른 영향이 없었던 데 비해, 독일 마인츠의 금 세공사 출신인 구텐베르크가 만든 금속활자와 이를 통한 인쇄술 발전은, 기나긴 중세 유럽 교회의 지식 독점 시대를 끝장내는 변화의 주역이 되었기에 세계사적 측면

《구텐베르크 성서》

에서는 구텐베르크의 금속활자가 갖는 의미가 훨씬 클 수밖에 없어요. 🐨

그 어느 권력자에게도 속하지 않는 개인사업자였던 그는 독일 주화(동전)주조조합에 종사한 아버지로부터 금화 주조법을 배웠다네요. 당시 주화는 금덩어리를 문양이 새겨진 펀치로 강하게 때리고 압축기로 눌러 만들었는데, 구텐베르크가 이 방식을 응용해 금속활

자를 만들어낸 겁니다. 즉, 동전을 만들듯이 금속 면에 날카로운 도구로 활자를 새기고 이 글자 모형을 구리 판에 대고 망치로 두들기면 구리 판에 움푹 글자 모양의 공간이 생기는데, 여기에 쇳물을 부어 굳히면 활자판에 알파벳 글자가 찍히게 됩니다. 그렇게 만든 활자들을 모아 잉크를 바른 뒤 포도즙을 짜는 압착기로 누르면, 종이 위에 활자 잉크가 묻어 인쇄가 되게 한 것이죠. 😈 그래서 인쇄한다는 영어 단어가 포도주나 기름을 짜내는 'press(압착기)'와 동일한 단어를 쓰는 것이고, 이후 이 press는 언론, 취재라는 뜻으로 확장된 겁니다. 🐻

다시 본론으로 돌아가서, 1454년 환갑의 나이에 구텐베르크는 본인이 직접 만든 금속활자로《구덴베르크 성서》180부를 첫 인쇄합니다. 당시 한 권 한 권 양장본을 만들던 시기에 한꺼번에 똑같이 생긴 180부의 양장본이 나와 큰 충격을 주었고, 가격도 상대적으로 저렴해 또 한 번 충격을 안깁니다. 이후 이 활판 인쇄술이 공유되면서 50여 년 만에 유럽 전역에 1000개 이상의 인쇄소가 생겨나게 되는데, 이 기간 동안 이미 3만 종, 900만 부의 서적이 출간되는 폭발적인 지식 공유 시대로 접어듭니다. 가히 20세기 인터넷 혁명에 버금가는 상황이었지요. 🐼

이런 인쇄물 대량 생산 시기에 맞물려 종교 개혁을 주장한 마르틴 루터(Martin Luther)가 독일어로 번역한《성경》을 제작해 보급하면서 다양한 분야에서 생각지도 못한 변화를 불러일으키게 됩니다.

당시 대량 인쇄된 루터의《독일어 성경》은 1000여 년 동안 라틴어

성경만을 고집
해 지식을 독점
하며 세속적 권
력을 구가하던 교황청의 위세를

(루터의 《독일어 성경》)

꺾은 것은 물론, 그동안 성경을
필사해 돈을 벌던 수도사와 수
도원에 막대한 경제적 손실을 야기합니다. 루터의 종교 개혁이 성공
한 이유 중 하나가, 《독일어 성경》 책을 팔아서 번 돈이 자금줄이었
을 정도였으니까요. 물론 가장 큰 변화는 기존 교회의 모순점에 대
한 반발로 프로테스탄트, 즉 개신교가 분화되는 계기가 되었던 것은
자명한 사실이지요.

또한 이 같은 종교적 변화뿐 아니라 사회, 경제에도 큰 변화가 일
어나니, 책자 제작 및 인쇄 사업을 통한 출판 산업의 활성화로 민간
경제가 성장했음은 물론, 쉽게 성경을 읽게 된 이들이 너무 책을 읽
어 눈이 나빠지면서 덩달아 안경 산업이 발달하기에 이릅니다. 당시
렌즈 산업의 중심지는 네덜란드였는데, 심지어 "내일 지구가 멸망
하더라도 나는 오늘 한 그루의 사과나무를 심겠다."라는 명언으로
우리에겐 더 유명한 철학자 스피노자(Baruth Spinoza)도 청년 시절엔
렌즈 갈이로 생계를 유지했을 정도였지요. 🐻

참고로 "내일 지구가 멸망하더라도 나는 오늘 한 그루의 사과나
무를 심겠다."는 격언이 스피노자가 한 것이라 알고 있는 건 우리나
라밖에 없다고 하죠. 즉, 가리지날입니다. 🐻

어디서 이런 오해가 시작되었는지는 아직 미스터리를 풀지 못했지만 어쨌거나 우리나라 철학 도서에도 잘못 나오는 등, 본의 아니게 스피노자가 우리에게 널리 알려지게 되는 계기가 되긴 했습니다.

실제 해외에서는 저 명언을 마르틴 루터가 쓴 일기장 구절이라고 알고 있어요. 바흐의 고향이기도 한 독일 아이제나흐(Eisenach)에 남아 있는 루터의 대학생 시절(1498~1501) 하숙집이자, 현재는 루터하우스(Lutherhaus)로 불리는 박물관 입구에 사과나무 한 그루와 함께 돌비석에 저 문구와 루터 서명이 박혀 있다고 합니다. 하지만 그 구절이 적혀 있다는 일기장은 현재 존재하지 않는다는 거~. 🐻 즉, 저 문구의 원 주인은 누군지 아무도 모른다는 게 오리지날이고, 그 두 사람 모두 사과 과수원을 운영한 적은 없다는 것이 팩트입니다. 🐻

만약 오늘날 어느 위인이 격언을 남긴다면 "내일 지구가 멸망하더라도 나는 오늘 애플 주식을 한 주라도 더 사겠다."라고 하겠지요? 🐻

또한 안경 제작이 늘어나면서 오목, 볼록렌즈 제작 기술도 발달해 망원경과 현미경이 탄생하게 됩니다.

이에 갈릴레오 갈릴레이(Galileo Galilei)가 당시 막 탄생한 망원경을 통해 우주를 관측하다가 천동설이 허구임을 깨닫게 되어 종교재판에 처해지는 등, 유럽 사회의 근본적 변화를 잉태하게 되니, 따지고 보면 그 출발점이 바로 구텐베르크의 금속활자 개발에서 비롯된 것이에요. 🐻

이처럼 지식 사회로 가는 길을 연 구텐베르크의 인쇄술은, 이탈리아 베네치아에서 활짝 꽃을 피우게 됩니다. 당시엔 여전히 교황청과 세속 군주의 권력이 막강했기에 많은 지역에서 책자 발간 전 검열을 통해 위험한 사상이나 반기독교적인 도서는 출간이 금지되고 종교 재판에 처해지던 시기였습니다.

하지만 베네치아는 교황령 군대와 전쟁도 했을 정도로 이미 탈종교적인 사회였고, 1453년 콘스탄티노폴리스가 함락되어 동로마 제국이 멸망하면서 많은 그리스 학자들이 옛 도서를 품에 안고 베네치아로 탈출했기에 르네상스의 기운이 싹트고 있는 사회 분위기였습니다. 당시 동로마 베사리온 추기경이 가져온 책만으로도 도서관 하나를 건립할 수 있었다고 할 정도였다지요. 🐻

많은 유럽 지식인들이 베네치아를 통해 책을 발간하게 되니, 마르틴 루터의 도서도 베네치아에선 쉽게 구할 수 있게 됩니다. 이에 드디어 베네치아에서 최초의 민간 출판사 사장님이 탄생하게 되니, 그분의 존함은 알두스 마누티우스(Aldus Manutius) 되시겠습니다. 처음 듣는다고요?

그분은 세계 최초의 출판인이자 지금도 우리에게 친숙한 출판과 관련된 여러가지를 처음 만들어내신 분이었지요. 🐻

간단히만 소개하자면, 그는 부자들만의 전유물이었던 독서가 취미가 될 수 있다는 혁명적인 생각을 해냄으로써 값비싼 양장본과 더

(알두스 마누티우스)

불어 저렴한 보급판 문고본을 출판하였으며, 우리가 흔히 이탤릭체라고 부르는 오른쪽으로 살짝 기울어진 서체를 고안해 더 많은 글자가 수록되도록 했을 뿐 아니라 아포스트로피('), 세미콜론(;), 발음 기호에 들어가는 악센트 부호를 창조하신 분입니다. 와우~! 🐻

　나폴리 근처 시골에서 태어난 그는 귀족 집안 출신이라 로마로 유학하여 라틴어 개인교사를 둘 정도로 어릴 적부터 지식 습득에 유리한 계층이긴 했습니다. 이후 그는 그리스어를 배우기 위해 북이탈리아 페라라로 다시 유학을 갔고, 그의 풍부한 어학 능력이 어필되어 서른 살부터는 페라라 피오 가문의 가정교사가 되어 10여 년간 귀족 자제들의 가정교사를 맡게 됩니다. 그러다 새로운 지식을 갈망해 베네치아로 가서 도서관에 있는 옛 문서들을 본 그는, 이 같은 지식이 소수에게만 공유되는 점을 안타까이 여겨 안정적인 가정교사 생활을 그만두고 41세 나이에 드디어 출판사를 차리게 된 것이죠. 🐻

　이게 얼마나 대단한 거냐면, 당시는 아직 의학이 발전하지 않아 평균수명이 짧았기에 마흔이 넘으면 노인으로 취급되던 시절인데도 과감히 사업을 시작한 것이거든요. 그리하여 그는 1490년 베네치아 중심지인 리알토 다리 근처에 출판사 '알두스(ALDVS)'를 창업합니다. 그곳은 세계 최초의 은행이 등장한 곳이기도 하고, 셰익스피어의 《베니스의 상인》 소설의 주 무대이기도 하지요. 은행 이야기는 제 책 《알아두면 쓸데 있는 유쾌한 상식사전》 '과학·경제 편'에 자세히 나와요. 🐻

(알두스 출판사 로고)

출판사 이름인 알두스는 본인 이름의 라틴어 표기법에서 따온 것인데, 베네치아의 지리적 특성을 살려 돌고래가 배의 닻을 감고 있는 로고까지 만듭니다. 그러면서 닻은 정확한 교정을 의미하며, 돌고래는 지혜와 스피드를 상징한다는 해설까지 달아 출판사의 특징까지 한꺼번에 표현하는 전략을 구사한 치밀한 사업가이기도 했습니다. 🐨

그는 1494년 첫 도서 《그리스 시집》을 발간하는데, 한 페이지는 그리스어, 한 페이지는 라틴어를 각각 수록하니 지적 허영심에 넘치던 유럽 귀족들이 환호합니다. 그후 불과 4년 뒤 《아리스토텔레스 작품 전집》을 발간할 정도였으니, 그는 고대 지식의 대중 전파를 통한 르네상스의 계기를 만든 인물인 것이죠. 🐻

또한 놀라운 점은 당시 그가 전 유럽의 구독자에게 책을 발송하면서 도서 카탈로그를 첨부해 추가로 책을 구매하도록 유도했는데, 각 책자마다 짤막한 개요를 본인이 직접 기술하고, 책 가격까지 명시했다네요. 게다가 다음에 나올 책자까지 미리 소개해 사전 예약을 받아 초판 물량을 얼마나 해야 할지 가늠해 재고 물량을 최소화했던 것이죠. 하지만 더 놀라운 건 그 카탈로그 속 소개 책자 중에는 자기 출판사가 아닌 베네치아의 다른 출판사의 책자도 있었다는 겁니다.

이처럼 베네치아의 다른 출판사 책자들도 알두스의 추천으로 덩달아 수출되자, 모두가 알두스 출판사 카탈로그에 자기네 책자도 수록해 달라고 요청하면서 그야말로 출판계의 정보 플랫폼이 됩니다. 가히 '15세기판 아마존'이 된 것이지요. 이것이 얼마나 성공적이었는지 알두스가 활동하던 당시 베네치아엔 총 113명의 출판업자가 존재했고, 다른 유럽 출판계 전체 발간 책자보다 3배나 더 많이 발간했다네요.

게다가 심지어 히브리어로 쓰인 《탈무드》와 아랍어 《코란》까지 발간했으니, 여전히 기독교가 지배하던 중세 사회에서 얼마나 혁명적인 출판사였는지 짐작이 될 겁니다. 게다가 그는 당시 책을 만드는 과정에서, 전문위원 자문을 받아 고전 도서는 본인이 직접 원본을 구하러 다니고 최신 도서는 작가들과 대면 계약을 맺고, 30여 명의 직원들은 인쇄 담당, 교정 담당, 배송 담당, 재고 담당, 마케팅 담당으로 나누어 관리하는 등, 경영 측면에서도 아주 세련된 CEO였습니다. 🐻

그렇게 되자 네덜란드의 인문학자이자 종교개혁가, 에라스무스(Desiderius Erasmus)가 1507년 자신의 새 책자를 제작해 달라고 베네치아로 직접 찾아옵니다. 당시 이미 베스트셀러 작가였다지만 15세기판 구글이자 아마존인 알두스 출판사에서 출간을 해야 대박이 난다는 사실을 깨달은 것이죠. 🐻

에라스무스에 대해 소개하는 다른 자료들을 보면 그가 잠시 유럽

순방 여행을 다녀왔다는 구절이 있는데, 그때 그는 무려 1년 동안 알두스 출판사에서 숙식을 하며 본인의 예전 출간물 및 신간 도서 교정은 물론, 당시 출간 준비 중이던 알두스 사 고전 도서 시리즈의 교정까지 공짜로 해주었다고 합니다. 이 같은 노력 끝에 1509년 그의 대표작이라 할 수 있는《우신예찬》이란 베스트셀러가 탄생하게 된 것이죠.

게다가 에라스무스가 아이디어를 내고 교정도 봐준 알두스 사 최고의 베스트셀러《라틴 격언집》은 고대 로마 유명인사들의 격언을 수록한 책이었는데, 당시 유럽 지식인 중 이 책을 안 가지고 있으면 아웃사이더로 몰릴 정도로 대박을 터뜨리면서 100년 동안 무려 132번이나 추가 인쇄를 할 정도가 됩니다. 즉 요새도 우리가 유명인사들의 짤막한 문장을 인용하는 경우가 많은데, 이 같은 유행 역시 알두스 출판사로부터 시작된 거지요. 그로부터 500년 뒤에 나온 제 책도 좀 그렇게 팔렸으면 좋겠습니다만……, 쩝!

이처럼 유명한 인문학자까지 알바(?)로 활용할 정도로 거물이 된 알두스는 양장본 호화 책자는 일반인들이 사서 보기엔 너무 비싸다는 사실을 절감하니……, 일반인들도 쉽게 지식을 공유할 수 있도록 드디어 문고판을 만들게 됩니다.

즉, 우리가 PC를 쓰면서 주로 사용하는 A4 용지는 과거 양장본에 사용되던 A1 전지 크기의 1/4 사이즈를 의미하는 거지요.

그리고 인쇄용지를 8번 접었다는 뜻에서 '옥타보(Octabo)', 즉 '8절지'라 부르는 한 장의 종이로 16페이지를 만들 수 있는 책자를 고안하게 된 것이죠. 그러면서 작아진 종이에 예전처럼 복잡한 장식이 달린 서체를 쓰면 글자 수가 줄어들어 페이지가 늘어나는 점을 개선하고자, 글자가 가늘고 옆으로 기울어진 새로운 서체를 개발하니……, 지금 우리가 이탤릭체(이탈리아 서체)라 부르는 사선글자가 탄생하게 됩니다. 그래서 이탤릭체로 문고판 책자를 만드니 가격도 1/8로 줄어들어 일반 시민들의 큰 환영을 받게 되고, 드디어 지식의 르네상스로 나아가게 됩니다. 🐻

이후 종이 책자는 500여 년간 지식 전달의 최고 지위를 유지하며, 신문, 잡지 등 타 분야로 확장되어 왔습니다. 하지만 최근 들어 전자책이 등장하고, 여러 다양한 지식 및 재미를 전달하는 새로운 미디어들이 속속 등장하면서 출판계는 예전에 비해 계속 위축되고 있는 실정입니다. 🐻

헛! 근데 서론이 너무 거창했군요. 이제 본격적으로 타자기 이야기를 해야겠습니다. 🐻

한글 타자기의 탄생

지금은 추억의 물품이 되었지만 타자기는 컴퓨터가 등장하기 전 첨단 기기였지요.

구텐베르크가 길을 열고 알두스 마누티우스가 폭발시킨 인쇄술은 오랜 기간 인쇄 전문가들이 독점을 했기에 에라스무스 같은 인재들이 직접 부탁하러 갈 정도였지요. 그러다 보니 많은 이들이 보다 손쉽게 인쇄할 수 있는 방법을 궁리하게 되고 드디어 타자기가 등장하게 됩니다.

(세계 최초의 타자기)
(버팔로 역사박물관 소장)

최초의 타자기는 1868년에 미국에서 크리스토퍼 숄즈(Christopher L. Sholes)가 특허 출원했는데, 이 특허를 사들인 미국 레밍턴(Remington) 사에서 1874년에 세계 최초로 대량 생산했기에 알파벳을 쓰는 유럽에서는 널리 사용되었지만, 그 외의 언어권에선 자신들의 글자를 표현할 타자기를 만들지 못해 사용할 수 없었어요. 심지어 공업강국 독일조차 독일어 특유의 움라우트(Ä, Ö, Ü) 글자를 타자기 자판 수 제한으로 표현할 수 없어서 Ä → AE, Ö → OE, Ü → UE, ß → SS 로 변경해 찍을 수밖에 없었죠.

그런데 우리나라에서 서양 알파벳과 전혀 다른 한글을 타자기로 인쇄한다는 어려운 과제를 멋지게 해결해내지요. 🐻

다만 대부분 우리나라 첫 타자기 발명가로 공병우 박사님을 떠올리지만 그건 가리지날~. 우리나라에선 1914년에 이원익 선생이 미제 타자기를 응용해 우리나라 최초의 5벌식 타자기를 개발하셨다고 합니다. 🐻 세계 최초의 타자기가 발명된 후 겨우 40년 뒤에 말

이죠. 이후 송기주 선생이 1927년에 4벌식, 1933년에 2벌식 타자기를 개발했다지만, 워낙 고가인데다 사용이 불편해 보급되지 못했다고 합니다. 게다가 일제가 우리 말과 한글 사용을 중단시키는 바람에 한글 타자기는 오랜 기간 빛을 보지 못했지요.

그러다 해방 후 1949년에 공병우 박사님이 우리말 창제 원리에 맞춰 초성, 중성, 종성으로 글자를 나누어 입력하는 3벌식 타자기를 개발한 것이 일반인들에게는 처음 만나는 한글 타자기가 되었기에, 지금도 최초의 한글 타자기로 다들 기억하는 겁니다.

그 외에도 여러 선각자들에 의해 다양한 타자기 자판이 개발되어 받침이나 복모음을 더 빨리, 더 효율적으로 인쇄하려는 시도가 이어졌지만, 1969년 3벌식보다 느린 4벌식이 국가 표준이 되더니만 1982년에는 현재 우리가 흔히 PC키보드로 쓰는 2벌식 자판이 국가 표준으로 지정됩니다. 🐻

실제 우리 글자는 종성에도 자음이 들어가기에 모음보다 자음 사용 빈도가 많으므로 오른손으로 자음을 치는 것이 더 편리하지만, 지금 우리가 PC키보드로 쓰고 있는 2벌식 타자는 왼쪽에 자음이 몰려 있어서 왼손을 더 많이 써야 해 손가락과 손목 부담이 클뿐 아니라 3벌식보다 속도가 느리답니다. 하지만 이제 와서 모두에게 익숙해진 2벌식을 다시 3벌식으로 되돌리기는 솔직히 역부족이죠.

이처럼 아쉬움이 남는 우리나라 최초의 3벌식 타자기를 만드신 공병우(公炳禹) 박사님의 본 직업은 안과의사입니다. 그것도 우리나라 최초의 안과 전문의로서, 최초의 안과 전문병원 '공안과'를 설립한 원장님이시지요. 🐻

1907년 평안북도 벽동군에서 태어나 1926년 평양의학강습소(의학전문학교)를 졸업해 의사 학위를 취득하고, 경성의전병원(서울대병원 전신)에서 근무하다가 일본으로 유학 가서 1936년에 나고야 의대에서 의학박사까지 따신 분이었습니다.

당시 공병우 박사님의 아버지가 신의주에서 상점을 하며 무역으로 큰돈을 벌었기에 이 같은 유학이 가능했다는데, 공 박사님 아버지 상점에서 일하던 청년 중 한 명은 나중에 한국을 넘어 세계 스포츠계에 이름을 남기게 됩니다.

그가 누구인고 하니……, 바로 1936년 베를린 올림픽 마라톤 경기에서 세계 신기록을 세우며 우리에게 첫 금메달을 안긴 손기정 선생님이십니다. 🐼

이후 공병우 박사님은 1938년 서울에 정착해 공안과를 세우고 우리나라 최초의 쌍꺼풀 수술도 하셨다네요. 지금은 다들 성형외과에서 쌍꺼풀 수술을 한다고 여기지만, 여전히 안검하수 등 의학적 문제로 인한 쌍꺼풀 수술은 안과 전문의가 담당하고 있답니다.

이 외에도 당시 일본어로 되어 있던 시력검사표를 해방 이후 한글로 처음 바꾸신 분 역시 공병우 박사님입니다. 지금은 1951년 한천석 선생님표 시력검사표로 대체되었지만요. 또한 1958년 최초로 하드렌즈 시술도 도입하고 국산화 과정에도 참여하셨다네요. 🐻

이처럼 안과의사로서 엄청난 업적을 남긴 공병우 박사는 한글 기계화에도 앞장선 선각자였습니다. 1938년 안국동에 병원을 개원했을 당시 조선어학회 사무실이 공안과 근처에 있었는데, 너무 열심히 책만 보다가 시력이 나빠진 조선어학회 회원들이 단골 환자로 찾아왔고, 특히 이극로 선생님과 친분이 깊어지면서 한글 보급의 중요성을 인식했다고 합니다. 게다가 해방 후 본인이 1939년에 일본어로 저술한 의학도서 《신소안과학》 등의 의학

(공병우 시력검사표)
(출처_webzine.kipa.org) (좌),
(지금의 시력검사표)
(출처_나무위키) (우)

도서를 한글로 번역하는 과정에서 빠르고 쉬운 한글 타자기의 발명이 시급하다고 여겨 직접 타자기 개발까지 나선 것이죠. 이건 뭐 슈퍼맨 급이시네요. 🐻

(세상에서 가장 많이 팔린 타자기 – 언더우드 No.5) (인디애나폴리스 어린이 박물관 소장)

이에 수많은 노력 끝에 1949년에 '3벌식 공병우 타자기'를 발표하고, 1950년 1월 미국 언더우드 사에서 제작된 시제품 3대가 태평양을 건너와 3월에 출시됩니다. 공병우 타자기를 위탁 생산한 미국의 언더우드(Underwood Typewriter Company) 사는, 지금도 총기류 제작업체로 유명한 레밍턴의 하청 업체로 출발했지만 독자 브랜드로 나선 후, 레밍턴 타자기보다 더 뛰어난 성능을 보여 '언더우드 No.5' 타자기는 세계에서 가장 많이 팔린 타자기란 기록을 갖고 있죠.

그런데 이 회사는 우리나라와도 깊은 인연이 있어요.

응? 이 세계 최대의 미쿡 타자기 회사가 우리나라와 무슨 인연이 있느냐고요? 이 회사 창업자의 동생이 바로 구한말 한국에 선교하러 와서 연희전문학교를 설립한 호러스 그랜트 언더우드(Horace Grant Underwood, 고종이 선사한 한국 이름 원두우)입니다. 🐻

언더우드 선교사는 원래 약혼자가 있었다고 합니다. 처음에는 인도로 선교려고 하다가 미지의 나라, 조선이란 곳에 갈 선교사를 찾는다는 이야기를 듣고 행선지를 바꾸게 됩니다. 이에 약혼자에게 "조선에 같이 가자."고 했지만, "어디 그런 이상한 곳에 가서 살자고 하느냐."고 거부해 파혼당한 채 홀로 조선을 찾아와 선교와 동시에 조선인의 계몽과 일본과의 투쟁에 헌신합니다. 웰컴 투 코리아예요~!

아, 그렇다고 너무 안타까워하진 마세요. 나중에 결혼하세요. 다른 분이랑. 🐻

그러면서 조선에 푹 빠진 언더우드는 타자기로 돈을 번 형님에게 기부금을 내놓으라고 하지요. 이에 언더우드 타자기 회사 창업자인 존 토머스 언더우드(John Thomas Underwood)는 동생의 요청에 기꺼이 거액을 기부하여 그 자금을 바탕으로 서울 신촌에 지금의 연세대학교(연희＋세브란스)의 한 축이 된 연희전문학교를 세우게 됩니다. 이에 연세대학교는 언더우드관(본관) 앞 정원에 두 팔을 들고 서 계신 호러스 그랜트 언더우드 동상을 세워 이를 기념하고 있고, 언더우드 가문은 지금도 여전히 연세대학교와 인연을 맺어오고 있지요. 🐻

이처럼 공병우 박사가 개발하고 미국 언더우드 사에서 생산된 공병우 타자기는 3벌식 타자 방식이어서 자음은 오른쪽, 모음은 중간, 받침은 왼쪽에 배치해 타자 속도도 빠를 뿐 아니라 자주 쓰는 글자를 중앙에 배치하여 양손 엄지와

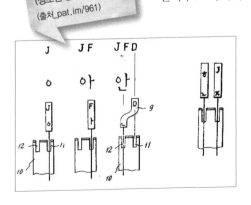

(쌍초점 방식 타자 원리)
출처_pat.im/961

검지를 자주 사용하게 함으로써 손가락 부담이 적다는 장점도 있었지요. 그리고 무엇보다 놀라운 건 초점이 2개인 쌍초점 방식을 공병우 박사가 직접 개발해, 초성과 중성은 오른쪽 초점의 움직이는 글쇠로 찍히고, 종성(받침)은 왼쪽 초점의 고정 글쇠로 찍히게 한 겁니다. 로마자 알파벳이야 글자가 계속 오른쪽으로 이동하면서 찍히면 되지만, 우리 글자는 모음이 초성 오른쪽에 오거나(ㅏ, ㅑ, ㅓ, ㅕ, ㅣ) 아래로 오는(ㅗ, ㅛ, ㅜ, ㅠ, ㅡ) 2가지 타입이 있기 때문에, 기존 알파벳 자판 방식으로는 한글을 만들 수 없거든요. 게다가 쌍초점 방식은 빠르게 칠 때 나타나는 글쇠간 얽힘(잼) 현상도 줄여주어, 한국과 미국에 동시 특허 출원된 획기적 기술이었다고 합니다. 🐻

당시 손원일 초대 해군제독이 이 타자기를 보자마자 바로 해군사령부에 들여왔는데, 편리하다는 입소문이 나면서 국방부로 퍼졌고, 6개월 뒤 6.25 전쟁이 터진 뒤로 공식 문서는 모두 공병우 타자기를 이용했다고 하지요.(손원일 제독은 5부에서 주인공으로 다시 등장하십니다. 🐻)

당시 UN군으로 한국에 온 외국 장교들은 깜짝 놀랐다고 합니다. 첫 번째는 극동아시아의 지지리도 못사는 코리아란 나라에 고유 문자가 있다는 사실이었고, 두 번째는 그 신기하게 생긴 한글을 찍어내는 타자기를 보유하고 있던 것이었다네요. 🐻

그게 어떤 느낌인지 실감이 안 난다면, 아프리카 소말리아 내전 현장에 UN군이 지원갔는데, 소말리아 군인들이 소말리아 자체 생산 스마트폰을 들고 5G 네트워크로 구글 지도를 검색하고 있는 걸 본

셈이었다고 할까요? 역쉬, 우리 민족은 언제나 저력이 있어요. 🐻

　UN군 사무실에서도 공병우 타자기가 사용되었는데, 그들 눈에는 마치 그림 문자처럼 보이는 한글을 놀라운 속도로 찍어내는 장면을 보고 감탄을 금치 못했다는데, 심지어 미군 타자기보다 타이핑 속도가 빨랐다네요.

미군 장교 : "응? 왓더헬맥아더. 어째서 우리 타자병보다 한국군 타자병이 더 잘 치는건가트루먼?"

미군 타자병 : "나도 잘 몰라유에스. 우리 타자기는 빨리 치면 잼이 걸려서 고장이 나는데, 저 코리아 타자기는 연달아 치는데도 멀쩡하니 신기할 뿐이어매이징."

미군 장교 : "목수가 연장 탓하지 않는다는 코리아 속담이 있다고 들

었다메리카. 저 복잡한 글자보다 더 느리게 치면서 뭔 핑계스테이트?
직무 유기이니 영창 갈 준비나 해라아이젠하워!"

국군 타자병 : "거 싸우지 말고 이참에 노 잼, 노 스트레스 공병우 타
자기나 수입해 가쇼애국."

　하지만 6.25 전쟁 당시 공병우 박사님은 서울에 남아 있다가 북한
군에게 붙잡혔다고 합니다. 당시 북한군은 1946년 남로당의 위조지
폐 사건 당시 의료자문을 맡았던 공병우 박사의 죄를 물어 사형을
언도합니다. 왜냐하면 당시 그 사건으로 여론이 나빠져 남로당이 와
해되고 당수 박헌영이 북한으로 도망갈 수밖에 없었는데, 조사 과정
에서 자문을 맡은 두 의사분이 공병우 박사와 인제대학교 백병원을
설립한 백인제 박사님이셨기에 북한 입장에서는 악질 반동분자였겠
지요. 🐻

　그러나 공 박사는 인민위원회 위원장에게 "내가 한글 타자기를
만든 사람이다. 어찌 객관적인 의료자문을 했다는 이유로 죽이려 드
느냐?"고 어필하자, 태도를 바꾸어 설계도를 내놓으라고 회유했다
고 합니다. 당시 북한에는 한글 타자기가 없었거든요. 그러나 갖은
회유와 협박에도 내놓지 않자 결국 북한으로 끌고 가던 중, UN군이
인천으로 상륙했다는 소식을 들은 공 박사님이 탈출해 남쪽으로 내
달려 국군의 품에 안깁니다. 하지만 백인제 박사님은 결국 납북되
죠. 🐻

　이처럼 공 박사를 놓친 북한은 결국 1950년대 중반에 가서야 한

글 자판기를 별도로 만들 수 있었다네요. 게다가 1953년 7월 27일 6.25 전쟁 휴전 협정 당시, 판문점에 모인 UN군 대표 자격의 미군과 북한군, 중국군 대표 3자가 동시에 서명을 해야 했는데, 북한엔 한글 타자기가 없었기에 그 자리에서 공병우 타자기로 한글 번역본을 타이핑해 북한에 전달했으니 그들로서는 속이 많이 쓰렸겠지요?

우여곡절 끝에 목숨을 구한 공 박사님은 1951년부터 한글학회 이사를 역임하고, 1971년 맹인재활센터를 설립해 초대 이사장으로 활동하면서 시각장애인을 위한 타자기도 개발하셨다네요. 또한 한영 변환 타자기까지 개발해 한글과 알파벳을 동시에 타이핑할 수 있게 되지요. 🐻

이 같은 공 박사님의 노력으로 국방부를 비롯한 정부기관과 민간에서 오랜 기간 3벌식 타자기가 가장 널리 사용되었는데, 1965년에 누적 3만 대 판매를 달성했다고 합니다.

그런데 3벌식 타자는 받침이 없으면 글자 세로 길이가 짧고 받침이 있으면 글자가 길어지는 특징이 있어서, 당시엔 빨랫줄체

덕복 이에 저자장면에 삶은 달걀 잔뜩 먹고
부위에서 넋을 놓고 깨끗이꽃 바라보니
왼만해선 뵙기 힘든 개미앖기 생각나서
끎 어앉 아 책을 펼쳐 뭔가 없나 읽어 보다
칼바람에 폐를 치는 물 닭 떼가 나타나서
깜짝 않고 창밖 보다 애닮은 밤 둘 곦었네

동 해물과 백두산이 마르고 닳도록
하느님이 보우 하사 우리나라 만세

남산 위에 저 소나무 철갑을 두른 듯
바람서리 불변함은 우리 기상일세

가을 하늘 공활한데 높고 구름 없이
밝은 달은 우리 가슴 일편단심일세

이 기상과 이 맘으로 충성을 다하여
괴로우나 즐거우나 나라사랑하세

무궁화 삼천리 화려 강산
대한 사람 대한으로 길이 보전하세

(공병우 타자기 활자체,
일명 빨랫줄체) (© 팥알)
(출처_ppss.kr/archives/105169)

라고 불리었답니다. 지금으로 치면 샘물체와 비슷한 스타일이었지요.

한편 1969년 당시 13종이나 난립하던 타자기 자판을 통일하겠다고 결심한 과학기술처는 당시 대세이던 빠른 3벌식도 아니고, 느리지만 글자가 예쁘게 찍히는 5벌식도 아닌 중간 형태의 4벌식을 표준 자판으로 결정합니다. 그 결정적 이유는 4벌식이 속도가 느리고 복잡하긴 하지만 네모 반듯하게 글자가 찍혀 보기에 좋았다나요? 타자 치는 사람을 고려한 게 아니라 타자된 문서를 보는 윗분들이 보기에 좋다가 기준이었으니…….💣

이후 컴퓨터가 도입되면서 다시금 키보드 자판 문제가 불거지자 정부가 나서는데, 결국 4벌식을 개량한 2벌식 타자를 표준으로 정하니 지금 우리가 쓰는 컴퓨터 키보드가 바로 2벌식 자판이며, 비효율적인 자모 배치로 수많은 손목 통증 증후군 환자를 양산하는 첫걸음을 내딛습니다. 이처럼 정부가 계속 3벌식을 외면하는 데 분개한 공 박사님이 공개적으로 이를 비판하다가 여러 고초도 겪으셨다고 하네요. 🐻

그럼에도 굴하지 않은 공병우 박사님은, 개인용 PC가 보급되기 시작하자 다시금 3벌식 컴퓨터용 자판을 개발하시고 '아래아 한글'을 개발한 '한글과 컴퓨터' 창업도 지원하시는 등, 마지막 순간까지 젊은 프로그래머들과 소통하며 3벌식 타자의 우수성을 알리려고 노력하셨고, 마지막 운명의 순간에는 자신의 안구를 기증하고 시신은 해부용으로 기증하시며 끝까지 사회에 기여하셨습니다.

어떤가요?《알아두면 쓸데 있는 유쾌한 상식사전》 '언어·예술 편'에서는 일제시대 한글을 지킨 외솔 최현배 선생 등 한글학회 회원들의 분투를 소개해드렸는데, 한글의 과학화를 위해 평생을 바치신 안과의사 공병우 박사님의 노고 역시 잊지 말고 우리 후손들이 기억했으면 좋겠습니다. 🐻

03
훈맹정음을 아시나요?

외쿡인들이 깜짝 놀란 한글 타자기 이야기를 해드렸는데요.

　우리나라는 고유의 문자 창제를 기념하는 경축일 '한글날'을 갖고 있는 특별한 나라입니다. 통치자가 백성을 위해 친히 만드신 문자는 우리가 전 세계에 자랑할 만한 문화유산이지요. 🐨

　그런데, 우리나라엔 또 하나의 자랑스러운 문자 체계가 있습니다. 그건 바로 '훈맹정음'입니다.

　으잉? 하다하다 이젠 이런 재미없는 개그치냐고요? 🐻 하지만 '훈맹정음(訓盲正音)'은 가리지날이 아닙니다. 진짜로 우리나라 시각장애인을 위해 1926년 8월 26일에 탄생했고, 11월 4일에 반포한 한글 점자의 정식 명칭입니다. 🐨

　우리가 평소 무심결에 스쳐지나가지만 엘리베이터 버튼, 캔 뚜껑 등 여러 곳에서 점자를 종종 보게 됩니다. 가로 2단, 세로 3단 총 6개

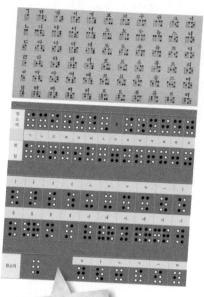

(훈맹정음)
(출처_hangeul.go.kr)

의 점을 튀어나오거나 평평하게 만들어 글자로 인지하게 하는 이 점자 체계는, 프랑스에서 시작되었지만 우리나라에서도 이미 100여 년 전인 1926년 한 선각자에 의해 우리말에 맞게 만들어집니다. 🐻

한글 점자의 탄생

그 선각자는 바로, 한글 점자의 창제자, 20세기 세종대왕이라 불리는, 송암 박두성(朴斗星) 선생님입니다.

박두성 선생님은 1888년 강화도 옆 교동도라는 작은 섬에서 9남매 중 맏이로 태어나 1895년부터 4년간 강화도 보창학교에서 신교육을 받는 등, 일찍이 세상 물정에 눈을 떴는데, 당시 야학 교사를 하던 이동휘 선생님의 눈에 띕니다. 독립운동가 이동휘 선생은 1899년 육군 무관학교를 졸업하고 강화도 진위대에서 무관으로 근무하면서 야학교사로도 활동하던 중, 영특한 박두성 학생을 만나 그를 몹시 아꼈다네요.

이후 박두성 선생님은 1906년 한성사범학교(서울 경기고 전신)를 졸업하고, 어의동보통학교 교사로 재직하게 됩니다. 그 사이 스승 이동휘 선생은 안창호 선생 등과 함께 신민회를 조직해 항일 투쟁을 하다가 1911년 데라우치 총독 암살 미수 사건으로 1년간 투옥된 뒤, 1912년 박두성 선생에게 "같이 만주로 가서 독립운동을 하자."고 제안했다고 합니다. 그러나 박두성 선생님은 깊은 고민 끝에 "가

난한 집 맏아들로서 연로한 부모님과 여덟 동생을 봉양해야 해 어쩔 수 없다. 저는 남들이 하지 않는 아동 교육에 헌신하며 조선의 독립을 도모하겠다."며 제안을 거절했다고 합니다. 이에 이동휘 선생은 아쉬워하며 작별하는 자리에서 '소나무처럼 절개를 굽히지 말라'는 의미의 송암(松庵)이란 호를 하사했고, 그후 영영 다시 만나지 못했다지요? 박두성 선생은 이 호를 평생 간직합니다. 🐻

그 뒤로도 보통학교(지금의 초등학교) 선생님으로 재직하던 박두성 선생은, 조선총독부가 1913년 새로 설립한 제생원 맹아부(지금의 서울맹학교) 교사로 발령받습니다. 당시 일제는 고종 황제가 만든 제생원을 유지하면서 마치 조선 백성을 위하는 것마냥 문명화 교육 홍보를 위해 맹아, 농아 학교를 신설했지만, 한글 점자와 수어(手語)가 없다는 이유로 일본 점자 및 일본식 수어를 배우도록 했다네요. 이에 당시 맹학교 학생들은 안마사 자격증을 따기 위해 해부학 등을 배워야 했는데, 일본식 의학용어를 익히기 위해서라도 일본어 점자

를 배울 수밖에 없었다고 하네요. 🐻

이에 시각장애 학생을 가르칠 것이라고는 예상하지 못했던 박두성 선생님은 어쩔 수 없이 일단 일본어 점자로 가르쳤지만, 3.1운동 이후 조선총독부가 맹아부 조선어 과목을 없애려 하자 "눈도 먼 이들에게 조선말까지 빼앗는다면 눈먼 데다가 벙어리까지 되란 것이냐!"고 강력 항의하여 이를 없던 일로 만들고, 일본에서 점자 인쇄기를 들여와 일본 점자를 이용한 조선어 교과서를 출판하기까지 합니다. 당시 평양에서 활동하던 미국 선교사 로제타 홀(Rosetta Sherwood Hall)이 미국식 점자 체계에 기반한 한글 점자 체계를 만들긴 했지만, 여러 문제가 많아 잘 사용하지 못하던 상황이었기에, 박두성 선생님은 우리말을 가르칠 편리한 한글 점자 체계가 필요하다는 것을 절감하여, 졸업한 제자 8명과 함께 1920년에 조선어 점자 연구단체 '육화사(六花社)'를 만듭니다. 당시 세계 표준으로 쓰이던 루이 브라유의 6점자 체계를 의식한 이름이었던 거지요.

이들은 7년여 동안 세종의 한글 창제 과정부터 연구해 10여 가지의 가안을 만들고, 이 안들의 장단점을 학생들과 토론한 후 투표한 결과, 드디어 우리 고유의 점자를 완성하고 1926년 8월 26일 당당히 조선총독부에 한글 점자의 사용을 승인해 달라고 요구하지요. 마침 그해 6월 10일 순종 황제 사망과 맞물린 6.10 만세 운동이 번지자, 조선총독부가 이를 무마하려고 유화정책을 쓰던 시기였기에 정식 사용을 허가받게 됩니다. 인생은 타이밍~! 🐻

이에 박두성 선생님과 제자들은 1926년 11월 4일 '훈맹정음'을 정식 반포하고, 전국의 시각장애인에게 취지문을 우편 발송합니다.
"훈맹정음은 눈먼 이들을 가르치는 바른 소리이다." 이렇게 세종대
왕이 훈민정음을 창제한 후 480년 만에 또 하나의 우리 문자가 탄생
한 것이죠. 🐼

지금도 사용되는 이 한글 점자 체계는 기존 서양 점자와는 다른
특이한 구조로 되어 있는데, 일단은 그 특징에 앞서 6개의 점으로
만드는 점자의 역사부터 알아보는 게 낫겠네요.

프랑스에서 시작된 6점자 체계

현재 전 세계에서 가장 많이 쓰이는 '6
점자' 체계는 루이 브라유(Louis Braille)
라는 프랑스 맹인학교 선생님이 창안한
체계입니다. 영어에서 점자를 '브레일
(Braille)'이라고 부르는데, 바로 이 프랑스
발명가의 성을 그대로 영어 발음으로 부
르는 거예요.

고대 로마 제국
시절부터 시각장애
인을 위한 특수문
자 개발이 시도되

(6점자) (좌), (루이 브라유의
프랑스 6점자 알파벳)
(출처_korean.co.kr) (우)

(세계 첫 맹인학교 설립자, 발랑탱 아우이)

었다지만, 체계적으로 정립된 것은 프랑스가 최초였다고 하지요. 당초 발랑탱 아우이(Valentin Haüy)라는 특수교육학자가 1784년에 세계 최초의 맹인학교를 파리에 세우고 알파벳을 돋음 문자로 표기해 교육시켰지만, 한 글자당 7cm 크기로 키워서 종이에 볼록하게 새긴 것이라 매우 느리게 읽혔다고 합니다.

이 같은 문제점을 획기적으로 개선한 6점자의 창시자, 루이 브라유는 세 살 때 불의의 사고로 눈을 다쳐 시각장애인이 된 사람이었어요. 목수이던 아버지는 루이를 위해 나무판에 못을 박아 알파벳을

손가락으로 익히도록 가르칠 정도로 교육에 남다른 애착이 있었지만, 가난한 살림에 학교를 보내기 어려웠다지요. 🐻

그런 사정을 알고 평소 루이를 아끼던 해당 교구 가톨릭 신부님이 초급학교에 다닐 수 있도록 배려해줍니다. 당시 학교에선 시각장애 어린이 받기를 꺼려했다지만, 브라유는 선생님의 수업 내용을 모조리 외워버리는 노력으로 1등을 차지할 정도였고 피아노도 곧

(루이 브라유) (위),
(루이 브라유 기념우표, 그런데
박두성 선생님 기념우표는 언제?)
(아래) (구글 이미지)

잘 연주했다지요. 그런 그의 재능을 안타깝게 여긴 신부님이 또다시 본인이 잘 알던 후작을 만나러 파리까지 찾아가 후원을 받아내어 브라유는 열 살 때 파리 왕립맹인학교로 유학갑니다. 🐻

그런데 브라유는 발랑탱 아우이의 돋음 글자는 읽기가 매우 불편하다는 사실을 깨닫고 이를 개선하고자 어린 나이에도 늘 새로운 문자 체계를 고심했다고 하네요.

그러던 어느 날, 프랑스 육군 샤를 바르비에 대위가 왕립맹인학교를 찾아와 야간 구호 체계를 테스트합니다. 당시 나폴레옹 황제가 전쟁을 벌이던 때여서 신속한 작전 명령을 위해 어둠 속에서 손으로 만져서 인식할 수 있도록 12개의 점과 선을 이용해 알파벳에 대응토록 암호문을 개발한 것인데, 이게 효용성이 있는지 알아보려 한 겁니다. 마침 이 테스트에 참여했던 루이 브라유는 깨닫게 됩니다. '그래, 글자를 단순화해 점자로 만들면 많은 정보를 빨리 습득할 수 있겠구나!'

그리하여 3년간 홀로 연구하며 프랑스의 군 암호 체계를 간소화한 끝에 12개 점자 대신 6개의 점자를 이용해 총 64개 글자 체계를 만드니, 그때 당시 그의 나이는 불과 15세였다지요? 정말 대단하신 분입니다. 🐻

그가 만든 6점자는 지금도 사용되는 점자 체계로서, 점을 평평하게 하거나 튀어나오게 하는 조합을 통해 총 64개의 형태를 만들 수 있어요. 다만 아무것도 찍지 않은 점자는 글자 사이 빈 칸을 의미하므로 실제로는 63개의 글자에 대응할 수 있다네요.

로마자 알파벳은 a부터 z까지 26자이므로 여기에 각종 부호와 유럽 각 언어별 특수문자를 사용하기에 63개의 점자는 넉넉했지요. 그래서 점자 체계를 익히게 되면 빠른 속도로 글자를 읽을 수 있었으니, 브라유가 만든 점자는 이후 로마자 알파벳을 사용하는 국가에선 기본적으로 동일한 규칙으로 사용이 가능하게 되었지요. 🐨

그의 이 같은 천재적 발상은 동료 학생들로부터 큰 호응을 얻었고, 당시 맹인학교 교장 피녜 선생님은 이 영특한 제자가 졸업하자마자 학교 선생님으로 발탁합니다. 그러나 얼마 뒤 피녜 교장이 물러나고 새로 온 아르망 뒤포 교장은 열렬한 프랑스 애국주의자였고, 라틴어 대신 프랑스어의 고유성을 지키자는 신념에 휩싸여 "일반인이 알아보기 힘든 괴상한 문자를 만들어 프랑스어의 고귀함을 손상시켰다."는 말도 안 되는 이유를 들이대며 루이 브라유를 내쫓고 기존 점자 책을 다 불태워버린 뒤, 다시금 옛날처럼 돋음 문자 책으로 공부하기를 강요했다네요. 그러자 맹인학교 학생들이 몰래 밤마다 모여 못을 꾹꾹 눌러 다시금 점자 책을 만들어 지식을 공유하기 시작합니다. 🗿

그러던 중, 밤마다 학생들이 수상한 모임을 한다는 정보를 들은 조셉 고데 선생이 적발하러 갔다가 학생들이 스스로 점자 책을 만드는 장면을 목격합니다. 교장과 달리 이해심이 많았던 고데 선생님은 점자 책의 유용성을 깨닫게 되고 본인이 나서서 교장과 담판을 짓게 됩니다.

뒤포 교장 : "무슨 일로 찾아왔나랑스. 고데 선생?"

고데 선생 : "드릴 말씀이 있다르봉. 알아보니 학생들이 스스로 6점자 책을 만들어 공부하더루이. 기존 방식보다 너무나 유용하므로 절대 없앨 수 없을 것이폴레옹. 차라리 이를 지지해주면 교장 선생님이 역사에 최초 후원자로 이름이 남을 것이수와."

뒤포 교장 : "고뤄체르망! 너 참 맘에 든다뒤포."

이처럼 고데 선생이 건넨 제안에 뒤포 교장은 철썩 낚입니다. 그 후 뒤포 교장과 다른 선생님들이 점자 사용을 허락하고 루이 브라유 역시 학교로 되돌아오지요. 하지만 워낙 선생님 월급이 짜다 보니 가족을 먹여 살리느라 밤마다 카페에서 피아노를 치는 투잡 강행군 을 하다가, 과로로 결핵에 걸려 8년 뒤인 1852년 43세 젊은 나이에 사망하고 맙니다. 🐻

그러나 그의 점자는 사망할 때까지 세상에 알려지지 않았고 그저 학교 내에서만 사용되고 있었지요. 그러나 제자들이 점자 책을 일반 시각장애인에게 보급하면서 크게 환영받게 되고, 브라유가 사망한 지 불과 2년 뒤에 정식으로 프랑스 시각장애인을 위한 공식 문자로 승인받게 됩니다. 이후 루이 브라유의 파란만장한 일생이 뒤늦게 부 각되면서 그가 사망한 지 100년째 되던 1952년에, 프랑스 정부는 그 의 묘를 프랑스 위인들만 모시는 파리 팡테옹 묘지로 이장하며 업적 을 추모하게 됩니다.

감동스럽지 않습니까? 루이 브라유의 일대기를 보다 보면 30여 년 전 명화 '죽은 시인의 사회'가 불현듯 떠오릅니다. 혹시 그 소설을 쓴 작가 클라인바움이 이 루이 브라유의 이야기에서 모티브를 딴 건 아닐까요? 🐻

어쨌거나 루이 브라유의 6점자 체계는 빠른 속도로 유럽과 미국으로 퍼져 나갔는데, 일본 역시 19세기 말 유럽 각국의 문물을 받아들이는 과정에서 점자도 수입해 가나 50음과 결합한 일본어 점자 체계를 만들었고, 식민지 조선에도 가르치게 한 겁니다.

세벌식 한글 점자의 특징

우리나라도 조선시대까지 '책력'이라는, 손으로 만져서 읽는 시각장애인용 나무판이 있었다고는 하나, 한자를 돋을새김한 것이라 보편적으로 활용할 수 있는 것이 아니었지요. 그러니 프랑스에서 시작된 6점자 체계를 응용한 한글 점자의 확립이 무엇보다 급선무였기에 박두성 선생님과 제자들이 7년에 걸쳐 우리나라 점자를 만들어 낸 것이지요. 🐻

얼핏 생각하면 한글은 자음과 모음 합쳐서 24개 글자뿐이니 알파벳처럼 점자 모양마다 특정 음을 정하면 쉽게 될 것 같지만, 실제로는 알파벳이나 일본어와 달리 동일한 자음이 초성과 종성에 쓰이고 복모음, 겹받침 등 변수가 많지요. 게다가 당시엔 아직 조선어학회가 한글 맞춤법을 정리하기도 전이었으니 쉬운 일이 아니었습니다.

이에 박두성 선생은 자음이 잇달아 나올 경우 이게 초성인지 종성인지 헷갈리지 않도록 받침 자음을 분리하기로 결심해 초성＋중성＋종성 3벌 체계로 만듭니다. 이후 발명하게 될 공병우 박사님의 타자기도 우리말 체계에 맞는 3벌식이었지요. 🦉

또한 자주 쓰는 접속어도 한 점자로 축약합니다. 다만 숫자 표기는 기존 브라유 점자 체계와 동일하게 했다고 합니다. 이처럼 점자 체계에서 받침은 별도로 표기하는 3벌식으로 정착되었지만, 당시만 해도 아직 초성에 나오는 5개의 쌍자음(ㄲ, ㄸ, ㅃ, ㅆ, ㅉ) 표기법이 지금과 달리 시옷(ㅅ)＋자음 병합 형태(ㅺ, ㅼ, ㅽ, ㅾ)였기에, 지금도 초성 쌍자음 점자는 1920년대 방식으로 쓰고 있답니다.

그후 1933년 조선어학회에서 한글 맞춤법 통일안이 나왔지만, 이미 박두성 선생님의 한글 점자가 널리 쓰이던 상황에서 점자 표기법을 바꿀 경우 생길 혼란을 우려해, 1926년 반포 당시 표기법 그대로 우리나라나 북한 모두 사용하고 있는 것입니다.

박두성 선생님은 일제의 탄압에도 한글 점자로《조선어독본》,《3.1운동》을 점자 출판하는 등, 시각장애인들의 민족의식 고취에 기여했으며, 통신 교육을 시도해 지방에 사는 시각장애인들에게 점자책을 소포로 보내고 다시 받는 방식으로 점자책 대여 활동도 진행했다고 하니, 그저 그 열정이 놀라울 뿐입니다. 🐻

당시 점자로 만든 도서가 200여 종이 넘었다고 하는데, 당시 만든 도서 중에는《천자문》,《이솝우화》등 학습서는 물론《3.1운동》,《영결김구선생》등 역사, 문학, 사회 등 여러 분야 지식을 널리 알리고

자 애쓰셨다고 합니다.

이러한 노력으로 인해 일제시대임에도 시각장애인들의 한글 점자 사용이 일반화되어 해방 후 제헌 국회에서 한글 점자 투표가 승인되었지만, 여러가지 기술적 문제로 도입되지 못하다가 1992년에서야 점자 투표가 도입되어 시각장애인들의 정치 참여가 가능해진 것이죠. 이후 교육계는 은퇴했지만 점차 책을 200여 권 직접 만드느라 시력 악화 등 각종 질환에 시달린 박두성 선생님은, 유언으로 "점자 책 쌓지 말고 꽂아 두어~."라고 하셨답니다. 무슨 의미냐고요?

(송암점자도서관)
(출처_bokjibang.com)

점자 책은 종이에 점을 찍어 표면을 울퉁불퉁하게 만든 것인데, 눕혀서 보관하면 점자 돌기가 눌려 읽기 어려우니 똑바로 세워두어야 오래 보관될 수 있다는 뜻이랍니다. 마지막 순간까지도 점자 책에 대한 애정을 보여준 것이지요. 🐻

비록 늦었지만 1999년 인천 미추홀구에 위치한 송암점자도서관 3층에 송암 박두성 기념관이 설립되었으니, 잠시 시간 내어 자녀들과 함께 '시각장애인의 세종대왕'으로 존경받으면서도 대부분 그 존재조차 잘 모르는 박두성 선생님의 발자취를 둘러보시는 것도 좋겠습니다. 🐻 (http://ibusongam.or.kr/index.php / 운영 : 매주 월~금 10시~17시, 관람료 주차료 무료)

다만, 흔히 수화(手話)라 부르는 청각장애인을 위한 수어(手語)는 박두성 선생님 같은 선각자가 당시엔 없어서 지금도 우리나라와 일본 수어는 60% 정도 동일하다고 합니다. 수어는 음절이 아니라 의미를 몸짓으로 표현하는 방식이어서 일제 시기에 우리나라나 대만에 처음 일본어 수어가 들어온 뒤 그대로 사용하다가 해방 후 개선하는 방식으로 바뀌다 보니, 여전히 주요 단어를 표현하는 방식은 일본, 한국, 대만이 동일한 경우가 많다네요.

반면 유럽어권에서는, 점자는 브라유의 방식대로 알파벳을 대응해 나라마다 유사한 반면, 수어는 같은 영어권에서도 미국과 영국이 별도로 만들어 지금도 서로 통하지 않는다고 하네요. 그래서 캐나다는 당초 영국식 수어를 쓰다가 아무래도 미국인과의 접촉이 많은지라 미국식으로 바꾸었다고 합니다. 🐻

그런데, 2020년 3월 모 방송사에서 훈민정음 관련 프로그램을 방영하면서 박두성 선생님의 업적까지 기린 건 좋았는데, 박두성 선생님이 일제시대에 한글 창제 원리를 스스로 공부해 독창적인 한글 점자 체계를 만든 업적을 부각한 것이 아니라, 다짜고짜 "남북한 통합 문자를 만드신 분이니 학생들은 그 부분 반드시 필기해라.", "유언으로도 '한글 점자만은 남북한 통일을 이뤘다.'고 만족해하셨다."는 내용을 강조한 적이 있었습니다.

정확한 팩트는, 훈맹정음은 혼란 방지를 위해 1926년 반포 당시의 원칙대로 남북한 모두 사용하고 있는 겁니다. 좀 이상해서 찾아보니 방송에서 언급한 그런 유언을 남겼다는 내용도 다른 자료에서는 나오지 않아요. 게다가 박두성 선생님은 독실한 기독교 신자로서 공산주의를 싫어하셨고, 남북 분단 이후 점자 체계를 동일하게 유지하기 위해 따로 노력한 바가 없는데, 이를 임의로 왜곡한 것이죠. 🐻 위인을 평가할 때는, 그때 상황과 그분의 입장에서 이해해야 하는데 후대에 특정 목적으로 의미를 부여하면 이 같은 왜곡이 일어나기 쉽습니다.

마지막으로 '훈민정음'을 반포한 세종대왕님처럼, 시각장애인을 위한 우리말 점자 '훈맹정음'을 만드신 박두성 선생님도 더 많이 알려지길 기원합니다. 🐻

04
시네마 천국, 불신 지옥

스트레스를 풀어주는 여러 방법 중 제가 좋아하는 건 음악감상인데요. 영화음악계의 최고 거장 '엔니오 모리꼬네(Ennio Morricone)'가 2020년 7월 6일 이탈리아 로마 자택에서 별세했습니다. 🐻

   자택에서 넘어져서 생긴 대퇴부 골절이 악화되어 1주일 만에 돌아가셨다고 하는데, 본인의 생이 얼마 남지 않았음을 직감한 모리꼬네는 코로나19로 인해 많은 피해가 생긴 이탈리아 사정을 고려한 듯 "내 장례식은 가족장으로 조용히 치르고 싶다."며 준비해두었던 유언장

(60여 년간 활동한 엔니오 모리꼬네)
(© Olivier Strecker)

을 사망 하루 전에 스스로 공개해 감동을 주었지요. 🐻

또한 그의 부음 소식이 전해진 뒤, 우리나라 페이스북에도 감동 사연이 올라와 화제가 된 바 있습니다.

정 모님이 올린 실화인데, 2007년 엔니오 모리꼬네의 첫 방한 공연 때 평소 모리꼬네의 음악을 좋아하던 어머니를 모시고 갔다고 합니다. 공연이 끝난 뒤 혹시 기념이 될까 싶어 벽에 붙은 포스터를 떼어낸 그는, 공연장을 나서다가 연주단이 버스 주차장에서 엔니오 모리꼬네를 기다리는 모습을 보고는 자기도 모르게 뛰어가 피아니스트에게 사인을 요청했다고 하네요.

간이 테이블 위에 올린 포스터 뒷면에 피아니스트가 본인 사인을 하자, 다른 연주가들도 "왜 내 사인은 안 받냐?"고 가볍게 항의를 하고는 줄을 서서 사인을 해주기 시작했다고 합니다. 한 팬을 위한 이탈리아 연주단의 역(易) 사인회가 열린 것이죠. 🐻

그러던 중 드디어 엔니오 모리꼬네가 나왔는데, 공연장에서 씩씩하게 걷던 것과 달리 창백한 얼굴로 두 경호원의 부축을 받아 겨우 걸음을 옮기고 있었다고 합니다. 당시에도 이미 다리가 심하게 안 좋았지만 관객 앞에서는 잠시 힘을 내었던 것이죠.

그때 오보에 연주자가 모리꼬네에게 달려가 장황한 제스처와 함께 빠른 이탈리아어로 기특한 한국 청년과 어머니 이야기를 하며 사인해주십사 요청했답니다. 그러자 엔니오 모리꼬네는 두 경호원에게 괜찮으니 팔을 놓아 달라고 하고는, 옷매무새를 다시 가다듬고 연주장에서 보여준 것처럼 씩씩하고 당당하게 걸어와 정 모님의 포스터에 떨리는 손으로 사인을 하고 웃으며 악수하고는, 다시금 두 경호원에게 팔을 걸친 채 겨우겨우 걸음을 옮겨 차를 탔다고 합니다.

아아~, 거장의 뒷모습은 너무 아름다웠네요. 🐻

엔니오 모리꼬네는 1928년 로마에서 태어나 트럼펫 연주가이던 아버지의 영향을 받아 어릴 때부터 곧잘 트럼펫을 불어, 아버지가 아프면 야간 클럽에서 대신 연주하며 돈을 벌어 가족을 부양했던 소년 가장이었다네요.

음악전문학교에 들어갔으면서도 악단 아르바이트 일을 하던 그는, 1943년 독일군이 로마를 차지할 때 악단 멤버로서 독일군 환영 행사장에서 트럼펫을 불었고, 불과 몇 달 뒤 로마를 점령한 미군 환영행사에서도 다시금 트럼펫을 불었다고 합니다. 🐻

이 같은 어려운 시기를 겪으며 음악원에서 연주 학위를 따지만, 작곡을 하고 싶어서 다시금 다른 음악원에 진학해 작곡 분야로도 학위를 따는 열정적인 학생이었다네요.

그는 당초 전위적인 클래식 음악을 선보였지만 그 수익으로는 도저히 가족을 부양할 수 없어 고민하다가 1961년부터 여러 TV 드라마 음악을 만들기 시작했고, 초등학교 동창이던 영화감독 세르조 레오네(Sergio Leone)가 미국 할리우드로 진출하게 되죠. 그와 함께 '황야의 무법자', '석양의 무법자' 등, 1960년대 스파게티 웨스턴이라 불린 이탈리아 자본으로 이탈리아와 스페인 등지에서 찍은 B급 서부 영화의 배경 음악을 작곡해 드디어 전 세계로 이름을 알리기 시작합니다.

당시 이들은 영화를 찍고 편집한 영상에 음악을 붙인 게 아니라, 음악을 먼저 작곡한 뒤 촬영장에 그 음악을 틀어 놓고 연기자들이 음악에 맞춰 충격전을 연기하도록 했다네요. 🐻 그래서, 영화를 보던 관중들은 음악과 혼연일체 된 장면들에 열광하게 되었고, 레오네 영화의 단골 주인공 클린트 이스트우드(Clint Eastwood) 역시 명배우의 반열에 들어서게 됩니다. 그러고 보니 이 스파게티 서부영화들이야말로 세계 최초의 대하 역사 뮤직비디오였던 셈이죠. 🐻

게다가 그전까지 영화음악은 웅장한 오케스트라 연주가 일반적이었는데, 이들은 돈이 없던 터라 단출하게 몇 개의 악기로 특정 멜로디를 지속 변주하는 스타일의 음악을 선보여 신선한 충격을 주었다네요.

예전 1970년대까진 우리나라 극장에서도 이들 이탈리아산 짝퉁

(영화 '석양의 무법자' 포스터)

서부영화가 큰 인기를 끌었는데요. 레오네 감독의 짝퉁 서부영화 중 하나인 '석양의 무법자(The Good, The Bad and The Ugly)'를 오마주한 영화가 바로 김지운 감독의 '놈놈놈'이에요. 그뿐 아니라 그 영화에 사용된 명곡 'The Ecstasy of Gold'는 헤비메탈 음악의 절대 강자, 메탈리카의 라이브 공연 시 오프닝 음악으로도 사용되고 있지요. 🐻

이후 모리꼬네는 수많은 작품을 통해 걸

작을 남기지만, 미국 주류인 앵글로색슨 계열이 아닌 이탈리아 출신인데다가 B급 서부영화 작곡가 출신이란 선입견을 가진 아카데미상 수상위원회가 그에게 음악상을 좀처럼 주려 하지 않았습니다. 당시 세계 영화음악계를 모리꼬네와 양분하던 존 윌리엄스(John Williams)에겐 여러 차례 음악상을 수여했는데 말이지요. 🐻

심지어 1986년에 상영된 걸작 '미션(Mission)'의 OST를 발표했을 때에도 음악상 후보로 올려놓고선 정작 미국 신예 재즈 작곡가에게 음악상을 수여해 당시 시상식장에서 관중들의 야유가 터져 나왔고, 평소 점잖던 모리꼬네가 그만 시상식장을 박차고 뛰쳐 나갔다지요? 🪆

그해 음악상 후보에 오른 '가브리엘의 오보에(Gabriel's Oboe)'는 이제는 누구나 아는 걸작인데 말이죠. 앗! 그 음악을 모르신다고요? 오보에 연주곡이던 그 음악에 가사를 붙인 노래가 바로 '넬라 판타지아(Nella Fantasia)'예요.

이후 1988년 작 '시네마 천국' 영화음악 역시 엄청난 화제를 불러일으키지만,

(영화 '미션' 포스터) (좌),
(영화 '시네마 천국' 포스터) (우)

아예 음악상 후보로도 올라가지 못합니다. 🐻

그후 1990년대 들어 모리꼬네는 의욕을 상실한 듯 잠시 소강상태를 보이지만, 결국 2016년 영화 '헤이트풀 8' 주제곡으로 드디어 아카데미 음악상을 거머쥐게 됩니다. 그래서 어떤 곡인가 싶어 들어봤는데, 그곡은 전위적인 음악이어서 꽤 난해합니다. 아마도 아카데미상 위원회가 그간 번번히 떨어뜨린 것이 미안해서 공로를 기려 수여한 게 아닌가 싶어요. 🐻

어쨌거나 제가 대학생일 때 본 영화 중 지금도 가장 기억에 남는 영화가 두 편인데, 그중 하나가 '죽은 시인의 사회(The Dead Poet Society)'였고, 다른 하나가 '시네마 천국'이었지요.

그 영화 속엔 명곡이 많지만 그중에서도 메인 음악으로 흐르던 '러브 테마(Love Theme)'가 정말 인상적이었고, 모리꼬네의 최대 결작 중 하나로 손꼽히는데……, 실은 그 음악이 모리꼬네의 작품이라는 건 가리지날입니다. 🐻

모리꼬네 작품인 것이 맞긴 한데, 엔니오 모리꼬네가 아니라 그의 둘째 아들 안드레아 모리꼬네(Andrea Morricone)가 만들고, 엔니오 모리꼬네가 편곡을 했거든요. 엔니오는 아들이 작곡가를 꿈꾸는 것을 반대했다지만, 집안 내력 탓인지 음악적 재능을 물려받은 아들이 만든 데뷔 음악을 듣고는 매우 흡족해하며 본인이 만들고 있던 '시네마 천국' 속에 넣은 것인데, 이게 엄청난 대박을 치면서 본의 아니게 본인의 대표작품처럼 알려지게 된 것이죠. 🐻

당시 '시네마 천국'은 천진난만한 꼬마 토토와 알베르토 할아버지의 애틋한 우정과 청년 토토의 이루지 못한 첫 사랑의 추억이 한데 어우러져 우리나라에서도 크게 성공합니다.

'시네마 천국'이란 제목을 보면 왠지 '영화 천국 불신 지옥'이 떠오르지만……, 원래 뜻은 '영화가 만드는 천국 같은 세상'이란 뜻이 아니라 그 영화 속에 나오는 작은 시골마을 영화관의 이름이에요. 즉 '천국 극장'이 배경인 영화인데, 이걸 절묘하게 번역해서 다른 느낌이 들게 한 거죠. 마치 예전 TV 드라마에서 '왕자다방'이 '커피 프린스'로 상호만 바꾼 것으로 엄청난 이미지 변화를 준 것처럼요. 🐻

하지만 이 영화에는 반전이 있었으니……, 우리가 익히 잘 알고 있는 'Cinema Paradiso'는 편집판이고, 원래 오리지날 영화는 'Nuovo Cinema Paradiso(새로운 천국 극장)'라는 제목으로 이탈리아에서 먼저 개봉했지만 반응이 신통찮았다고 하네요. 그래서 이후 해외 배급 때 원래 173분(2시간 53분)이던 영화를 무려 59분이나 잘라내 114분(1시간 54분) 영화로 편집한 것이 우리가 영화관에서 본 일반판이고, 이후 무삭제 원본 작품은 수년 뒤 감독판이라고 해서 다시 개봉됩니다.

그때는 아직 인터넷이 없어 정보가 어두웠던 터라 뒤늦게 무려 1시간이 더 긴 감독판이 있다는 사실이 알려지게 되면서 논란이 됩니다. 당시 우리나라에선 '하명중 필름'이란 회사가 이 영화를 수입해

321

배급했는데, 해당 영화사가 한번이라도 더 영화를 돌려 돈 벌려고 1시간이나 잘라낸 것이라고 오해해 지금까지도 욕먹고 있지만, 실은 해외 배급 시 전 세계에 이 편집판이 상영된 것이었지요. 🐻

1990년대 들어서 해외 배급사가 직접 한국에서도 개봉하고, 심지어 세계 최초 개봉도 할 정도로 거대 영화 수입국이 되었지만, 1980년대 말까지 해외영화는 국내 배급사를 통해 수입하도록 했고 외화 유출을 방지한다며 1년에 수입할 수 있는 영화 편 수를 제한했어요. 1970년대까지는 1년에 24편만 허락했을 정도였고, 방화(한국영화)를 많이 제작한 회사부터 우선권을 주었기 때문에 수준 이하의 한국영화가 양산되는 원인이 되기도 했어요. 🐻

그런데……, 보통 감독판이 나오고 나면, 돈에 눈멀어 가위질한 배급사를 욕하며 새롭게 해석하고 열광하기 마련인데, 오히려 이 영화는 감독판이 나온 뒤 평가가 뒤바뀝니다. 즉, 59분을 잘라낸 일반판 영화가 더 걸작이었던 거지요. 🐻

요즘은 이 감독판을 IPTV에서도 구하기 힘든데, 안 보시길 권해드립니다. 일반판이 훨씬 낫습니다. 일반판에서 느낀 아련한 첫 사랑의 추억이 감독판에서 산산이 깨지거든요. 아~, 대체 그 편집자가 누구신지, 신의 경지라 느껴집니다.

스포일러가 될 것 같은데……, 하단 내용 소개 부분은 심신노약자, 임산부는 패스하세요~. 🐻

알베르토 할아버지의 부음을 듣고 로마에서 시칠리아로 날아온 중년의 토토는 술집에서 첫사랑과 꼭 닮은 아가씨를 발견하고 그녀를 뒤쫓아가서 드디어 첫사랑 엘레나를 만나게 됩니다. 그리고 그녀에게서 알베르토 할아버지가 숨긴 30년 전 비밀을 듣게 되는데……. 알베르토 할아버지가 엘레나의 편지를 숨기고는 로마로 가서 출세하라고 등을 떠다민 것이었지요.

결국 모든 진실을 알게 된 토토는 알베르토 할배에게 배신감을 느끼게 되지만, 엘레나는 "알베르토 할아버지가 얼마나 당신을 아꼈으면 그렇게 했겠느냐."며 그를 위로해줍니다. 하지만 중년이 된 토토의 첫사랑과의 재회는 그리 아름답지 않게 끝납니다.

문득 피천득 님의 수필《인연》의 마지막 문구가 떠오르네요.

"그리워하는데도 한 번 만나고는 못 만나게 되기도 하고, 일생을 못 잊으면서도 아니 만나고 살기도 한다. 아사코와 나는 세 번 만났다. 세 번째는 아니 만났어야 좋았을 것이다. 오는 주말에는 춘천에 갔다 오려 한다. 소양강 가을 경치가 아름다울 것이다."

영화감독은 아름다운 옛 추억이 현실과 만나 그 환상이 산산이 깨어지는 장면을 통해 냉정한 현실 세계까지 담담히 담으려 한 것 같은데……, 편집본에서 느꼈던 여백의 미가 다 사라지고 TMI(Too Much Information)가 되어버립니다. 🐻

아직까지 영화 '시네마 천국'을 안 보신 분은 꼭 한번 보세요. 손수건 준비하시고~, 기분 울적할 때 보시면 더 울적해집니다. 이미 보신 분들도 좋았던 옛 추억을 떠올리면서 보시면, 아주 울적해지고

좋아요. 강추합니다. 🐻

그런데, 이 영화를 제대로 이해하려면 당시 이탈리아 시칠리아 상황을 알고 보는 게 낫습니다.

이 영화를 만든 주세페 토르나토레(Giuseppe Tornatore)가 시칠리아 출신이어서 자기가 태어나고 자란 고향 시칠리아에 대한 애정을 듬뿍 담아 지난날의 추억을 되살려냈고, 이탈리아인들은 그 속에 숨겨진 아픈 역사까지 공감하기 때문에 성공할 수 있었던 거지요.

아니 무슨 영화 하나 보라면서 시칠리아 역사 공부까지 하라는 거냐고요? 워워~, 릴렉스……. 이게 그 뭐랄까, 이탈리아 판 '국제 시장' 같은 거라서요. 쉽게 설명드릴게요. 🐻

시칠리아 역사 이야기 1

'시네마 천국' 속 꼬마 토토가 살던 시칠리아 시골 동네의 배경은 1940년대입니다. 한창 제2차 세계대전이 진행되던 시절이었지요.

우리는 시칠리아는 당연히 이탈리아 영토이고 그들을 이탈리아 인이라고 여기지만, 이탈리아반도 끝자락과 불과 2km 떨어진 시칠리아섬은 원래 시칠리아어라는 별도의 언어를 갖고 있는 등, 아주 복잡한 역사를 지니고 있습니다.

시칠리아의 원주민은 시쿨리(sicels)족이었다고 합니다. 그래서 섬 이름이 로마 시절엔 시쿨리족이 사는 나라, '시켈리아'였다가 지금

은 시칠리아로 불리게 되었는데,
이 섬의 첫 침략자는 그리스인들이
었습니다.

기원전 8세기 당시, 시칠리아로 이
주한 그리스 이주 식민도시들은 경제
적으로 번성하여 '大그리스(메갈레 헬라
스(Megale Hellas), 또는 마그나 그라에키아
(Magna Graecia)')라고 불릴 정도였는데,
페르시아 제국과의 전쟁에서 승리한 후
아테네와 스파르타 간 내전, 펠로폰네소스
전쟁이 발발합니다. 펠로폰네소스 전쟁 후반기에 아
테네군은 시칠리아 최대 도시국가인 시라쿠사를 정벌하
러 출정했다가 전원 몰살당하는 패배를 당한 것이 결정적 원인이 되
어, 결국 스파르타에게 항복하게 되지요. 게다가 전염병까지 유행
한 건 덤…… 🐻

당시 시라쿠사 원정을 주장했던 알키비아데스는 적국 스파르타
로 도망쳐 조국 아테네를 괴롭혔고, 이후 페르시아로 망명했다가 또
다시 아테네로 복귀하는 등 파란만장한 삶을 살다가 암살당하게 되
는데, 결국 그 때문에 스파르타에 패배했다고 여긴 아테네인들은 그
의 스승인 소크라테스를 탄핵해 사형시키고 말지요.

예전에 학교 철학 시간에 배울 때에는 '소크라테스가 청소년들을
잘못된 길로 인도한 게 무슨 사형씩이나 당할 죄일까?' 라고 생각했

(이탈리아
시칠리아섬)

는데, 알고 보니 그는 그저 동네 할배가 아니라 아테네 귀족 자제들의 정신적 스승 역할을 했던 것이죠. 그런데 정작 그가 키운 제자들이 모두 사고뭉치 정치가와 군단장으로 자라나 결국 전쟁도 패해 스파르타에 항복했다고 여긴 반대 세력에겐 아테네를 망친 적폐 1호로 보일 수밖에 없던 속사정이 있던 것이죠. 🐻

그렇게 대단하던 시칠리아-그리스 동맹은, 이후 카르타고와 로마 공화국 사이에 끼었다가 제1차 포에니 전쟁 후 로마에 편입당하게 됩니다. 그후 서로마 제국이 망한 뒤 동고트 왕국에 이어 반달 왕국의 지배를 받다가 잠시 동로마 제국 영토가 되지만 뒤이어 이슬람 세력에 점령당하게 되면서, 지금도 시칠리아에서 가장 큰 도시인 팔레르모가 시라쿠사를 대신해 시칠리아섬 중심 도시가 되지요. 다만 9~10세기 이슬람의 파티마 왕조 시기가 시칠리아섬으로선 오히려 최고 전성기였으니, 아랍 세계로부터 오렌지, 레몬, 아이스크림 등 신문물을 받아 촌동네 유럽 기독교 세계로 전파시키며 중계 무역으로 잘살게 됩니다. 🐻

(팔레르모 쿠바 궁전에 새겨진 이슬람 아라베스크 문양)

하지만 다시금 기독교 세력이 팽창하며 노르만 (바이킹)이 지배하면서 무슬림과 유대인을 다 쫓아내고, 왕이 왕자를 낳지 못하자 사위이던 신성로마 제국(독일) 호엔슈타우펜(Hohenstaufen) 왕가로 넘기지요. 이후 신성로마 제국 황제이자 시칠리아 왕으로서 6차 십자군 전쟁으로 예루살렘 왕까지 된 프리드리히 2세 통치 시절, 시칠리아는 다시금 이슬람 상인들과 유대인 학자들까지 모이는 번성을 누리게 됩니다. 그러나 호엔슈타우펜 왕가가 이탈리아 남부를 거쳐 나폴리까지 점령해 이탈리아 중부의 교황령을 사이에 두고 위 아래를 다 차지하자 로마 교황청이 위기감을 느낍니다. 이에 교황은 독일과 앙숙이던 프랑스와 결탁해 "이교도와도 친하게 지내는 저 위험한 왕을 가만둘 수 없다."며 프리드리히 2세를 파문하고, 기독교 세계를 지킨다는 명분으로 전쟁을 일으켜 결국 프랑스 앙주(Anjou) 왕가가 남이탈리아와 시칠리아를 차지하게 됩니다.

하지만 새 통치자 샤를이 십자군 원정을 준비하면서 엄청나게 착취를 하자, 시칠리아 주민들이 옛 주인인 호엔슈타우펜 왕가 세력을 끌어들여 앙주 가문을 쫓아냅니다. 기쁨도 잠시, 이 독일 왕가도 아들을 낳지 못해 사위인 아라곤(Aragon) 왕가가 이 섬을 지배하게 되고, 이후 아라곤 왕국과 카스티야 왕국이 합병해 스페인 왕국이 되면서 결국 오랜 기간 스페인의 영토가 되지요. 🐻

당시 스페인은 오스만투르크 해군과 맞상대하고, 콜럼버스가 발견한 신대륙으로 무역을 확대하면서 무적함대 '아르마다' 군함을 만들기 위해 시칠리아섬의 나무를 죄다 베어갑니다. 그래서 울창한 산림과 밀 농사가 잘 되어 비옥하던 시칠리아섬은 이후 황량한 풍경이 되었고, 지금껏 복구가 되지 않은 상황입니다. 🐻

(시칠리아섬의
올리브 농사)

그후 1859년~1870년 이탈리아 통일 전쟁을 통해 시칠리아가 스페인에서 다시 이탈리아로 편입되지만, 북부 피아몬테 지역 및 사르데냐섬을 기반으로 한 사보이(Savoy) 왕가가 통일을 주도했고 경제적으로도 북쪽이 풍족했는지라, 시칠리아는 늘 외진 촌동네 신세를 면치 못하게 됩니다. 시칠리아는 지금도 여전히 농업이 주력이라 북부에 비해 국민소득이 절반 수준이라고 합니다. 🐻

(토리노 첨탑,
몰레 안토넬리아나)

프랑스나 독일에 비해 선진 국스럽지 않아 보이는(?) 이탈리아는, 실제로는 공업력이 우수한 나라입니다. 에펠탑(1889년) 이전 유럽에서 가장 높은 건물은, 자동차 도시로 유명한 통일 이탈리아 왕국의 첫 수도였던 토리노에 있는 첨탑 '몰레 안토넬리아나(Mole Antonelliana)'(1863년 건축, 167.5m)였고, 오랜 기간 자동차 경주대회에서 빨간색 이탈리아 페라리 경주차가 잇달아 우승해 '이탈리안 레드'라는 색상 명칭도 존재하고, 지금도 영국, 스페인과 함께 유럽연합 전투기를 공동 생산하는 나라이기도 하죠. 🐻

그래서 유럽 덕후였던 미야자키 하야오(宮崎駿) 감독은 애니메이션 '붉은 돼지'에서 20세기 초 이탈리아 상황을 묘사하면서 '이탈리안 레드' 비행기를 타는 남자를 주인공으로 설정했지요. 라이벌은 '프렌치 블루' 비행기를 몰고요.

다시 시칠리아로 돌아와서, 이처럼 열악한 환경에 처한 시칠리아인들은 19세기부터 나폴리 등 남부 이탈리아 사람들과 함께 신대륙 미국이나 남아메리카로 이민을 갔고, 그후 일자리가 없던 빈민층은 당시에는 세계적 부자 나라이던 남미 아르헨티나의 이탈리아 이민자 마을까지 식모살이를 하러 가지요. 🐻

이탈리아 작가 에드몬도 데 아미치스(Edmondo De Amicis)의 아동 소설 《쿠오레(Cuore, 사랑의 학교)》속, 한 달에 한 번씩 선생님이 학생들에게 읽어주는 단편소설이란 형태로 수록한 액자소설 《엄마 찾아 삼만리》이야기가 바로 그 시절을 배경으로 합니다. 그 단편소설의 원 제목은 《Dagli Appennini alle

(영화 'Dagli Appennini alle Andes' 포스터, 1959년 작) (구글 이미지)

Andes(아펜니니 산맥에서 안데스 산맥까지)》인데, 1880년 꼬마 소년이 엄마를 찾아 이탈리아 제노바에서 배를 타고 아르헨티나 내륙까지 찾아간 실화를 바탕으로 쓴 소설이지요. 🐻

당시 워낙 유명한 이야기여서 이탈리아 사람들이라면 소설 제목을 보고 바로 이해를 했겠지만, 동양에선 낯선 산맥 이름을 그대로 쓰면 이해가 쉽게 안 되니 일본에서 번역할 때 총

〈일본 애니메이션
'엄마 찾아 삼천리' 포스터〉
(ⓒ Nippon Animation
Co., Ltd.)

이동한 거리 25,910km(일본 식으론 6554리) 중 엄마를 만나기 전 절반 거리를 일본 척도 기준으로 환산해 감성적인 제목,《엄마찾아 삼천리(母をたずねて三千里)》라고 의역했던 거지요. 하지만 일본에서 쓰는 1리(里) 거리는 4km인 반면, 우리나라에서 쓰는 1리(里) 거리는 400m로 10분의 1 거리여서, 일본 번역 제목을 다시 우리말로 번역하면서 우리니라 표기법에 맞게 3만리로 적용한 것이죠. 🐻

그런데 프랑스 쥘 베른(Jules Verne) 작가의 SF 소설인《해저 2만리(Vingt mille lieues sous les mers)》는 실은 '해저 20만리'가 맞는데, 당시 첫 번역한 분이 우리나라와 일본의 '리' 거리가 10배 차이난다는 사실을 모르는 바람에 그리 되었다네요. 지구 바다를 온통 헤집고 다닌 노틸러스 잠수함이 마르코 어린이보다 적게 이동한 건 말이 안

되지요. 🐻

　그나저나 130여 년 전 G7 국가에 해당될 정도로 잘살던 아르헨티나는, 거대한 국토와 풍부한 산물을 가진 자원 부국이었음에도 20세기 중반 이후 잘못된 경제 정책으로 망했어요. 반면 이탈리아는 발달된 공업력과 명품, 관광 산업 등으로 2차대전 패전국에서 당당히 G7 선진국이 되었고요.

시칠리아 역사 이야기 2

1922년에 이탈리아에서는 파시스트 무솔리니 정권이 들어섭니다. 독재자이자 또라이로 악명을 떨친 그이지만, 일찌감치 영상물의 선전효과를 간파한 인물이기도 했습니다. 프랑스 뤼미에르 형제에 의해 영화가 발명된 지 얼마되지 않아, 이미 1920~1930년대에 미국 할리우드 상업영화가 전 세계를 제패하던 때였으니까요.

　무솔리니는 과거 로마 제국의 부흥을 외치며 북아프리카 튀니지, 리비아에 이어 1935년 에티오피아를 침공해 식민지로 만든 뒤, 히틀러와 손을 잡고 발칸반도와 북아프리카 전역을 이탈리아 영토로 만들 궁리를 하며 군사력을 키우기 시작합니다. 🐻

　이에, 전 국민에게 영화를 통해 이탈리아의 부흥을 세뇌시키겠다고 생각한 무솔리니는 시골까지 영화관을 만들게 강제합니다. 그리고 1주일마다 새로운 뉴스를 만들어 영화 상영 전에 틀게 하지요.

아직 TV가 없던 시절, 아주 저렴한 가격에 영화를 볼 수 있게 된 이탈리아 국민들은 주말마다 극장에 가서 이탈리아 국가가 나오면 일어났다가 '이딸리아 느우~스'를 본 뒤, 본 영화를 즐기게 됩니다. 30여 년 전까지 영화관을 다니신 분들은 왠지 익숙하게 느껴지죠? 그게 다 무솔리니가 최초로 시작한 거예요. 🐻

그래서 무솔리니의 영화관 장려 정책에 힘입어 토토가 살던 시칠리아 깡촌에도 마을 광장에 '천국 극장'이 들어섰는데, 그런 시골 마을에서 돈이 벌릴 리가 없으니 그 마을 성당 신부가 정부 지시로 영화관을 운영하게 되었지요. 그래서 신부님은 새로운 영화가 들어오면 본인이 먼저 관람하면서 남녀상열지사가 나오기만 하면 가위질한 겁니다. 그래서 잘린 키스신 필름을 모은 알베르토가 토토에게 마지막 선물로 남기게 되는 거고요. 🐻

(무솔리니와 히틀러)

이 같은 무솔리니의 선전 효과는 엄청났기에 독일 히틀러와 소련 스탈린마저 그 기법을 배워갔을 정도였어요.

사실 무솔리니는 당시 다른 독재자들과 달리 마키아벨리의 《군주론》을 분석해 박사 학위까지 받고, 독일에서는 독일어로 연설까지 한 고학력자였거든요. 🐻

그런데 꼬마 토토가 알베르토와 만

나던 당시는 1940년대 2차대전 기간, 당시 토토 아버지는 징집당해 러시아 전선에 나가 있었습니다. 그 당시 이탈리아는 동맹국 독일을 지원해준다며 24만 명의 청년을 러시아 전선으로 보냈다가 절반이 사망하거나 실종됩니다. 영화에서도 어느날 '주간 이딸리아 늬우스'에서 사망통지서보다 먼저 토토 아버지의 전사 소식을 접하게 되는 거예요. 🐻

그후 영화에선 안 나오지만 1943년 시칠리아섬에 영국군과 미군이 상륙하게 됩니다. 미쿡 영화 '패튼 대전차군단(Patton)'을 보면 당시 영국군 사령관 몽고메리와 미군 패튼 장군이 서로 먼저 이탈리아 반도와 연결되는 도시 메시나를 점령하려고 하는데, 패튼 장군이 뛰어난 영도력으로 먼저 도착해 영국군 콧대를 누르는 장면이 나와요. 하지만 그 뒤에는 숨겨진 이야기가 있었으니……, 마피아들의 협조가 미군의 승리에 큰 몫을 차지했다고 합니다. 😶

마피아라고 하면 검은 차를 타고 나타나 상대편을 향해 기관총을 난사하여 벌집을 만들고 유유히 사라지는 영화 속 장면을 떠올리는데, 이건 오리지날 맞습니다. 🐻

1920~1930년대 시카고 등지에서 마피아 가문끼리 대낮에 당당히 피의 보복을 했거든요. 영화 '대부(The Godfather)', '언터처블(Untouchable)'이 그 시대를 배경으로 하지요. 하지만 지금은 그런 짓은 하지 않습니다. 거물들은 이미 1930~1940년대 소탕되었고, 현재 마약, 매춘 등은 거의 멕시칸 조직에게 넘어갔고, 샌프란시스코는 중국 삼합회가 장악하고, 마피아는 합법적인 기업체로 변신한 상

(어쩌다 우유 배달의 개척자가 된 마피아 두목, 알 카포네)

황이라고 합니다. 가장 유명한 변신 사례가 알 카포네(Al Capone)의 우유 배달 사업이지요. 현재 우리에게 익숙한 우유의 냉장보관 이동과 유통기한 설정은 다 마피아 사업체가 처음 시작한 거랍니다. 🐻

원래 마피아는 시칠리아 서부지방에서 19세기 중반 결성된 비밀결사조직이었어요. 섬의 주인이 수시로 바뀌던 험한 시절이다 보니 스스로를 지키기 위해 만든 비밀결사조직이 점점 커진 것이 이후 권력집단화된 것이라고 합니다. 그래서 혈연 관계로 뭉친 여러 '패밀리' 조직들이 탄생하게 되었습니다.

그러다가 이민 열풍 속에 마피아 중 일부 세력이 미국으로 건너갔는데, 그만 이들 지파가 미국에서 각종 이권에 개입하면서 대성공을 해버린 겁니다. 대표적인 것이, 금주령 시절에 몰래 술을 만들어 판 거였지요. 그 이후엔 우유 배달 독점, 담배 판매 등등. 그들은 연예계 쪽에도 영향력을 행사하기 시작해 이탈리아계인 가수 프랭크 시나트라(Frank Sinatra)가 이들 마피아의 후원 덕에 유명해졌단 소문도 있지요. 🐻

그런데 당시 유럽전선 총 사령관 아이젠하워는 히틀러와의 전쟁보다 동맹국 영국과의 갈등에 더 노심초사했다고 하지요. 당시 시칠리아 상륙 후 이탈리아 본토로 진격하기로 했는데, 잘 안 알려져서 그렇지 이 시칠리아 상륙 작전은 1944년 노르망디 상륙 작전 8만 명보다 더 많은 16만 명이 참여한 사상 최대의 상륙 작전이었어요. 하지만 영국군 몽고메리 장군과 미군 패튼 장군이 워낙 사이가 안 좋아 결국 영국군과 미군이 따로따로 상륙하기로 했는데, 결국 영국군이 훨씬 유리한 동쪽 해안으로 상륙하는 것으로 결론납니다.

이 같은 상황에서 국가 간 자존심을 걸고 미국은 자국 내 든든한 자산(?)인 마피아를 이용해 대역전극을 구상하기에 이릅니다. 그래서 미국 정보부는 1930년대 소탕 작전을 벌여 감옥에 있던 마피아 대부들을 소환해 미군의 시칠리아 진격 시 현지 마피아의 힘을 빌려주면 톡톡히 신세를 갚겠다고 했다네요. 그래서 이들 미쿡 마피아가 고향땅 원조 마피아와 연락을 주고받습니다. 그러자 시칠리아 마피아는 한발 더 나아가 '이참에 미국 편에 붙어서 지긋지긋한 이탈리아 2등 국민 신세를 벗어나 하와이처럼 미쿡의 한 주로 편입되자!'라는 야심찬 꿈을 꾸게 됩니다. 그들이 이렇게 오버하게 된 건 그동안 무솔리니가 시칠리아 깡촌 마피아들을 죄다 잡아 사형시키고 있었기에 이탈리아를 무척 미워했거든요. 🐻

그래서 이들 마피아는 1943년 7월 10일, 막 상륙에 성공한 미군과 접촉해 작전을 공유한 뒤, 미군 진격로에 먼저 차를 끌고 가서 이탈리아군에게는 빨리 도망가라고 알려주고, 영국군 진입로에는 목재와 돌을 던져 길을 막는가 하면, 도로 표지판도 엉뚱하게 꽂는 등, 아주 적극적으로 훼방을 놓았다네요. 결국 미군 군단이 먼저 팔레르모와 메시나 시청사에 성조기를 꽂게 도와주었기에, 그후 미국 정보부는 이들의 공을 인정해 감옥에 있던 거물 마피아들을 국외 추방 형태로 모두 시칠리아로 돌려보냅니다. 🐻

하지만, 그후 미국은 이들 시칠리아인들의 바람과 달리 시칠리아는 이탈리아 영토로 남겨둡니다. 그 대신 2차대전 참전에 대한 책임을 지라며 베네치아 공화국 시절부터 이탈리아 영토로 인정받던 그리스 앞바다 섬들을 그리스 영토로 돌려주게 하니, 로도스섬 등이 비로소 그리스 영토가 됩니다. 이때를 묘사한 영화가 1980년대 이탈리아 영화 '지중해'이지요. 예전에 그 영화를 보면서 '왜 2차대전 때 그리스 섬에 이탈리아 징집병들이 가서 고생을 했지?' 의아했는데, 최근 그 이유를 알게 되었네요. 🐻

그래서 결국 미국의 한 주로 편입되지 못한 데 치를 떤 일부는 아예 시칠리아 자주 독립을 하자며 무장봉기에 나섭니다. 이에 살바토레 줄리아노(Salvatore Guiliano)가 이끄는 독립군 게릴라가 1950년까지 시칠리아 내륙 일대를 휘젓게 됩니다. 당시 우리나라는 해방 후 혼란기라 전혀 이런 해외 뉴스에는 관심을 쏟을 여유가 없었지만, 유럽 내 소수 민족들은 예의 주시하며 마음 속으로 독립을 응원하고 있었다고 합니다. 🐻

하지만 이 살바토레 줄리아노를 처치한 것도 결국 마피아였다고 하네요. 당초 마피아도 살바토레를 응원했다지만, 미국 마피아와 손을 잡고 시칠리아는 물론 이탈리아 전역에서 경제활동으로 부를 거머쥐게 되면서 환골탈태한 소위 '도시 마피아' 입장에서 봤을 때, 시칠리아의 독립은 요원하니 이탈리아 새 정부와 손을 잡는 게 낫다고 여긴 거겠지요.

이후 여전히 마피아가 시칠리아를 장악하고 있다는데, 지방정부 공무원, 경찰, 검찰, 시의원, 심지어 신부님 중에도 존재한다고 합니다. 그리고 이런 공적인 영역뿐 아니라 민간 경제에서도 가족회사 형태로 합법적인 경제활동을 영위하고 있기에 어디까지가 마피아인지 아무도 알지 못한다고 합니다. 🐻

참! 그런데 무슨 이야기를 하다가 마피아 얘기까지 나온거죠? 아, 맞다! 영화 '시네마 천국' 배경 이야기하던 중이었죠? 🐻

그래서 이 같은 암담한 현실의 시칠리아섬에서 토토가 화재로 불타버린 자리에 새로 만든 극장, '새 천국 극장(Nuovo Cinema Paradiso, 오리지날 영화 제목)'에서 영사기사나 하고 있는 게 안타까웠던 알베르토 할아버지는, 청년 토토에게 "로마로 가서 출세해라. 다시는 이 답 없는 시칠리아로 돌아오지 말아라."고 충고한 것이죠. 🐻

당시 엘레나와의 연애가 깨져 낙담하던 청년 토토는 엘레나가 다시 만나자고 쪽지 보낸 걸 알베르토 할배가 숨긴 줄은 꿈에도 모른 채, 저 망할 시칠리아를 떠나 로마로 유학을 가서 출세하면서 30년 동안 고향에 편지 한번 보내지 않게 되었던 거지요.

이처럼 시칠리아섬의 불쌍한 역사를 알고 보면 영화에 대한 이해가 더 잘될 거예요. 아마도…… 🐻

어쨌거나 아름다운 음악을 남겨주신 엔니오 모리꼬네 옹을 추모하며 글을 마칩니다.

우리나라 근현대사는 참으로 굴곡진 사건의 연속이었습니다. 이에 따라 수 많은 선조님들이 혼란의 시대를 살아오면서 숱한 고생을 하셨지요.

항일 투쟁 최초의 영웅 안중근 의사와 어린이날을 만든 방정환 선생님. 그리고 해방 후 우리 민족의 농업기술 혁명을 이끈 우장춘 박사. 마지막으로 6.25 전쟁 최초의 승리에 바탕이 된 손원일 제독 이야기까지. 20세기 초반 우리나라의 훌륭한 조상님들의 잘 알려지지 않은 발자취를 찾아가봅니다.

5부

우리 근현대사 최초·최고

01
항일 투쟁 최초의 영웅, 안중근 의사

이제 우리나라 역사 속 이야기를 해야 할 것 같네요.

"하루라도 책을 읽지 않으면 입 안에 가시가 돋는다." 이 유명한 말씀을 하신 분은? "안중근!"이라고 다들 답하시겠지만……, 이건 가리지날입니다. 🐻

물론 안중근 의사께서 그 구절을 붓글씨로 써서 남기긴 했습니다만, 실은 마음 수련 차원에서 쓴 여러 옛 명언 문구 중 하나래요. 오리지날 글은 "一日不讀書(일일부독서), 口中生荊棘(구중생형극)"입니다. 조선 후기에 사대부들 사이에서 널리 유행하던 격언이어서 여러 문필가의 저서에 등장하고 있습니다만, 누가 처음 쓴 글인지는 아직 모른다고 합니다.

그 의미는 "책을 읽어서 학식을 풍부하게 하지 않으면, 상대에게 상처를 주는 가시 돋힌 말을 하게 된다."는 것이죠. 즉, 매일매일 지식을 연마해 자신을 다스리라는 의미입니다. 그런데 많은 이들이 "책을 안 읽으면 입에 가시가 돋아 밥을 못 먹는 듯한 고통을 느낀다."라고 엉뚱한 해석을 하는 경우가 보이더군요. 흠…… 이게 다이어트 명언이냐! 🐻

다시 진지한 궁서체로……, 구한말 항일 의거에 한 획을 그은 안중근 의사의 일대기를 간단히 소개하고자 합니다.

(안중근 의사)

예전에 설문조사에서 초등학생들에게 "안중근 의사가 누구냐?"고 물었는데 이렇게 답했다고 하네요.

"상하이에서 도시락 폭탄 던지신 애국지사"는 그나마 양호한 수준. (설마, 이게 정답이라고 끄덕이진 않았죠?)

"우리나라 최초의 Doctor"라는 답변까지 나왔다죠. (제중원이냐?) 🐻

정답은 '민족의 원흉, 이토 히로부미를 하얼빈에서 권총으로 처단한 독립투사'입니다만, 마지막 순간에 앞서 그의 일생을 알고 보면 불과 짧디 짧은 30년 인생에서 정말 다이내믹한 삶을 살다 가신 분이 안중근 의사이십니다.

청소년 안중근 : 빨간 옷을 입은 동학군 킬러

안중근 의사의 고향은 황해도 해주입니다. 할아버지는 진해현감, 아버지도 진사 출신인 양반 집안에서 1879년에 태어난 안중근 의사는, 유복한 어린 시절을 보냅니다. 원래 이름은 안응칠(安應七)이었는데, 배에 북두칠성 모양의 점 7개가 있어서 그랬답니다.

그런데 이 어린이는 어느덧 성장해 청소년기에 사람 잡는 뛰어난 명사수가 됩니다. 응? 🐱

당시 구한말 어수선한 시기에 안씨 집안 집성촌에선 도적떼를 막기 위해 자경단을 만들었다고 하지요. 《알아두면 쓸데 있는 유쾌한 상식사전》 4권 '한국사 편'의 홍길동 이야기에서 소개했듯이, 조선 말기부터 전국에 활빈당이란 이름의 도적떼가 곳곳에 나타나 양반 부잣집을 털면서 사람까지 해치는 경우가 많았다고 합니다. 역사 시간에 조선 말기가 되면 너도나도 양반 행세를 하게 된다고 나오는데, 오리지날 양반들은 정체성에 위기를 느끼고 같은 집안끼리 수십여 가구가 한데 모여 사는 집성촌을 만들면서 '우리야말로 진짜 양반'이라는 증거를 내세우던 시절이었습니다.

청소년 시절 안중근 의사는 집안 어른께 배운 사격술이 매우 뛰어났다고 합니다. 그가 16세 되던 1894년, 동학농민운동이 일어나 황해도에도 번지자 당시 관군의 요청으로 안씨 집안 자경단이 동학농민군을 진압했는데, 안중근은 우수한 지도력으로 박석골 전투에서 많은 동학교도를 사살합니다. 그래서 붙은 별명이 '천강홍의장군

(天降紅衣將軍, 하늘에서 내려온 붉은 옷 장군)'이었다고 하지요. 어찌 보면 안중근 의사의 흑역사 시절이긴 합니다만, 당시 조선 정부와 양반 계층이 보기에 동학교도는 조선 왕조를 전복하려는 불온 세력이었던 겁니다. 이처럼 모든 사건에는 양쪽 입장을 다 고려해서 봐야 하는 거지요. 게다가 더 아이러니컬한 사실은, 이 당시 해주 동학단 청년 지도자는 19세의 김구 선생님이셨어요. 🐻

그렇습니다. 우리가 아는 그 김구 선생님입니다. 이분도 해주가 고향이에요. 그런데 동학운동 실패로 쫓기던 김구 선생님이 선택한 피난처가 바로 안중근 집이었으니, 토벌대장 집에 은신한 겁니다. 얼핏 들으면 이해가 안 되겠지만……, 원래 안중근 의사의 아버지와 김구 선생이 잘 알던 사이인지라 안중근 아버지는 그를 숨겨주셨다고 하네요. 그러니 관군은 설마 동학 토벌에 협조한 자경단 대장 집에 동학교도 접주가 숨어 있을 줄은 꿈에도 몰랐겠지요. 🐻

그래서 무려 1년 동안 김구 선생이랑 안중근이 같은 집에서 살게 되는데, 안중근은 김구 선생이 그저 아버지가 챙기는 옆 동네 형님인줄로만 알았지, 본인이 잡으러 다닌 동학교도 중간대장인 줄은 꿈에도 몰랐다고 하죠. 김구 선생이 안중근보다 세 살 많았습니다.

그런데 김구 선생도 토벌대 행동대장님 대하기가 어색하긴 매한가지. 이후 김구 선생이 안중근의 동생 딸을 맏며느리로 삼았고, 1930년대엔 안중근의 둘째 아들이 일본인들에게 아버지의 잘못을 빌고 다닌다는 얘기에 분기탱천하여 암살 명령까지 내리는 상황이 되었으니, 그 인연이 참 복잡했습니다. 🐻

그런데 당시 안중근 의사의 아버지가 동학 농민들로부터 빼앗은 쌀 500석을 국가에 귀속하지 않고 맘대로 썼다고 하여 탄핵을 당하게 되는 일이 벌어집니다. 이에 천주교회를 찾아가 프랑스 빌렘 신부의 도움을 받아, 실은 그 쌀을 자경단 군량미로 활용했다는 증언을 받아내어 무사히 위기를 넘기면서 집안이 천주교로 개종하게 되며, 안중근도 토마스(당시엔 도마)라는 세례명을 받게 됩니다.

20대 안중근 : 좌충우돌 독립투사

안중근 의사가 27세 되던 1905년, 러일전쟁에서 승리한 일본은 결국 을사늑약을 통해 조선의 외교, 국방권을 빼앗아버립니다.

이에 안중근 의사는 망해가는 조국을 되살리고자 열강의 조차지였던 상해로 건너가 외국 공관을 돌며 외교를 통한 독립활동을 전개하려 하지만, 당시엔 여의치 않았다고 하네요. 그러던 중 이듬해 아버지가 돌아가시자 귀국해 진남포에 삼흥학교, 돈의학교를 설립하고, 평양에선 광산회사를 설립하는 한편, 1907년 조만식 선생 등이 주도한 국채보상운동이 일어나자 관서지부장으로 활동하며 부인의 금반지, 비녀 등, 전 가족의 장신구를 모두 헌납하죠. 🐻

하지만 이런 방식으로는 독립이 요원하다고 느낀 안중근은 결국 무력 투쟁밖에 해답이 없다고 결론 짓고, 러시아 연해주로 망명해 1908년에 300여 명 규모의 의병부대를 조직하고 '대한의군'이라 칭

합니다. 이후 두 차례 두만강을 건너 함경북
도 경흥과 신아산 지역 일본군 수비대를 급
습하여 여러 명의 일본군을 사살하고, 10여
명의 일본군과 일본인 상인을 포로로 잡는
성과를 올립니다.

(대한국인 혈서)
(구글 이미지)

벗뜨, 그러나……, 안중근 의사는 독실한
천주교 신앙심으로 일본군 포로를 풀어주
었는데, 이들이 복귀해 독립군 위치를 알려
주는 바람에 일본군의 공격을 받아 대패하게 되
면서 의병부대는 와해되고 안중근 의사는 왕따가
되어버립니다. 🐷

이처럼 평판이 땅에 떨어져 독립의병 모집이 불가능해진 안중근
의사는, 뜻을 같이한 동지 11명과 함께 1909년 1월 약지를 끊어 피
로 맹세하는 단지동맹을 맺으며 재기 의지를 불태우니, 이때 그 유
명한 '대한국인(大韓國人)' 혈서가 만들어집니다.

30대 안중근 : 조국을 위해 이토 히로부미를 쏘다

재기에 안간힘을 쓰던 안중근 의사는 1909년 9월, 이토 히로부미가
만주 지역을 시찰하고 을사늑약을 러시아로부터 양해받기 위해 하
얼빈으로 온다는 사실을 알게 됩니다. 이에 이토를 사살하여 조국

독립에 기여하겠다고 결심하고, 동지 3명과 함께 하얼빈으로 출발하게 됩니다.

이토 히로부미(伊藤 博文)는 우리에겐 아주 나쁜 인물이지만, 일본 입장에선 메이지유신 후 일본 초대 총리대신뿐 아니라 두 차례 총리대신을 역임하면서 일본의 근대화를 추진한 위인입니다. 두 차

(이토 히로부미)

례 총리대신을 역임한 후, 은퇴해 편히 쉬어도 될 나이에 일본 제국의 확대를 위해 대한해협을 건너와 고종 황제를 구워 삶아 일본으로의 병합을 유도한 뒤, 드디어 1905년 을사늑약을 체결해 대한제국의 외교권과 국방권을 무력화하고 초대 조선통감을 맡은 인물이었기에, 한때 일본의 1000엔 지폐 속 인물로 채택되기도 했습니다. 🐻

당시 조선을 노리던 청나라와 일본의 외교전은 명백히 일본이 노련했습니다.

임오군란이 터졌을 때 불과 25세 청년, 위안스카이(원세개, 袁世凱)를 보내 고종을 윽박지르던 청나라와는 달리, 일본은 초대 총리 출신의 환갑이 넘은 고령의 정치 거물을 보내어 고종의 환심을 사게 하니, 외교 면에서 한 수 위였지요.

이런 거물이던 이토 히로부미를 처단할 결심을 한 안중근 의사는, 1909년 10월 26일, 권총을 품에 넣고 하얼빈 기차역에 도착해 이

토 히로부미가 내리길 기다립니다. 하지만, 안 의사에겐 치명적 약점이 있었으니……, 이토가 어떻게 생겼는지 얼굴을 몰랐던 겁니다. 🐻

(안중근 의사의 최후 행적)
(구글 이미지)

왜 안중근 의사는 이토 히로부미의 얼굴을 몰랐을까요?

당시는 사진이 매우 귀한 시절이었고, 4년 전이던 1905년에 이토 히로부미가 기차를 타고 가다가 원태우 의사의 돌팔매에 얼굴을 맞는 암살 미수 사건을 겪은 후, 본인 사진을 신문 등에서 쓰지 못하게 함에 따라 안중근 의사는 이토의 얼굴을 모른 채 모든 것을 운에 맡긴 겁니다.

응? 이토 히로부미 암살 미수 사건이 있었다고요? 그 주인공인 원태우 의사도 처음 듣는다고요? 🐻

그분은 안중근 의사의 선배 되시는 애국지사입니다. 1882년 경기도 과천군에서 태어난 원태우(元泰祐) 의사는 농민이었지만, 1905년 11월 17일 을사늑약이 체결되어 나라가 망하게 되었다는 소식을 접

이토 히로부미

꽥!

원태우 의사

하자, 23세 젊은 나이에 이토의 암살을 결심합니다.

그런데 마침 을사늑약 체결 5일 후인 11월 22일, 이토가 수원에서 경치 구경을 한 후, 오후 6시 15분 안양역에서 기차를 타고 서울로 간다는 소식을 접합니다. 이에 동지들과 함께 기차 철로에 돌을 깔아 전복시키려 했으나, 주변에 이미 일본 경찰이 배치되어 있어서 기찻길 접근이 여의치 않았다네요. 이에 먼발치에서 기차를 노려보고 있었는데, 경사로에서 기차가 천천히 달리자 창가에 앉은 이토가 보였답니다. 이에 원태우 의사가 큰 돌을 하다 들어 집어던졌습니다. "죽어라~!" 🐻

놀랍게도 50여 미터를 날아간 돌은 정확히 이토가 앉아 있던 좌석의 창문을 깼다고 합니다. 때문에 깨진 유리가 이토 얼굴에 박히면서 넘어져 뇌진탕을 일으켰지만 같이 타고 가던 일본 의사의 응급 처치로 목숨을 건졌던 겁니다.

아아~, 달리는 기차에 돌을 던져 이토 히로부미의 얼굴을 정확히 저격한 한국판 다윗이자, 20세기 주몽, 원태우 의사님.

하지만 그 직후 일본 경찰에 체포되어 혹독한 고문을 받아 불임이 되었을 뿐만 아니라 몸에 흉측한 흉터가 남게 되고, 이후 일본 경찰에 의해 위험인물로 감시받게 됩니다. 이후 석공으로 일생을 보내다 해방을 맞이하지만 1950년 68세 나이에 사망한 뒤 1990년 8월 15일에야 뒤늦게 건국훈장 애족장을 추서받으셨고, 안양역에 기념 조각상이 세워지죠. 하지만 당시 23세 청년 농민이던 원태우 의사님을 갓 쓴 할아버지처럼 조각한 건 옥에 티로 보이네요. 🐻

안중근 의사만큼 위대하신 또 한 분의 애국지사를 이렇게 소개해 드렸네요.

이처럼 원태우 의사의 돌 공격을 받은 적이 있던 이토 히로부미는, 이후 어디에서건 극도의 경계 속에 동행자들과 모두 복장을 통일

(안양역에 있는 원태우 의사 조각상)
(출처_ngoanyang.or.kr_4272)

원 태 우(元泰祐)의사

하고 다녔다는데, 이날도 여러 일본 대신들과 중절모에 검정 롱코트로 깔맞춤하고 하얼빈역에 내렸다고 합니다. 그러니 누가 누군지 분간이 안 되던 난감한 상황이었는데, 하늘이 도우셨는지 당시 환영차 플랫폼에 나온 일본인들이 환영 인사를 외치자 이토가 잠시 뒤돌아 손을 흔들며 답례하게 됩니다.

이 순간 안중근 의사는 뒤돌아 손을 흔든 이가 이토 히로부미임을 확신하고선 총알 3발을 정확히 저격합니다. 그리고 혹시나 하는 마음에 다른 4발로 주위 인사들도 저격하지요. 청소년기부터 동학군을 잡던 명사수였으니까요. 그리고는 러시아어로 "꼬레아 우라(대한 만세)"를 외쳤다고 해요. 🐻

당초 계획으로는 하얼빈이 러시아 조차지이므로 러시아 법원으로 넘겨

(안중근 의사와 함께한 우덕순, 유동하, 조도선) (출처_KBS '역사저널 그날' 캡처)

질 것이고, 러시아인들에게 일본의 조선 병합 시도를 저지해줄 것을 역설해 국제 여론을 움직여 을사늑약을 무효화한다는 구상이었지만, 자기네 전직 총리가 암살당한 데 분노한 일본은 러시아 정부에 극렬 항의하며 "대한제국은 이미 일본의 보호국이며, 따라서 한국인도 일본의 사법권 대상자"라고 우겨서 일본이 점유한 여순 감옥으로 끌고 가버립니다. 🐻

하지만 이미 큰 국제 뉴스가 되어버린 상황이라 해외의 눈을 의식한 일본은, 최대한 공정한 재판이 이루어진다고 과시하려고 변호사까지 붙여주고 각국 언론을 상대로 재판을 공개하는 등, '쌩쑈'를 하게 되는데, 안중근 의사는 "나는 암살범이 아니라 '대한의군 참모중장'으로서 정당한 전투를 한 것"이라고 주장하며 동양평화론을 제시합니다. 당시 안중근 의사 등 암살 주동자로 재판을 받은 4명 중 러시아어 통역을 맡았던 유동하는 겨우 17세 청소년이었다고 하죠.

안중근은 아직 어린 유동하 군을 살리기 위해 '전혀 모르는 사이'라고 잡아뗐고, 유동하는 징역 1년 6개월 후 풀려났지만 결국 1918년 무장 독립군 활동 중 일본군에 잡혀 현장에서 총살당하고 맙니다. 이렇게 이름없이 숨져간 애국지사들을 꼭! 기억해주었으면 합니다. 🐻

그 이후는 다들 잘 아시다시피, 안중근 의사는 사형 선고를 받지만 어머니 조마리아 여사는 "상소해 목숨을 구걸하지 말고 당당히 죽는 것이 효도"라며 깨끗한 흰 수의까지 지어보내셨다니……, 정

이 어미는 웃음거리가 될 것이다
너의 죽음은
너 한 사람의 것이 아니라
조선인 전체의
공분을 짊어지고 있는 것이다

조마리아 여사
안중근 의사 어머니

(안중근 의사의 어머니, 조마리아 여사) (출처_KBS '1박2일' 캡처)

말 눈물이 앞을 가리네요. 🐻

그런데…… 당시 일본에 의해 강제 퇴위당해 덕수궁 태황제로 뒷방 늙은이 신세가 되어 있던 고종은, 이토 히로부미가 암살당했다는 소식에 기뻐하기는커녕 상복을 입고 곡을 하면서 "아버지 같은 분을 잃었다."고 원통해했다고 하지요. 정작 본인 아버지 흥선대원군 빈소에도 가지 않았던 고종인데 말이죠. 🐻

이후 안중근 의사는 유언을 통해 광복이 되면 조국 땅에 묻어 달라고 하셨지만, 여전히 유해를 찾지 못한 상황입니다. 또한 안중근 의사가 사형 선고를 받은 2월 14일이 하필 발렌타인데이여서, 그 의미도 날로 퇴색되어 가는 게 안타깝기만 합니다. 🐻

그런데! 현재까지도 일본 우익들은 안중근 의사를 테러리스트라고 주장하고 있고, 심지어 손가락을 자른 것은 야쿠자 같은 건달이나 하는 것이라고 비아냥거리기까지 하지요. 👹

일부 우리나라 지식인들도 "온건 노선이던 이토 히로부미를 죽이는 바람에 강경파가 득세해 보호국에 머물렀을 조선이 다음해 곧바로 합병되고 강압 통치로 이어지게 되었다."고 비판하지만, 이토가 살아 있었더라도 합병은 어차피 준비되고 있었다고 합니다.

따라서 일본이 우리나라를 식민지화한 후 이토 사망에 분개해 10년간 폭압정치를 하지 않고 처음부터 유화정책으로 나갔다면, 3.1 독립운동이란 거센 저항에 직면하지 않았을 것이고, 1920년부터 유화책을 구사하여 효과를 보기 시작한 조선인들의 일본 동화가 더 빨리 진행되어 이후 독립운동은 더욱 요원했을 겁니다.

조국을 위해 목숨을 바친 독립운동가 중 대표격으로 소개드린 안중근 의사의 파란만장한 짧은 삶에 대한 글을, 먹먹한 마음을 안고 이만 마칠까 합니다.

02
방정환 선생님과 어린이날

이번에는 불행했던 일제 치하 식민지 시절, '어린이'란 단어를 처음 만드시고, '어린이날'을 처음으로 제정하신 방정환 선생님에 대한 이야기를 할까 합니다. 설마 방정환 선생님이 누군지 모르시진 않지요? 🐻

현재 우리가 어린이날로 기념하는 5월 5일을 방정환 선생님이 정한 것이라고 많은 분들이 알고 있지만, 그건 가리지날입니다. 방정환 선생님의 첫 어린이날은 5월 1일이었습니다. 🐱

이게 뭔 소린가 싶으실 텐데요, 일단 소파 방정환(方定煥) 선생님에 대해 알아봅시다.

몸집이 거대해 1인용 의자로는 도저히 감당이 안 되어 소파(sofa)를 애용하시매 호를 '소파'라 했다는 풍문이 남아 있는……, '소파

(小波)' 방정환 선생님을 우리는 그저 '아동문학가이자 어린이날을 만든 푸근하고 친근한 방뚱뚱 아저씨'라고 알지만, 이분의 짧디 짧은 33년 인생은 매우 치열했습니다.

'소파(小波)'라는 방정환 선생님의 호는 '작은 파도에서 큰 움직임을 이끌어낸다'는 의미로 만든 것이라고 합니다.

방정환 선생은 지금의 세종문화회관 뒷편인 당주동에서 어물전과 쌀집을 운영하던 방경수 씨의 장남으로 태어났는데, 어릴 적 아버지가 사업에 실패하고 어머니마저 돌아가셔서 고모 집에 얹혀 살 정도로 집안 형편이 궁핍했다고 합니다. 그런 상황에서 아버지가 새장가를 들자 어린 방정환 선생은 마음을 못 잡고 방황했지만, 신학문을 배우겠다는 열정에 댕기머리를 자르고 보성소학교 유치원에 입학해 무려 열 살 나이에 '소년입지회'란 조직을 만들어 동화 구연, 연설 등을 시작하셨다고 합니다. 너무 조숙한 거 아님? 이거 실화냐? 🐼

이후 〈청춘〉, 〈소년〉 등 각종 잡지에 투고를 하던 학생 저술가 방정환 선생은, "새어머니가 아픈데 병원비가 없으니 돈을 벌라."는 아버지의 부탁에 선린상고를 중퇴하고 조선총독부 토지조사국에 취직하지만, 본인의 처지를 비관해 계속 방황하던 중 천도교에 입문하게 되고, 이것이 일생의 전환점이 됩니다.

방정환 선생님의 재능이 워낙 특출했기에 곧 천도교 청년회에서 두각을 나타내게 되는데, 이를 눈여겨본 이가 있었으니 바로 3대 천도교(동학) 교주 손병희 선생님이셨어요.

(천도교 교주, 최제우(1대), 최시형(2대), 손병희(3대)) (출처_thetomorrow.kr)

이에 1917년 19세 나이에 손병희 선생님의 셋째 사위가 되어 처가에 머물며 동지들과 비밀결사조직 '청년구락부'를 결성해 활동하게 되고, 1918년 7월에 장인이 운영하던 보성전문학교(지금의 고려대학교) 법학과에 입학합니다. 🐵

이 무슨 신데왕자 스토리 같지만, 즐거운 날은 오래 가지 않았으니……, 결혼하고 채 2년도 안 된 1919년, 장인어른이 주축이 된 3.1 만세 운동이 시작되고, 방정환 선생은 독립선언문을 인쇄하다가 일본 경찰이 들이닥치자 등사기를 우물에 던져 증거를 없애버립니다.

일본 경찰 입장에선 3.1운동 주동자의 사위이니 당연히 의심했을 터. 방정환 선생도 잡혀가서 고문을 받았지만 증거불충분으로 1주일 만에 풀려납니다. 하지만 그와 같이 활동하던 몇몇 천도교 청년회 동지들은 결국 고문을 못 이겨 옥사하고 장인어른도 장기 투옥하게 되니, 본인도 위험인물로 찍혀 일본 경찰의 감시 대상이 되고 맙

니다. 🐻

이후 다른 독립운동가들이 평화 운동의 한계를 느끼고 무장 투쟁을 하러 만주로 떠나가지만, 방정환 선생은 장인어른의 뜻을 받들어 "다음 세대에게 민족 혼을 심어 훗날을 도모하자."는 장기적인 독립 운동을 전개하고자, 일본 도쿄 도요대학 철학과에 입학해 아동문학과 아동심리학을 공부합니다.

1920년부터 4년간의 일본 유학 시절에도 천도교에서 창간한 종합 월간지 〈개벽〉 객원기자로 활동하는데, 1920년에 번역 동시인 '어린이 노래 – 불 켜는 아이'를 기고하면서 처음으로 '어린이'라는 단어를 만들어냅니다. 당시엔 어린이를 어린놈, 애새끼 등등 비하하는 단어가 난무하던 시절이라, 방정환 선생은 이를 안타깝게 여겨 "모든 사람은 존중받아야 합니다. 젊은 사람은 젊은이, 늙은 사람은 늙은이라 부르듯이 어린 사람은 어린이라 존칭해야 합니다."라고 주장하며 어린이를 존중하자고 하셨지요. 👀

이처럼 방정환 선생은 어린이들의 교육받을 권리, 인격체로서의 권리를 생각하면서 1921년 5월 1일, 천도교 교인들의 자녀들을 모아 '천도교 소년회'를 만듭니다. 뒤이어 1922년 5월 1일, 천도교 소년회 창립 1주년을 기념해 처음으로 '어린이날'이라 부르며 유교사상에서 벗어나 "앞으로는 어른, 아이 서로가 존댓말을 쓰자."는 운동을 전개하고, 일본 유학 동료들과 '색동회'를 조직합니다. 2002년 한·일 월드컵 당시에도 엄격한 한국식 서열문화가 소통에 장애가 된다고 여긴 히딩크 감독은 선수끼리 반말을 쓰라고 했고, 학교나 회사에서도 '야자타임'을 갖기도 하지만, 서로 존댓말을 쓰자고 한 방정환 선생님 방식이 더 낫다고 여겨지네요. 🐻

이 같은 어린이 계몽운동이 널리 알려지자 1년 뒤인 1923년 5월 1일 경성(서울) 시내 소년단체 회원들과 관계자 등 1000여 명이 모인 가운데 '조선소년운동협회' 주관으로 전국 단위 행사로서 새로이 어린이날을 선포하니, 이날을 공식적인 첫 어린이날로 여기고 있습니다. 그러고 보니 2023년이면 어린이날 선포 100주년이 되겠네요. 🐻

하지만 당시만 해도 잔칫날이 아니라 어린이들의 권리를 사회에 호소하는 행사였기에, 일부러 노동절을 택해 선포일로 삼았다고 하지요. 이후 천도교 소년단을 중심으로 1925년에는 30만 명의 어린이들이 5월 1일 새벽 6시부터 나팔을 불며 "욕하지 말고, 때리지 말고, 부리지 말라!"고 구호를 외치며, '어른에게 드리는 선전물'이란 전

(소파 방정환 선생) (좌), ((어린이) 잡지 표지, 오른쪽부터 왼쪽으로 읽어야 함) (© 한국학중앙연구원) (우)

단지를 배포했다고 합니다. 기록을 보다 보면 어린이날이 오히려 어린이들에게 더 빡센(!) 하루였던 거 같습니다. 🐻

이처럼 유학 시절에도 방학이면 귀국하여 천도교 내 어린이 조직을 만들고 어린이날 창립을 주도한 방정환 선생은, 1923년 3월 국내 최초의 소년 잡지 〈어린이〉를 창간하지만, 창간호 구매자는 고작 8명…… 🐱

실천하는 CEO, 방정환 선생은 좌절하지 않고 직접 전국을 돌며 연 70회, 총 1000여 회나 동화 낭독회를 열어 큰 인기를 끌게 됩니다. 그러면서 낭독 행사장에서 〈어린이〉 잡지를 판 것이 주효해, 전성기에는 10만 부나 팔렸다고 하는데, 당시 2000만 명 인구에 식민지 시절임을 감안하면 대단한 실적입니다. 🐻

(만화영화 '77단의 비밀' 포스터)
(구글 이미지)

하지만 필진이 부족한지라 본인이 직접 30여 개의 필명으로 돌려막기 식으로 글을 써야만 했는데, 지금껏 알려진 대표적인 소설은 바로 《77단의 비밀》이지요.

이 소설은 1978년 극장용 만화영화로 만들어져 큰 인기를 끌었는데요. 이 만화영화는 당시 식민지 조선에서 인기 끌던 일본 서커스단이 실은 77단이란 무서운 아편 밀매 조직으로, 조선 어린이들을 납치해 중국으로 인신매매하던 것을 '흑두건'이 나타나 응징한다는

스토리인데, 그 '흑두건'의 정체는……, 스포일러라 생략! 🐯

하지만 이 만화영화 스토리는 가리지날이었으니, 원작 동화에선 흑두건은 나오지 않아요. 원래 이야기는 일본 서커스단에서 혹사당하던 상호라는 주인공 소년이 자신이 어릴 적 납치당한 조선인이라는 출생의 비밀을 알게 되어 여동생 순자와 함께 탈출하려다가 혼자 성공하지요. 남겨진 동생을 구하기 위해 결국 만주 봉천까지 추격하지만 현지 중국 경찰들이 수수방관하자 결국 현지 한인회 어른들이 합세해 각목을 들고 쳐들어가 서커스단을 박살내고 여동생을 구했는데, 알고 보니 그 한인회장이 자신의 친아버지였다는 이야기였어요.

이후 방정환 선생은 1927년 여러 어린이단체를 통합한 '조선소년연합회' 회장이 되는 등, 열심히 어린이 운동을 이끌자 일본 경찰은 강연회마다 따라다니며 감시했는데, 어찌나 구슬프게 구연을 잘하는지 감시하러 왔던 조선인 앞잡이들도 관객들과 같이 엉엉 울어버렸다고 하죠. 🐻

방정환 선생은 강연회 발언 내용이 문제가 되어 감옥에 갇힌 적도 여러 번인데, 감옥 내에서도 어찌나 구연을 잘하는지 나중에는 재소자와 간수들이 "제발 좀 더 있다가 나가라."고 하소연했다고 합니다. 거 참~, 이봐요들! 🐻

하지만 식민지 국가에서 태어나 제대로 존중받지 못하는 어린이를 사랑하는 마음에 '조선소년연합회' 초대 회장을 수락했던 방정환 선생은, 조직 내 좌익 운동가들에 의해 어린이 운동이 계급 투쟁 노선으로 변질되자 환멸을 느껴 모든 외부 활동을 접고 편집과 출판에만 몰두하게 되며, 어린이날 행사를 주관하게 된 색동회 역시 정치적으로 이용당하는 것을 방지하고 더 많은 이들이 행사에 참여하도록 하기 위해, 1927년에 어린이날을 5월 1일 노동절에서 5월 첫째 주 일요일로 변경합니다.

방정환 선생은 이처럼 너무나 다양한 활동을 전개하셨지만, 엄청난 거구에 줄담배를 피워 젊은 나이에도 비만, 당뇨, 고혈압을 앓아 심각한 대사증후군을 보이고 있었다고 합니다. 야사에 따르면 원래 방정환 선생은 청소년기를 가난하게 살아 몹시 허약했는데, 안타깝게 여긴 장인어른이 보약을 마구 해먹여 그 부작용으로 비만이 되었다고 하네요. 🐻

하지만 1928년 20여 개 나라 작품을 모은 '세계아동예술전람회'를 개최하는 등 왕성하게 활동하던 방정환 선생을 쓰러뜨린 건, 일제의 탄압이 아니라 동종 업계의 비신사적 행위에 따른 한국인 고유의 질병, 홧병이 발생한 것이 주 원인이었습니다.

즉, 모 잡지사에서 새 잡지를 창간하면서 〈어린이〉 잡지 유통 담당 인력들을 왕창 스카우트하는 바람에 잘나가던 잡지 판매 조직이 와해되어버린 충격으로, 1931년 7월 17일에 그만 쓰러진 것입니다. (그 문제의 잡지는 지금도 나옵니다만……) 🐻

그후 불과 1주일 만인 7월 23일, 대한의원(지금의 서울대병원 시계탑 건물) 병실에서 "여보게, 문간에 검정 말이 모는 검은 마차가 와서 기다리니 어서 가방을 내다주게. 어린이를 두고 가니 잘 부탁하오."란 말을 남기고 하늘나라로 먼저 여행을 떠난 것이지요. 당시

그의 나이 고작 33세……. 🐻

이처럼 방정환 선생이 갑작스레 돌아가신 후 1934년 일제는 〈어린이〉 잡지를 폐간했고, 중일전쟁이 발발하면서 1937년 소년단체 해산 명령이 떨어져 어린이날 행사도 더이상 열지 못하게 됩니다. 그래서 해방이 된 후에야 어린이날 행사를 다시 열게 되는데, 해방 정국은 좌우 이념 경쟁이 극심하던 시기여서 좌파는 원래대로 5월 1일에 하자고 주장하고 우파는 색동회가 변경했던 5월 첫째 일요일을 기념일로 삼자고 했는데, 마침 1946년 5월 첫째 일요일이 5월 5일이었다네요. 그러자 좌파에서도 순순히 5월 5일을 수용했는데, 실은 5월 5일은 칼 마르크스의 생일이기도 하기에 이날로 타협했다는 설도 있습니다. 🐻

그래서 이때 합의한 5월 5일이 지금껏 전해지고 있고, 1948년에는 어린이날 노래가 만들어졌고, 1975년부터 국경일이 되었습니다. 하지만 1980년대까지 어린이날이 되면 각 시도 종합운동장에서 초등학생들이 오랜 기간 연습한 각종 매스게임을 하고 교장, 교감선생님 등 어른들은 이를 즐기는 괴랄한 풍경이 연출되었지요. 방정환 선생님이 살아 계셨으면 호통치셨을 광경입니다. 🏆

그런데, 일본도 5월 5일이 어린이날입니다.

일본은 도쿠가와 막부 시절인 에도 시대부터 여자아이 어린이날은 음력 3월 3일 삼짓날로 정해 종이 인형을 장식하고 강이나 하천에 띄워 보내는 '하나마츠리(ひな祭り)'라는 전통이 있었고, 남자아이 어린이날은 음력 5월 5일 단오날로 정해 잉어 모양의 원통형 자루를 장대에 세우는 '코이노보리(鯉のぼり)'란 전통이 있었습니다.

이후 메이지유신 당시 이들 날짜를 그대로 양력으로 바꾸고 공휴일로 지정한 것도 1948년이니, 우리나라보다 빠릅니다. 그런데 문제는……, 남자아이 어린이날만 공휴일로 정하고, 여자아이 어린이날은 아직도 평일이라는 거~. 🐻

참고로 세계 최초의 어린이날은 언제였을까요? 1857년 미국 목사 찰스 레너드(Charles Leonard)가 6월 둘째 주 일요일을 '장미의 날'로 기념했는데, 이것이 어린이날로 정착된 것이 최초라고 합니다. 두 번째로는 터키공화국이 1920년에 4월 23일을 어린이날로 선포했고, 우리나라는 앞서 설명한 것처럼 1923년에 대중화되었지요.

그후 1925년 제네바에서 열린 '아동 복지를 위한 세계 회의'에서 국제어린이날을 6월 1일로 정했는데, 이게 어쩌다 보니 주로 공산권

(여자 어린이날 하나마츠리 하나인형)
(출처_koya~culture.com) (좌)
(남자 어린이날 코이노보리 장대) (우)

국가들의 어린이날이 되었습니다. 그래서 북한도 방정환 선생님의 뜻을 저버리고, 소련을 따라 6월 1일을 어린이날로 정했습니다. 게다가 공휴일이 아니라네요. 🐻

　지금까지 복잡다단했던 어린이날의 유래를 설명드렸는데요. 이처럼 어린이날 창시자로 널리 알려진 방정환 선생은 뒤늦게 1980년 건국포장, 1990년 건국훈장 애국장을 받으셨습니다.

　독자분들도 이제부턴 어린이날 사랑스러운 자녀에게 선물을 안기기 전에 어린이날의 유래를 설명하면서, 언제 해방될지 알 수 없었던 엄혹한 시절에 한 줄기 희망을 품고 어린이들을 바르고 곱게 성장시키기 위해 애쓰신 방정환 선생님 등 수많은 독립운동가들의 눈물을 함께 되새겨보았으면 좋겠네요. 🐻

03
'씨 없는 수박'을 처음 만든 사람은?

요즘 젊은 친구들은 잘 모르긴 하던데, '씨 없는 수박'을 처음 만든 사람이 누구일까요?

모두들 자신있게 "우장춘~"이라고 답하실 터이지만……, 이제 눈치 채셨지요? 이것도 가리지날입니다. 🐻

실제로 1943년에 '씨 없는 수박'을 세계 최초로 발표한 사람은, 일본 교토제국대학 기하라 히토시(木原均) 박사입니다.

우장춘 박사님은 1936년에 씨 없는 수박을 만드는 근거가 되는 '종의 합성'이란 기초 이론을 제시했고, 이를 바탕으로 일본 학자가 개발했기에 연구의 기초를 제공한 분이긴 합니다만, 팩트로 따지면 우장춘 박사님 본인이 최초로 만든 건 아니죠.

그럼 왜 우장춘 박사가 '씨 없는 수박'의 최초 발명자란 오해가 생겠을까요?

그것은 1950년 3월, 조국을 위해 일본에서 돌아온 세계적 육종학자 우장춘 박사가 육종학이 왜 중요한지, 국산 채소 종자가 왜 믿을 만한 것인지를 알려줄 '결정적 한 방'으로 1955년에 씨 없는 수박을 재배해 선보였고, 당시 정부에서 '한국 과학기술의 쾌거'라며 널리 알렸기 때문이죠. 게다가 당시로선 일본이 먼저 개발한 거라고 사실을 보도할

(우장춘 박사님. 별명은 불독)

사회적 분위기도 안 되었겠지요. 🐻

그보다 먼저 우장춘 박사가 어떤 분인지 그의 일생을 알아봅시다.

세계적 과학자, '한국 농업의 아버지' 우장춘 박사는, 1898년에 한국인 아버지 우범선, 일본인 어머니 사카이 나카 사이에서 일본 도쿄에서 태어나셨습니다. 다만 그에게는 출생의 비밀이 있었으니, 우 박사의 아버지 우범선은 명성황후(민비) 암살사건, 즉 '을미사변'에 가담했다가 일본으로 망명했기에, 고종이 암살하라고 지시한 역적이었단 겁니다. 🐻

우범선은 19세이던 1876년 무과 과거시험에 급제한 수재로서, '근대화에 가장 먼저 성공한 일본을 본받아 개화해야 한다'는 철학

을 가지고 있었다고 합니다. 이후 청일전쟁에서 일본이 승리하자 친일파가 득세하면서 1895년 일본이 주도한 별기군 훈련대가 창설되고 우범선은 제2대 대장을 맡게 됩니다.

그러나 러시아, 프랑스, 독일 3국 간섭에 의해 일본이 청일전쟁 대가로 얻어낸 요동반도를 다시 청에게 돌려주게 되자, 러시아가 일본보다 더 강하다고 인지한 조선 왕실은 친러파 인사를 대거 기용하게 되지요. 이 여파로 일본이 주도한 별기군 훈련대 해산이 결정되자, 일본 편에 기울었던 우범선은 일본군 수비대 미야모토 다케타로 소위에게 달려가 해산 소식을 알려줍니다.

이 정보를 보고받은 미우라 고로 일본 공사는 이미 준비하고 있던 명성황후 살해 계획인 '여우사냥' 작전에 이들 훈련대를 끌어들이게 됩니다. 이에 훈련대가 해산되기 전에 거사를 해치우고자, 경복궁 침입 계획을 당초 10월 10일에서 이틀 앞당기기로 하고 우범선에게 동참할 것을 제안하지요. 이에 청과 러시아에 빌붙어 조선의 발전을 저해하는 민씨 일가가 물러나야만 조선이 제대로 될 것이라는 신념에 동조한 우범선은, 해산 명령을

(우장춘 박사 가족 사진, 좌로부터 우범선, 우장춘, 사카이 나카)
(출처_steemit.com/kr)

받아 분노에 찬 훈련병들을 끌어들여 10월 8일 새벽, 일본 살해단들과 함께 현재의 서대문 경찰서 앞에서 집합한 후, 흥선대원군까지 가마에 태워 경복궁으로 진격합니다. 당시 경복궁을 지키던 군사들은 이들 일본 낭인과 조선 훈련대가 사다리를 타고 넘어올 때 아무도 대항하지 않고 도망쳤다지요? 🙄

이처럼 허무하게 경복궁 정문이 열리자 일본 자객단들이 일제히 명성황후의 처소인 경복궁 북쪽 끝 건청궁을 향해 돌격해 들어갑니다. 이후 우범선과 훈련대원들이 흥선대원군을 모시고 뒤따라 도착했을 당시에는, 이미 명성황후와 궁녀들이 칼에 베어진 상황. 우범선은 명성황후의 얼굴을 모르는 자객들에게 살해당한 이들 중 누가 명성황후인지 확인시켜주었다고 합니다. 🐻

당초 일본은 흥선대원군의 사주를 받아 우범선 등 조선 군인들이 명성황후를 살해한 것으로 왜곡하려 했지만, 당시 경복궁에 머물던 러시아 설계사 사비친 등이 이 광경을 목격해 러시아 공사관에 사건의 진실을 알리면서 일본의 만행이 들통나게 되지요. 이후 절치부심하던 고종이 러시아 공사관으로 피신하는 '아관파천(俄館播遷)'에 성공한 뒤, 우범선 등 일본 협조자에 대한 체포령을 내립니다.

이에 우범선은 1896년 1월, 한국인 아내와 두 딸은 한양에 남겨둔 채 일본 공사관의 협조 속에 부산을 거쳐 일본으로 망명한 뒤 도쿄에서 살던 중, 주인집 하녀인 사카이 나카(酒井 仲)와 결혼하여 1898년에 우장춘을 낳은 뒤, 그해 처의 언니 부부가 살고 있던 히로시마현 구레시로 이사갑니다.

그러나 결국 우범선은 1903년, 망명 7년 만에 고영근 의사에게 피살됩니다. 고영근은 원래 민씨 가문의 실력자 민영익의 시중꾼으로, 궁중을 출입하면서 명성황후의 총애를 받아 종2품 경상좌도 병마절도사까지 출세한 인물였기에 "국모를 살해하는 데 앞장선 우범선을 처단하라."는 고종의 밀명을 받아들여 일부러 파직당한 뒤 1899년 일본에 건너가지만, 이미 히로시마현 시골 도시로 거처를 옮긴 우범선이 어디에 사는지 알아내기가 쉽지 않았다고 하지요.

　그래서 3년 만에 드디어 거처를 알아내자 우연인 듯 우범선의 집에 나타납니다. 극도로 경계하는 우범선에게 "나도 당신처럼 조선에서 쫓겨난 망명객"이라고 소개하며 "이 근처에서 살 집을 구하는데 도와 달라."며 접근해 같이 밥도 먹고 술도 마시는 등, 반년 이상 살갑게 지내면서 우범선의 경계를 느슨하게 합니다. 이후 고영근은 확실한 암살 성공을 위한 동료가 필요하다고 판단해 민영익 집안 마당쇠 출신인 노윤복을 불러들이고, 드디어 1903년 11월 24일 암살을 단행합니다. 🐻

　참고로, 사극에 총각 마당쇠가 자주 나오지만 그건 가리지날. 양반댁 노비 중 가장 높은 직책이 마당쇠입니다. 즉, 노비 중에서 똑똑하고 경험이 풍부한 사람만이 총괄책임자인 마당쇠가 될 수 있었습니다. 고영근은 "집 계약을 도와주셔서 고맙다."며 저녁을 대접하겠다고 우범선을 불러들인 뒤, 식사를 하다가 본인은 단도로 목을 찌르고 노윤복은 뒤에서 쇠망치로 머리를 내리쳐 우범선을 살해하는데 성공합니다.

거사 성공 직후 고영근과 노윤복은 인근 파출소를 찾아가 자수하면서 "국모의 원수를 갚았다!"고 외쳤다고 합니다. 🐻

이 암살 사건은 그 직후 일본 신문들에 대서특필되었고, 이후 재판정에서 고영근은 "사형은 달게 받겠으나 '적괴참살복국모수(賊魁斬殺復國母讐, 적괴를 참살하여 국모의 원수를 갚는다)' 8자를 반드시 판결문에 넣어 달라."고 요구하고, "노윤복은 종범으로 방조한 자이니 감형해 달라."고 당당히 요구합니다.

당시 이 의거에 감복한 일본인 변호사들마저 "이들은 의사(義士)이며, 충신이나 효자의 살해 행위는 경감해준 판례가 있다."며 형량을 감해야 한다고 주장하지만, 결국 고영근 사형, 노윤복 무기징역형을 언도받게 됩니다. 이 사건은 당시 우리나라에도 널리 알려져 이들 애국지사를 사면토록 요구해야 한다는 의견이 분출되고, 고종역시 하야시 곤스케 주한 일본공사를 불러 선처를 요청합니다.

이에 명성황후 살해사건의 주도자인 고무라 외상은 하야시 공사에게 "한국에 대한 호의 표시로 천황의 명으로 이들의 등급을 한 등급씩 감형해줄 터이니 고종 황제에게 잘 설명하라."고 지시합니다. 즉, 일본 천황의 시혜로 감형된다고 생색을 낸 겁니다. 조선 국모를 살해한 작자들이 적반하장은 무슨~. 🎤

이후 1904년 고영근은 사형에서 무기징역으로, 노윤복은 무기징역에서 12년 형으로 각각 감형되었고, 고종은 특사로 방문한 이토 히로부미에게 고영근의 한국 송환을 특별히 당부하기에 이릅니다. 이후 고영근은 11년 만에 석방되어 고국으로 돌아와 고종에게 임무

완수 보고를 드린 후, 고종이 승하하자 고종과 명성황후의 능 옆에 집을 짓고 능을 지키는 능참봉으로 평생을 살다 갑니다. 🐻

이처럼 우범선이 피살될 당시 우장춘은 우리 나이로 겨우 5세. 어머니 사카이 나카는 둘째 아들을 임신 중인 상황이었습니다. 갑작스런 남편 사망에 본인 역시 부모도 없이 언니 하나만 있어 의지할 데가 없던 우장춘의 어머니는, 돈을 벌기 위해 오랫동안 우장춘을 도쿄의 한 사찰인 희운사(喜運寺)에 맡기게 됩니다. 예전 우범선과 사카이 여사의 중매를 섰던 이가 바로 희운사 주지스님이었거든요.

이 같은 소식에 당시 일본 망명 중이던 박영효가 "아버지 우범선이 일본에 도움을 준 인물이니 마땅히 후손을 돌봐줘야 한다."고 일본 정부를 설득해, 조선총독부 사이토 미노루 총독이 중학교 학비와 양육비가 지원되도록 도움을 주어 드디어 우장춘은 어머니가 있는 구레시로 돌아가 구레중학교에 입학하지만, 아버지도 없이 일본 땅에서 조선인으로 차별받는 불우한 삶을 살게 됩니다. 🐻

하지만 어머니 사카이 나카 여사는, 비록 배울 기회를 얻지 못해 글을 쓰고 읽지 못했지만 강단 있는 여성이었습니다.

중매 당시에도 이미 살해 위협을 받는 망명객임을 알면서도 그 인물됨에 반해 결혼했고, 남편의 암살 가능성을 줄이고자 언니네 집 근처로 이사를 가는 등 남편을 보호했지만 결국 살해되자, 다음날 집에 찾아온 신문기자들에게 "그토록 조심하라고 했는데 그의 운명이 거기까지였나 보다. 안타깝다."라고 인터뷰에 응할 정도로 냉철하게 현실을 직시했습니다.

그랬기에 재혼하지도 않고 홀로 우장춘을 키우며 학교에서 따돌림받고 좌절하던 우장춘에게 "길가에 핀 민들레는 아무리 짓밟혀도 꽃을 피우는데 사내가 쉽게 눈물을 보이고 좌절하면 되느냐!"며 다독이고 강하게 키우셨다고 하네요. 🐻

이에 우장춘 선생은 "조선의 혁명가였던 아버지처럼 세상에 도움이 되는 사람이 되어라."는 어머니의 독려에 각성하여 열심히 공부에 매진합니다.

당초 수학에 흥미를 느껴 공학부 진학을 꿈꾸지만 장학금을 지원하는 조선총독부가 "조선은 농업 국가이니 농과대학에 가서 연구하라."며 등을 떠밀어 어쩔 수 없이 1916년 4월 1일 도쿄제국대학 부설 전문학교 농학부 실과에 입학합니다.

그리고 입학 초기에 자신의 정체성을 인식하게 되는 결정적 사건을 접하게 됩니다.

어느 날 조선총독부 관리가 도쿄에 거주 중인 조선 출신 학생들을 모아 놓고 천황 폐하의 은덕에 대해 일장연설을 하자 와세다 대학생 김철수가 단상에 뛰어올라가 그의 멱살을 잡고 항의하다가 우장춘을 알아보고서는, "너의 부친이 매국한 것에 속죄하려면 조선 독립을 위해 네가 배운 것으로 봉사하고, 절대 너의 조선인 성을 갈아서는 안 된다."고 다그쳤다고 합니다. 🐼

이에 아버지의 비밀을 알게 되어 충격을 받은 우장춘 선생은, 조선인으로서의 숙명을 더 자각하면서 1919년 8월에 학교를 졸업하고 1920년 일본 농림성 농사시험장에 취업해 1937년까지 근무하며 나팔꽃 유전 연구에 몰두합니다.

이 당시 부업으로 중학생 대상 과외를 했는데, 무조건 암기하도록 가르치지 않고 직접 생각해 풀 수 있도록 기본부터 착실히 가르쳐주자 그 부모가 매우 흡족해했다고 합니다. 그러던 어느날 그 학생의 이모인 와타나베 고하루(渡邊小春)가 방문했다가 두 사람 사이에 애정이 싹트게 되었다네요. 너무 착실한 도쿄제국대 출신 과외선생에게 흡족해하던 학생의 어머니는 동생과의 결혼을 주선하고 우장춘의 어머니도 동의했다고 합니다. 🐻

하지만 그녀의 부모는 우장춘이 조선인 혼혈이란 이유로 결혼을 극렬히 반대하고 나섭니다. 그러자 와타나베 고하루는 단호히 친정과 의절하고 1924년 우장춘과 결혼한 뒤 시어머니를 지극 정성으로 모시고 남편의 뒷바라지를 착실히 했다고 하지요. 이처럼 우장춘은 현명하신 어머니와 아내 덕분에 연구에 매진할 수 있었다고 합니다.

그러나 차마 자녀들에게는 자신과 같은 고난을 물려줄 수가 없다고 여긴 우장춘은 아내의 조언을 받아들여, 친정과 의절한 고하루 여사가 지인인 스나가 고헤이의 양녀가 되고 본인은 데릴사위가 되는 형식으로, 새로이 스나가 나가하루(須永長春)란 일본 이름을 받고 자녀들에겐 스나가 성씨를 쓰게 하죠. 하지만 본인은 새 성씨를 쓰지 않고, 일본 논문에는 우장춘(禹長春), 영어 논문에는 'Nagaharu U'로 표기하며 조선인이란 정체성을 지켰습니다. 🐻

이런 가운데 신혼생활의 즐거움도 잠시, 농사시험장 동료들이 차별을 하자 그는 다시 이를 악물고 낮에는 농사시험장에서 근무하며 밤에는 야간 박사과정을 밟아, 1930년에 '나팔꽃의 유전에 관한 주제'로 박사 논문을 완성합니다. 그러나 도쿄대학에 제출하기로 한 논문을 연구소에 두고 온 그날 밤, 농사시험장에 불이 나 모든 자료와 논문이 불에 타 사라지게 됩니다. 🐻 하지만 이에 굴하지 않고 이번엔 '유체 종자에 대한 연구'를 시작해 1935년 가을에 논문을 제출하고, 1936년에 드디어 도쿄제국대학 농학박사 학위를 따게 됩니다. 🐻

흔히 우장춘 박사가 한국 최초의 농학박사라고 알려져 있는데, 그보다 앞서 임호식 박사님이 일본 홋카이도제국대학에서 곰팡이 연구로 박사 학위를 취득해 2번째 농학박사 취득자이긴 했습니다. 5년 전 화재 사건만 아니었으면 첫 번째 농학박사이셨을텐데 말이죠.

어쨌거나 이때 우장춘이 박사 학위로 낸 논문이 〈배추 속(屬) 식물에 관한 게놈 분석〉인데, 이 논문은 세계 육종학계를 놀라게 했으며 '종의 합성 이론'으로 불리며 엄청난 명성을 안겨줍니다. 와! 80년 전에 게놈 분석이라니……. 🐻

이게 당시에 왜 큰 충격을 주었느냐면, 그때까지 '종의 분화는 자연선택의 결과'라고 여긴 다윈의 진화론 자체를 수정해야 하는 대단한 발견이었기 때문입니다. 이 이론은 1935년 실험을 통해 입증한 것으로, 같은 종끼리만 교배가 가능하다는 정설을 깨고 종은 달라도 같은 속의 식물을 교배하면 새로운 식물을 만들 수 있음을 입증한 겁니다. 즉, 50만 년~100만 년 전에 친척 사이인 배추와 양배추 간 자연교접을 통해 유채라는 전혀 새로운 종이 지구에 탄생한 것을 규명한 것인데, 이런 식물간 교배 모델을 '우장춘 트라이앵글(U's Trigangle)'이라 부른다고 하네요.

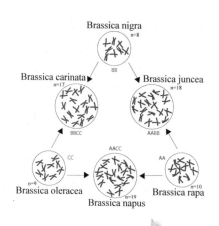

이 연구는 해외 식물학 교과서에서 여전히 중요하게 다뤄지고 있고, 십자화과 식물(배추, 유채, 양배추) 연구 시 필수 인용 논문이어서 전 세계적으로 유명하지요. 다만 안타까운 건 외국학자 대부분은 우장춘 박사를 일본인이라고 알고 있다는 겁니다. 뭐 지금도

(우장춘 트라이앵글)

온라인 포털에서 검색해보면, 우리나라보다 일본에 우장춘 박사 관련 자료가 더 많고, 본격적인 우장춘 박사 전기도 일본인이 집필했으니까요. 🐻

우리나라 자료라곤 보통 어린이용 위인전밖에 없는데, 그것도 예전 일본에서 나온 어린이용 세계 위인전 자료를 번안한 수준……. 저 역시 우장춘 박사 관련 자료를 찾다가 일본 자료를 더 많이 참고할 수밖에 없었습니다. 🐻

하지만 세계를 떠들썩하게 만든 논문을 발표해 도쿄제국대학 농학박사 학위를 받았음에도, 성씨도 바꾸지 않고 일본 국적 취득도 거부하자 일본 학계에선 그를 교수로 채용하지 않았고, 결국 1937년

(페튜니아 겹꽃)

민간 종묘회사에 취직할 수밖에 없었다고 하네요. 이후 그가 근무하던 교토의 '다키이' 종묘회사는, 우 박사가 개발한 '완전 겹꽃 페튜니아' 종자로 10배 이상의 수익을 올려 떼돈을 벌었고, 그의 명성은 국제적으로 더더욱 높아졌습니다. 🐻

그러던 중 1945년 해방을 맞은 대한민국에선 세계적인 육종학자로 손꼽히던 우장춘 박사를 모셔 오기 위한 '우장춘 박사 환국 촉진위원회'가 결성되는데, 이를 주도한 인물은 동경제국대학 출신의 김종 박사 등 지식인들이었다고 합니다.

이들이 우 박사의 귀국을 애타게 요청한 이유는, 당시 우리나라 인구의 80%가 농업에 종사하면서도 우수 종자와 비료가 부족해 만성적인 식량 부족 상황을 해결하는 것이 국가 차원의 최우선 과제였기 때문이었지요. 일제 통치 기간 내내 조선총독부는 일본으로 반출할 쌀과 보리 생산량 증대에만 신경쓰고 채소 개량에는 무신경했기에, 배추, 무 등 주요 채소의 씨앗을 일본에서 계속 수입해야만 하는 상황이었다죠. 🐻

그러다가 해방이 되면서 일본으로부터 종자 수입이 막혀버리자 우수한 육종학자가 절대적으로 필요했고, 세계적 농학박사로 유명한 우장춘 박사가 자연스럽게 주목받게 된 것이죠.

이들의 노력으로 국민 차원의 성금 모금운동이 펼쳐지자, 이승만 대통령까지 나서서 '한국농업과학연구소'를 만들어 소장 자리를 비워놓고선 우 박사를 초청하게 됩니다.(한국농업과학연구소는 1953년 중앙원예기술원으로 개편, 1958년 한국농업과학연구소 원예 시험장으로 개편)

하지만 당시 국회에서 우 박사의 귀국 요청을 두고 "아버지가 반역자이므로 받아들일 수 없다."는 반대 주장도 만만찮게 많았다네요. 그렇지만 "아버지가 잘못한 일을 아들에게 책임을 물을 수 없지 않느냐, 지금 그가 없다면 우리 농촌을 살릴 수 없다."는 주장이 팽팽히 맞서면서 결국 우 박사 본인에게 귀국 여부를 묻는 편지를 보내게 됩니다. 즉, 국가 차원에서 공식 초청하는 게 아니라 개인이 자발적으로 올지 말지 판단하라고 책임을 미룬 것이죠. 🐻

당시 귀국 문의 편지를 받은 우 박사는 이미 일본인 부인과의 사이에서 2남 4녀를 둔 가장이었는지라 현실과 애국심 사이에서 갈등하게 됩니다. 해방 전인 1941년 배다른 누나를 만나러 강원도 철원까지 와본 적이 있지만, 해방된 조국은 남북으로 나뉘어 38선에선 끊임없이 크고 작은 전투가 이어지는 등 불안한 상황인 데다가, 정작 본인은 한국말도 전혀 모르고 아버지의 과오 때문에 친일파로 비난받을 우려도 있는 등 수많은 변수가 그의 앞에 놓여 있었거든요.

하지만 패전 후 다키이 종묘회사에서는 우 박사를 내쳤고, 때문

에 장법사라는 절에서 온 가족이 기거하는 형편이었습니다. 일본이 패망해 울분에 쌓였던 회사 간부들이 우장춘 박사가 그동안 1주일에 한 번씩 기숙사에서 조선인 직원들만 모아놓고 별도로 강의해온 사실을 트집잡은 것이었죠. 🐷

이에 그는 오랜 고민 끝에 결국 일본에 가족을 남겨둔 채 나홀로 귀국을 결심합니다.

그러자 귀국추진위원회 회원들이 일본에 남을 가족의 살림에 보태라며 국민 성금 100만 원을 모아 전달했지만, 이 돈을 가족에게 주지 않고 귀국할 때 가져갈 각종 연구용 채소 종자와 실험 기자재를 사는 데 다 썼다고 하지요. 🐷

그제야 일본 정부는 세계적 육종학자의 한국 귀국이 달갑지 않아 불안한 한반도 사정을 들먹이며 귀국을 만류하면서 출국 허가를 내주지 않았다고 합니다. 게다가 1950년 당시엔 한일 국교 수립 전이라 일본 정부의 허락 없이는 일본으로 재입국이 불가능했기에, 우 박사 본인도 다시는 일본에 못 돌아올 것을 예감하셨는지 가족과 마

지막 사진을 찍습니다. 🐻

　당시에도 일본 정부는 치사한 짓을 많이 했는데, 6.25 전쟁 당시 수백여 명의 재일교포 청년들이 미군 지원병 형태로 우리나라로 건너와 전쟁에 참전했다가 일본이 귀국을 불허해 가족과 생이별한 사례도 많았습니다. 🐻

　가족과 헤어진 우 박사는 10여 년 만에 히로시마에 있는 아버지 무덤을 찾아 귀국 소식을 말씀드린 후, 모교 고등학교에서 후배들에게 고별 강연을 하고는 송환선을 타고 1950년 3월 8일, 부산항에 도착합니다.

　그런데……, 앞서 일본 정부가 출국을 불허했다고 했는데 어떻게 한국으로 올 수 있었을까요?

　그건 우장춘 박사가 쓰시마에 있던 외국인 강제환송소인 오무라 수용소에 가서 호적 등본을 내밀었는데, 그 증명서에서는 조선 출신 '우장춘'이라고 적혀 있었기에 수용소 관리자는 그가 세계적 육종학자이자 일본 정부가 출국을 막는 '스나가 나가하루'인 줄 모르고, 그저 불법 입국한 조선인이라 여겨 수용소에 수용했다가 환송선에 태웠기에 가능했던 겁니다. 🐻

　즉, 우범선이 일본 도쿄에서 장남 우장춘을 낳았음에도 출생지를 한국 본적지로 기입해놨던 것이 결정적인 순간에 빛을 발한 것입니다. 비록 고종 입장에선 천하의 역적이었지만, 우범선은 명성황후 시해가 조선 발전을 위한 애국행위라고 생각했으니, 언젠가는 아들 손을 잡고 고향으로 돌아갈 것이라 믿었던 것입니다. 🐻

결국 그는 일본에서 눈을 감았지만 아들은 조국을 구하고자 아버지가 54년 전 망명길에 올랐던 부산항으로 되돌아왔으니, 참으로 드라마틱한 운명이셨네요.

그날 부산항에는 많은 환영 인파가 몰려들었고 10일 뒤 부산 동래원예고등학교에서 열린 환영회에서 우장춘 박사는 "저는 지금까지 어머니의 나라인 일본을 위해, 일본 사람에게 뒤떨어지지 않으려고 노력해왔습니다. 그러나 지금부터는 아버지의 나라인 한국을 위해 최선을 다할 것입니다. 저는 이 나라에 뼈를 묻을 것입니다."라는 감동적인 연설을 합니다. 🐨

이에 이승만 대통령은 크게 기뻐하며 한국농업과학연구소장으로 임명합니다.

그런데 우장춘 박사는 한글을 보고 이해는 했지만 한국말을 거의 못했다고 합니다. 그도 그럴 것이 아버지는 다섯 살 때 돌아가셨고, 어머니와 외가 도움으로 일본에서만 살았기에, 따로 한국말을 배우고 쓸 일이 없었던 것이었죠. 게다가 우직한 과학자여서 육종사업과 후진 양성에만 전념해 전혀 정치적이거나 사교적이지 않았고, 따로 공무원들을 접대하는 등 로비활동도 일체 안 해 그의 사정을 잘 알지 못한 일부 정치인들이 "배신자의 아들이 우리말도 모른다."며 비난했다는군요. 🏆

이에 더해 우장춘 박사가 귀국한 직후, 이승만 대통령이 환영 전보를 보냈는데, 우 박사가 인사하러 서울에 가지 않았다고 합니다. 당시로선 대통령의 전보를 받으면 으레 감사 인사차 경무대로 달려

가야 하는 시대. 이에 이승만 대통령이 비서관에게 "혹시 전보가 전달 안 된 것 아니냐, 인사 안 올 리가 없다. 가서 확인해보라."고 채근해 비서관이 부산 동래 연구소에 찾아왔는데, 우 박사님은 종자를 뿌리고 있던 중이었다고 합니다. 그래서 비서관이 "전보를 받았으면 왜 대통령께 인사하러 가지 않느냐?"고 묻자 여전히 종자 뿌리는 일을 계속하면서, "나는 우리나라와 민족에게 이바지하러 왔는데, 지금 일본에서 가져온 이 종자들을 심지 않으면 한 해 늦어진다. 대통령께 인사는 한두 달 늦어도 괜찮지 않느냐?"고 반문했다가 우호적이던 정치권 인사들에게도 단단히 미운털이 박혔다고 합니다. 아니 대체 뭐가 더 중한 겁니까? 👆

타이틀이야 근사해서 '한국농업과학연구소장'이지 뭐 제대로 된 시설도 없는 황무지에서 모든 것을 새로이 시작해야 했던 우장춘 박사는 이후 종종 농림부에 추가 예산을 요청했지만 여러 차례 거절당하자 참다못해 결국엔 대통령을 찾아가 하소연했다고 합니다. 심지어 소장이 거처할 숙소에 전기와 수돗물도 안 들어올 정도였으니 ……, 뭐가 있었겠습니까? 그래서 일반 가정집에 세 들어 사셨다고 하네요. 🐻

그제야 사정을 안 대통령이 장관을 불러 질책해 겨우 자금 지원을 받게 되지만 고난은 계속됩니다. 이후에도 공개석상에서 "일본말만 지껄이는 사람이 무슨 애국을 하겠느냐?"며 대놓고 비난하고 면박을 주는 정치가나 공무원도 숱하게 많았다고 하죠. 세계적인 석학이 모든 명예를 버리고 조국에 왔는데, 그저 일본말만 할 줄 안다

는 적개심으로 이 같은 냉대를 당했으니…….🐻

이후 1953년 8월 어머니 사카이 나카 여사가 사망할 당시, 위중하다는 소식을 들은 우장춘 박사가 대통령에게 일본 방문 허락을 요청하지만, 일본에서 돌아오지 않을 것을 우려한 정부가 출국 금지하는 바람에 어머니의 임종을 지키지 못합니다. 그렇게 애타게 귀국을 요청하고선 어머니의 임종도 못 보게 하다니요.🐻

당시 출국 금지 조치 소식을 듣고 우장춘 박사는 "이것이 모든 것을 버리고 한국을 위해 봉사해온 나에 대한 대우란 말인가?"라며 절규했다고 일본 측 기록은 전합니다. (그 절규가 사실인지 여부는 잘 모르겠지만 능히 그러고도 남을 상황.)🐻

평소 우장춘 박사는 후배 연구원들에게 "어머니가 늘 너는 한국 핏줄임을 잊지 말아라, 장차 아버지의 나라로 돌아가 봉사하는 삶을 살라고 하셨다."라고 말씀하셨던 터라, 연구원들도 다같이 슬퍼하며 연구소 강당에 분향소를 차리고 우 박사님 어머니의 죽음을 애도할 수밖에 없었다고 합니다.

이를 안타깝게 여긴 주변인들이 조의금을 모아 전

(우장춘기념관 내 자유천 기념 비석) (출처_blog. daum.net/2100s)

달했지만, 우박사는 그 돈 역시 일본에서 생계 문제로 곤란을 겪던 가족들에게 보내지 않습니다. 그 대신 한국농업과학연구소가 있었던 부산시 동래구 지역이 늘 물 부족으로 고생하고 있던 상황을 타개하고자 새 우물을 파는 데 그 돈을 쓰고, 1954년 2월 준공한 우물에 '자유천(慈乳泉)'이라고 손수 이름 짓습니다. '자애스러운 어머니의 젖'이란 뜻이지요. 그후 매일 아침마다 우물 주변을 청소하며 하루를 시작하셨다고 합니다. 🐻

이런 어려운 상황에서도 우장춘 박사는 연구원들을 독려해 일본 종자에 대항할 한국 채소 종자 개발에 몰두해, 1954년부터는 맛 좋고 병에 강한 배추와 무를 만들어내어 우리가 지금 맛보는 싱싱한 김치를 담글 수 있게 되었습니다. 🐻

그런데……, 예상치 못한 난관에 부딪힙니다. 농민들이 국산 종자를 불신해 심으려 하지 않은 것입니다. 그래서 여전히 일본 종자가 최고라는 생각에 몰래 밀수해서 심는 일이 허다했죠. 이에 우장춘 박사는 한국 농업 연구의 우수성을 알리기 위한 퍼포먼스로, 1955년에 전국 곳곳을 돌며 '씨 없는 수박 시식회'를 개최해 농민들에게 연구성과를 눈으로 직접 보게 만듭니다.

사실 씨 없는 수박이 배추, 무 개량사업보다는 상대적으로 쉬운 재배법이지만 눈으로 그 성과를 보여주기엔 안성맞춤이었던 것이죠. 겉으로 보기엔 일반 수박과 똑같아 보이는데, 수박을 반으로 쪼개어 씨가 없는 민둥 수박 속을 보여주자 농민들은 그저 "우와~" 감탄하게 되고, 단번에 우 박사의 연구성과를 신뢰하게 됩니다. 이

에 그 자리에서 우장춘 박사님은 "이 씨 없는 수박을 만들어낸 것처럼 우리 기술로 개량한 배추와 무가 일본 채소보다 더 좋다."는 것을 역설함으로써 국산 종자 사용을 확산시켜 나갑니다. 🐻

또한 이 시식회는 당시 TV가 없던 시절에 극장에서 본 영화 상영에 앞서 방영하던 '대한 늬우~스'를 통해서도 널리 국민들에게 홍보함으로써, 본의 아니게 우장춘 박사는 세계 최초로 씨 없는 수박을 만든 위대한 과학자로 추앙받기에 이릅니다.

그 이후는 순풍에 돛 단 듯 순조롭게 진행되어 국산 배추와 무가 확산됨과 동시에 고추도 개량해 처음부터 끝까지 알싸하게 매운 한 국산 고추가 탄생했고, 강원도 감자의 품종도 개량해 고랭지에서도 잘 자라면서 바이러스에 강하고 맛있는 감자로 바꿉니다. 또한 제주도에 가서는 감귤나무 재배를 적극 권장해 제주도민들이 감귤을 팔아 자식을 대학에 보낼 수 있는 경제적 기반을 만들어줍니다. 🐻

이로써 갑자기 유명해진 한국농업과학연구소는 전국 학교의 수학여행 견학 코스가 되어 전국에서 많은 학생들이 연구 현장을 보러 왔는데, 우 박사님은 늘 고무신에 헐렁한 러닝셔츠 차림으로 계셨던 터라 아이들에게 '고무신 박사'로 불리셨다네요. 당초 별명은 하도 무뚝뚝하고 사람을 빤히 쳐다봐서 '불독'이었다지만……. 🐻

하지만 한 개인의 과학적 업적으로만 봤을 때 대한민국에서 보낸 우 박사님의 10년 세월은, 새로운 육종학 연구는 포기하고 한국 농업 발전을 위해 기존의 채소 개량에만 매달린 셈이니, 과학자로서는 참으로 감내하기 어려운 희생을 하신 겁니다. 이 같은 그의 헌신에 감복한 이승만 대통령이 이후 농림부장관 직을 제안하지만, 연구할 시간도 모자란다며 완곡하게 거절하고 종자 개량에만 매진했다고 합니다.

하지만 귀국 후 9년간 자신의 몸을 돌보지 않고 열심히 일만 하던 우장춘 박사는, 1959년 5월 원예시험장 창립 10주년 기념식을 마친 뒤 쓰러져 병원 응급실로 실려가 십이지장 궤양으로 세 차례 수술을 받지만, 결국 8월 10일에 운명하시게 됩니다. 🐻

당시 병세가 위중하다는 소식에 정부는 운명하기 3일 전인 1959년 8월 7일에 대한민국 건국 후 두 번째 문화포장 수여를 결정하고 이근식 당시 농림부장관이 병원으로 찾아와 전달했다고 하네요. 병상에 누워 있던 우 박사님은 "조국이 드디어 나를 인정했구나."라고 고마워하면서도 "그런데 좀 일찍 주지." 하며 솔직한 아쉬움을 토로하셨다지요.

그리고 숨을 거두기 직전에도 보릿고개로 아사하는 빈촌을 걱정해 개량에 한창이던 벼 이삭을 링거병 옆에 달아두고선, "이 벼! 끝을 보지 못하고 내가 죽어야 하다니!"라고 한탄하셨다고 합니다. 이 글을 쓰면서도 눈물이 나네요. 🐻

결국 우장춘 박사님의 못다 이룬 벼 개량 연구는, 1971년에 통일벼가 개발되고, 1975년에 쌀 자급자족이 가능해지면서 1차로 완성되었고, 이와 동시에 준비하던 2모작 벼는 2010년대에 들어서야 본격화됩니다.

마지막으로 우 박사님에 대한 먹먹한 이야기 하나 소개할게요.

하숙하면서 연구에 매진하던 어느 날, 집에 돌아온 우 박사는 깨끗이 청소된 방과 저녁이 차려진 소반을 보고 깜짝 놀랐다고 합니다. 그런데 이 이상한 일은 다음날에도 또 그 다음날에도 똑같이 반복됩니다. 이에 우 박사님이 자초지종을 알고 보니, 한 중년 부인이 우 박사님이 세 들어 있던 집 주인을 설득해 문을 따고 들어와 청소와 식사를 마련하신 것이었지요. 1950년대에도 사생 팬이 존재했군요. 🐻

이에 우 박사님이 우렁각시를 자처한 그 부인을 결국 어렵사리 만나 "왜 이러느냐?"고 물어보니, 남편과 사별해 혼자 살던 그 여인은 우 박사님의 애국 충정에 감동했다며 "존경하는 박사님을 평생 모시고 살고 싶다."며 우 박사님과 재혼하길 희망했다고 합니다. 그러나 일본에 가족을 두고온 우 박사님은 정중히 거절했다고 하지요. 그랬음에도 그 여인은 계속 우 박사님 주위를 맴돌며 뒷바라지를 했다고 합니다. 🐻

그런데……, 이 부분에 대해서는 국내와 일본 측 자료는 엇갈리고 있습니다. 우리나라 자료에선 그저 그 여성분이 계속 쫓아다닌 것으로 나오고, 일본 자료에서는 현지처라고 못을 박았더군요.

진실은 무엇인지 모르나 이처럼 중년의 여인이 수시로 집에 드나들다 보니, 어느새 주변의 입싼 인간들이 떠드는 "우 박사가 새 살림을 차렸다더라~."라는 소문이 퍼져 일본에 있던 부인, 고하루 여사에게까지 알려지게 됩니다.

"이노무 영감탱이! 조선인에게 시집가는 거 반대한 친정과 의절해 남의 집 양녀로 들어가고 없는 살림에 6남매를 낳고, 시어머니까지 모시고 지금껏 고생하며 살았더니만, 바다 건너가 돈도 한푼 안 보태주면서 아예 새 살림을 차려? 배신자!!!" 이런 심정이셨을 겁니다. 🐻 게다가 아버지로서 마지막 넷째 딸의 결혼식마저 오지 않자 단단히 배신감을 느낀 부인은, 당초 자식들을 다 출가시킨 후 한국으로 건너와 박사님과 같이 살려던 계획을 접었다고 합니다.

그때 넷째 딸이 결혼한 막내사위가 경영의 신으로 불리는 교세라 그룹 창업자이자 일본항공 회장이 되는 '이나모리 가즈오(稲盛 和夫)'입니다. 🐻

사실, 우 박사님은 이때도 정부에다 일본에 잠시 다녀오겠다고 탄원했는데 여전히 출국 금지. 편지도 제대로 전달이 안 되었다고 하네요. 그랬음에도 남편이 위독하다는 소식을 접하고는 어렵게 지인들의 도움으로 한국에 오지만, 차마 새 부인이 있는데 떳떳이 면회하기가 어렵다고 생각해 남편 만나기를 망설였다고 합니다.

그때 딱한 사정을 접한 국립중앙의료원 측의 배려로 간호사복을 입고 간호사인 척 병상에 갔는데, 사경을 헤매던 우장춘 박사가 부인을 한눈에 알아보았답니다. 그래서 그간의 오해를 풀었고, 결국 8월 10일 새벽 3시 10분 아내 고하루 여사가 지켜보는 가운데 눈을 감았다는 슬픈 이야기가 아스라히 전해지고 있습니다. 🐻

그때 우장춘 박사님 나이 겨우 62세. 지나친 과로와 열악한 환경 탓에 단명하신 겁니다. 🐻

우장춘 박사님이 운명한 뒤 정부는 장례식을 국장에 준하는 사회장으로 치르기로 결정합니다. 이는 대한민국 건국 이후 최초의 사회장이었으니, 국가에서 우장춘 박사님의 성과를 인정한 것이지요. 우장춘 박사님의 묘는 원예시험장이 옮겨온 경기도 수원 농업진흥청 내 여기산에 모셔진 후, 현재까지 매년 농업진흥청 주

(우장춘 기념관)
(출처_blog.daum.net_bjy3495)

최로 추모식을 올리고 있습니다.

또한 우장춘 박사가 연구에 매진하던 부산 동래구 온천동 원예시험장 자리는 지금 우장춘기념관이 되었습니다. 🐻

초등학생 시절, 부산 광안리 해수욕장에 놀러간 어느 날, 수박을 드시던 아버지가 문득 "씨 없는 수박을 만드신 우장춘 박사님이 노벨상을 탔어야 했는데……. 나라가 힘이 없어서 널리 알리지 못했다."라고 한탄하신 적이 있습니다. 어린 마음에도 그런 훌륭한 분이 일본에서 귀국하여 고생만 하시다가 돌아가신 얘기에 눈물이 났지요.

비록 이제는 씨 없는 수박 최초 개발자가 우장춘 박사님이 아니라고 알게 되었지만, 알면 알수록 더 위대한 분이란 사실을 깨닫게 됩니다.

어려운 시대 환경 속에서 본인과 가족의 희생을 바탕으로 우리 국민들의 식량 문제를 해결하기 위해 기꺼이 조국으로 돌아와 인생을 바치신 우장춘 박사님의 충정 덕에, 일본에 로열티를 내지 않고 국산 종자로 만든 사각사각 배추와 양배추, 무, 맛있는 제주감귤, 강원도 대관령 개량감자를 먹을 수 있게 되었습니다. 🐻

그후로도 농업진흥원 후배들의 후속 연구로 지속적인 개량이 이루어지면서 한국 배추의 우수성이 널리 인정되어, 2004년 배추 게놈 분석 국제회의에서 우리나라 배추가 게놈 분석을 위한 대상 품종으로 선정되는 개가를 올렸고, 이제는 중국과 일본으로 김치용 배추 종자를 연간 수백 억 원씩 수출하는 성과를 이루고 있습니다. 이

것이 다~ 우장춘 박사님의 희생이 그 토대가 되었다는 사실에 다시 한번 옷을 여미고 감사의 인사를 드립니다. 🐻

부디 그분의 업적이 더 널리 부각되어, 새로운 과학 꿈나무들에게 롤모델로 기억되고 존경받기를 기원합니다.

04

6.25 전쟁 최초의 승전은 어느 전투일까요?

이제 최초·최고 편의 마지막 이야기를 해야겠네요.

6.25 전쟁에 대해선 다들 잘 아시리라 믿지만……, 혹시 우리 국군의 최초 승전이 무엇인지 아시나요?

'육탄 10용사?', '춘천 방어전?' 오호~, 제법 아시는 분이네요. 하지만 땡~! 🐻

오랜 기간 전쟁을 준비한 북한의 기습적인 남침으로 시작된 6.25 전쟁이 1950년 6월 25일 일요일 새벽 4시에 시작되었다는 건 가리지날~. 그건 육군 기준이고, 실제로는 새벽 3시 30분 동해안 옥계에서 이미 북한 해군이 포격을 시작해, 6.25 첫 전투인 옥계해전이 시작되었다고 합니다.

그리고 우리 국군의 최초 승전보 역시, 전쟁 첫날 밤 부산 앞바다에서 벌어진 해전, 즉 '대한해협 전투'에서 울려 퍼졌습니다.

응? 6.25 전쟁인데 웬 부산 앞바다냐고요? 뭔가 임진왜란 이야기 같지만…… 엄연한 사실입니다. 🐻

그날로 잠시 돌아가보겠습니다.

1950년 6월 25일, 38선에선 북한군 탱크가 밀고 내려오며 전면전이 시작되었고, 바다에서는 삼척, 울진, 정동진 등 동해안에 북한 상륙정에서 북한군들이 상륙을 시작했습니다. 이에 전황을 파악한 대한민국 해군은 오전 11시, 진해 해군기지에서 대한민국 최초의 전투함 '백두산함'을 동해로 출항시킵니다. 하지만 말이 좋아 전투함이지, 배수량 450톤 규모에 3인치 함포를 단, 미국에서 해안경비대가 쓰던 경비함이었습니다. 🐻

(대한민국 최초 해군 전투함, 백두산함)

백두산함은 동해안 어딘가에 추가로 적이 상륙할지 모른다는 위기감 속에 빠른 속도로 부산을 거쳐 울산 앞바다로 북상하던 중 그날 밤 8시, 우연히도 캄캄한 어둠 사이로 연기를 길게 내뿜는 수상한 화물선 한 척이 내려오는 것을 목격합니다. 배 이름도 국기도 게양하지 않고 검은색을 칠한 이 배에 가까이 다가간 백두산호는 정체를 밝히라고 요구하며 근접했다가 1000

톤급의 대형선박 갑판에 대포는 물론 양쪽에 기관총도 달려 있는 것을 발견합니다. 이에 경고 사격으로 하늘을 향해 3인치 함포를 처음 쏘자, 상대편 배에서 기관총이 난사되면서 북한 배임이 드러나게 됩니다. 하지만 적의 무장화물선이 국군 전투함보다 2배는 더 큰 크기! 🐻

다윗과 골리앗 간의 싸움과도 같은 한 시간여의 포격전 끝에 적선을 격침했는데, 이 과정에서 60명의 승조원 중 김창학, 전병익 두 장병이 순직하고 맙니다. (당시 두 분은 모두 겨우 21세 청년. 현재 동작동 국립서울현충원에 유해가 모셔져 있고, 윤영하급 고속함 14번함 김창학함, 18번함 전병익함으로 기념되고 있습니다.) 🐼

전쟁 첫날 밤 치열한 포격전을 승리로 이끈 백두산함은 두 순직 장병 시신만 포항에 내려놓은 채 동해안을 따라 북상해 묵호항을 방어했다고 합니다.

이후 '대한해협 전투'라 불리게 된 이날 해전에서 가라앉은 적 무장화물선의 정체는 나중에 북한 정보를 분석하면서 정확히 알게 되었는데, 제766 독립보병연대 무장 침투요원이 무려 600여 명이나 타고 있었던 게릴라 침투선이었던 겁니다! 🐷

즉, 전쟁 시작과 동시에 대한민국 최남단 부산항에 북한군 정예병을 침투시켜 외국으로부터의 원조를 막겠다는 북한의 치밀한 계획을 정말 기적적으로 막아낸 것이죠.

만약 이 배가 백두산함에 발견되지 않아 무장게릴라 600명이 부산에 상륙했더라면, 부산항이 적의 손에 넘어가 전쟁 이틀 후 도착하게 되는 첫 UN군의 한반도 진입이 불가능해져 김일성이 호언장담한 대로 8월 15일에는 적화통일이 완료되었을 겁니다. 이미 소련 측 문서가 다 공개되어 북한의 계획적인 기습 전면전 감행이란 사실이 낱낱이 밝혀졌음에도, 여전히 중국 등에서는 쌍방 과실이라는 등 말도 안 되는 억지를 쓰고 있지만, 북한이 면밀한 준비를 통해 기습 남침을 감행한 것이 정확한 사실인 거죠. 🐻

하지만 기적적으로 이 전투에서 승리했기에 부산이 안전지대가 되어 UN군이 부산항으로 집결해 반격을 시작하게 되고, 뒤이어 인천 상륙 작전으로 전쟁의 흐름을 완전히 뒤집을 수 있었던 겁니다. 이에 백두산함 함장 최영남 중령은 공로를 인정받아 태극무공훈장을 수여받습니다.

이후 한국전쟁사를 정리한 미국 역사학자 노먼 존슨(Norman W. Johnson)은 "6.25 전쟁의 승패는 이날 밤 대한해협 전투에서 결정되었다."고 찬사를 보냈습니다. 이처럼 6.25 전쟁의 가장 중요한 전투 중 하나였던 대한해협 전투는 자랑스러운 역사인데 이상하리만치 잘 알려지지 않고 있습니다. 하지만 이 전투 못지 않게 백두산함이 탄생하기까지의 이야기도 눈물겹습니다. 🐻

대한해협 전투에 사용된 백두산함을 들여온 주역으로서, 초대 해군사관학

(해군의 아버지, 손원일 제독)
(출처_namu.wiki)

교 교장이자 '해군의 아버지'라 추앙받는 손원일(孫元一) 제독은, '20세기 이순신 제독'이라고 불러야 할 영웅입니다.

1909년 평양에서 태어난 손 제독은, 이미 10대 시절에 독립운동을 하다가 붙잡혀 고문을 당하는 고초를 겪은 후 중국으로 건너가 상해 임시정부에서 활동한 독립지사였습니다. 당시 상해항에 모인 강대국들의 해군 함대를 보면서 언젠가 해방될 조국도 강력한 해군을 건설하기를 원하셨다고 하지요. 이에 상해 국립중앙대학 해양과를 졸업하고, 중화민국 해군 국비 유학생 자격으로 독일에서 3년간 항해술을 배워 2만 톤급 대형 상선 선장을 맡는 등, 해운 전문가로 수련하십니다. 🐱

이후 1945년 해방 후 민간인 신분으로 돌아왔음에도 11월 11일 해군의 모태가 되는 '해방여단'을 창설하고, 이후 미군정에 의해 공식 해안경비대로 인정받습니다. 또한 1949년에는 동양 최초의 해병대 창설을 주도하는 등 활발한 활동을 펼치지만, 당시 해군 상황은 일본군이 쓰다 진해항에 버려둔 목선 수 척에 미군이 남긴 소형 상륙정밖에 없어 해전이나 육상 타격이 가능한 제대로 된 함정 한 척 없었어요. 🐱

이 같은 상황을 타개하고자 손 제독은 1949년 6월 '함정건조기금 갹출위원회'를 결성하고, 본인의 월급과 해군 장병들의 월급 일부를 기금으로 모으고, 군인 부인들이 빨래와 바느질해 기부한 돈, 일부 국민들의 성금을 모아 4개월여 만에 15,000달러를 만들어서 미군 퇴역 함정을 사오겠다고 보고합니다. 이에 감동한 이승만 대통령이 정부 지원금 45,000달러를 하사하니, 총 6만 달러 기금을 들고 1949년 10월에 미국으로 건너가 함정 구입을 시도합니다.

벗뜨, 그러나……

> 손원일 제독 : "대한민국에도 제대로 된 함정이 필요대한. 여기 돈 가져왔다딸라."
> 미쿡 국방부 : "왓더! 너네 나라 이 배 사가서 전쟁할 거 다안다메리카!"
> 손원일 제독 : "총도 제대로 없는데 무슨 전쟁이냐황당. 제발 함정 한 대만 팔아라절박."
> 미쿡 국방부 : "됐다워싱턴~. 의회에서 팔지 말라했다메리카~. 딴데 알아봐라유에스."

당초 2300톤급 호위함을 사갈 계획이었지만, 그동안 이승만 대통령이 "무기만 주면 당장 북진 통일하겠다."고 근거 없는 자신감으로 큰소리를 쳐온지라, 한국군이 도발할 것을 우려한 미국 의회가 판매를 금지하는 바람에, 이미 함포도 다 철거되어 민간에 판매한 중고 함정들만 구입할 수밖에 없었다고 합니다. 이에 어쩔 수 없이 먼저 18,000달러를 들여 함포 등 무기가 제거된 1척의 퇴역 함정을 구매한 날이 1949년 12월 26일, 뉴욕. 🐱

손원일 제독은 4만 달러로 다른 함정을 추가 구매하기 위해 미국 서부 샌프란시스코로 건너가면서, 남은 2000달러는 13명의 인수단원들에게 쥐어주며 백두산함을 한국까지 가져가도록 유도합니다. 이에 후배 해군 장교들은 뉴욕 인근 호보켄 항구로부터 직접 배를 몰고 파나마 운하를 지나 태평양을 건너면서, 부서진 곳은 수리하고, 하와이에 들러 3인치 함포를 사서 붙이고, 괌에 들러 실탄 100발을 사서 진해항으로 들어오는, 눈물나는 항해를 하신 겁니다. 🐻

당시 하와이 교민들은 우리나라 최초의 군함이 하와이 항구에 들어온다는 소식을 듣고 환영행사를 준비했다고 합니다. 하지만 교민들 눈앞에 보이는 풍경은, 미 해군 태평양 함대의 거대한 순양함들 사이에 끼어서 나타난 쪽배 한 척. 🐻

이에 말을 잇지 못하던 교민들은 그래도 다시금 마음을 굳게 먹고 태극기를 흔들며 만세를 불렀다고 합니다. 눈물이 나네요. 🐻

그리하여 이 짠내 가득한 항해 끝에 백두산함이 진해항에 들어온 건 전쟁이 발발하기 겨우 두 달 전인 4월 10일. 기금 마련으로부터는 10개월, 함정 구입 후로는 반년의 세월을 거쳐 한국에 온 것이죠.

이후 손원일 제독이 한 척당 12,000달러, 총 36,000달러로 가격을 깎아서 구매하고 중고품 가게에서 부품 사고 함포 달았던 3척은 전쟁 시작 후에야 도착했으니, 백두산함이 전쟁 전에 도착한 것은 정말 기적과도 같은 축복이었습니다. 🐻

당시 손원일 제독은, 직접 유대인들이 운영하는 중고품 가게에 가서 가격을 흥정해 필요한 부품을 구매했고, 사이즈가 안 맞으면 그 가게 선반에서 직접 깎았다고 합니다. 이에 중고품 가게 사장은 같이 구매하러 간 후배 최효용 소령에게 손 제독의 정체를 물어봤다

고 합니다.

중고품 가게 사장 : "하나만 물어보자쥬다."

최효용 소령 : "뭐가 궁금하십애국?"

중고품 가게 사장 : "나랑 홍정한 저 사람 보통이 아니더라탈무드. 뭐
하는 사람이냐하바나길라?

최효용 소령 : "저 사람은 대한민국 해군 소장이다대한."

중고품 가게 사장 : "헉! 너네는 투스타가 미쿡까지 와서 이런 중고품
가게에서 홍정을 하고 직접 선반에서 나사를 깎냐샤일록?"

이런 생고생 끝에 들여온 4척의 초계정 중, 첫 배 이름이 마침

'Ensign Whitehead(화이트헤드 소위)'였어요.

당초 미국 해양경비대 함선으로서 대서양에서 활약한 이 배는, 제2차 세계대전 당시 사망한 '화이트헤드 소위'를 기념해 퇴역 후 이 소위의 이름을 붙이고 있었는데, 우리말로 번역하면 '백두'였기에 자연스럽게 백두산함이라고 이름을 바꾸고 PC-701 함정번호를 부여함에 따라, 이후 손 제독이 추가 구매한 3척도 금강산함(PC-702), 삼각산함(PC-703), 지리산함(PC-704)이라는 한반도의 산 이름으로 지어지게 되었지요. 🐻

당시 백두산함에는 고작 100발의 실탄밖에 없었기에 아껴 쓰려고 평소 훈련 시엔 나무로 만든 모조탄만 쓰다가 대한해협 전투 당시 처음 쏜 실탄 20발 중 5발을 명중시켰다고 하니 대단히 훌륭한 성적을 내신 거예요. 🐼 당시 북한도 제대로 된 함정이라곤 부산 앞바다에 가라앉은 그 배 포함해 겨우 2척뿐인 상황인지라, 전쟁 첫날 부산 앞바다에서 한 척이 침몰하는 타격을 입게 되어 회복할 수 없는 상황이 되면서 전쟁은 지리멸렬하게 되지요.

이후 백두산함은 다양한 임무를 수행하게 되는데, 1950년 9월 15 인천 상륙 작전 에피소드도 굉장히 유명합니다. 당시 손원일 제독은 국군 최고사령관 자격으로 미군 지휘부와 함께 미 해군 기함에서 작전을 참관하기로 했는데, 어느 순간 보이지 않았다고 합니다. 이에 미 해군 장성들이 손 제독이 어디 갔는지 애타게 찾던 중, 미 해병대 무전기로부터 들려오는 정보 하나.

"본부 들리는가아메리카? 여기는 미쿡 해병대마린. 지금 내 눈앞에

(진해 해군사관학교에 전시
중인 백두산함 돛대) (출처_
blog.daum.net_kieury)

한국군 최고사령관이 소총을 들고 한국 해병대원들 앞에서 뛰어가는 게 보인다메리카, 이거 실화냐놀렐루야!"

당시 그 자리에 있던 미군 지휘부 모두가 깜짝 놀랐다지요. 🦉 최고사령관이지만 총알이 날아다니는 최전선에서 직접 전투에 참여할 정도로 솔선수범한 손원일 제독은, 9월 28일 서울을 되찾은 뒤 "국군과 UN군은 수도 서울을 탈환했다."고 포고문을 남겼고, 이후 미국 정부로부터 은성 무공훈장을 받게 됩니다. 🐱

당시 미군은 회복한 지역마다 성조기를 꽂고 있었지만, 광화문 정부종합청사 건물만은 한국 해병대가 먼저 점령해 태극기를 게양함으로써 한국군의 자존심도 살렸지요.

이처럼 전쟁 초기에 백두산함과 한국 해군, 해병대가 분투한 덕분에 UN군은 해군 전력에서 처음부터 압도적인 우위를 차지해, 서해안에서는 지금의 NLL 선은 물론 휴전 당시까지도 대동강 하구 석도, 함경남도 길주 앞 여도, 양도, 원산 앞바다 여도 등 다수의 북한 앞바다 섬을 장악할 수 있었던 겁니다. 즉, 점령한 지역을 경계로 휴전선을 그을 때 원칙대로 했다면 대동강 입구까지 북한 서해안 섬들이 우리 땅으로 포함될 수 있었지만, 미국이 이를 포기해 NLL을 크게 양보한 상황이란 것도 그리 알려져 있지 않아요. 🐻

그후 백두산함은 1959년 퇴역한 뒤 본체는 해체되었지만, 3인치 대포와 돛대는 지금도 진해 해군사관학교 교정에 자랑스럽게 전시되고 있습니다. 게다가 돛대는 2010년 6월 25일 등록문화재 제463호로 지정되어 역사적 가치를 다시금 인정받았어요. 🐻

하지만 백두산함과 6.25 해전에 대한 이야기는 아직 현재진행형입니다.

앞서 6.25 전쟁 첫날 밤 대한해협에서 북한 게릴라 수송선을 격침한 후 묵호항 방어를 위해 다시금 북상했다고 말씀드렸는데, 백두산함이 갔을 때는 이미 묵호(지금의 동해시) 지역까지 함락될 상황이었다고 합니다. 이때 나라의 부름을 받고 후퇴하던 국군과 민간인을 후송하고자 급히 백두산함을 쫓아 온 민간 선박이 있었으니……, 그 배의 이름은 문산호.

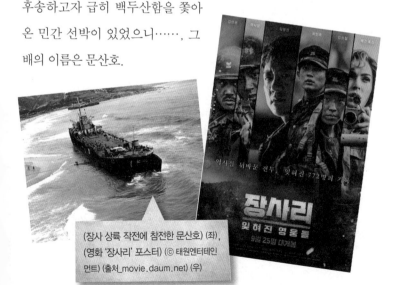

(장사 상륙 작전에 참전한 문산호) (좌),
(영화 '장사리' 포스터) (ⓒ 태원엔터테인먼트) (출처_movie.daum.net) (우)

당초 석탄 운반선이었던 이 배는 해방 후 미국에서 사들여온 8척의 수송선 중 하나였는데, 6.25 전쟁이 터지자 해군 지원 선박으로 차출되어 묵호항에서 백두산함을 도와 부산으로 국군을 실어 나른데 이어, 여수 후퇴 시에도 백두산함과 함께 후송 작전에 나섰습니다. 당시 문산호는 북한군이 500m 앞까지 다가와 포를 쏘아대는 상황에서도 마지막 국군까지 태우고 후퇴하고자 항구에서 버텼다고합니다. 그렇게 백두산호와 함께하던 문산호는, 9월 15일 UN군의인천 상륙 작전 직전, 북한군의 시선을 분산하기 위해 경북 영덕군장사해안에서 감행한 '장사 상륙 작전'에 투입되었다가 그만 격침당합니다. 그날 상륙 작전으로 학도병 772명과 해군 지원병 56명이 상륙에 성공하지만, 130여 명이 전사하고 110여 명이 부상당하게 되는데, 이들 상륙부대를 싣고 간 문산호 선원 11명도 사망하지요. 🐻

당시 그 선박에는 19세, 20세 앳된 청년들과 함께 결혼 후 막 첫딸을 얻고 100일 잔치를 한 24세 선원 권수현 씨도 있었습니다. 그는 아내에게 "내 나가서 나라에 충성하면, 남은 처자식은 마 나라가안 거두겠나?"라고 장담했지만, 그후 이들 민간인 11명은 이름도 유해도 없이 잊혔고, 유족들은 유해도 찾지 못하고 그 어떤 국가 지원도 받지 못합니다. 🐻

그렇게 40여 년 이상 잊혔던 1992년 어느 날, 백두산함을 타고 문산호와 공동 작전을 전개한 추억을 갖고 있던 최영섭 예비역 해군대령이, 이들 문산호 사망자들이 유공자로 지정되지 않았고 명단조차 없다는 참담한 소식을 듣고 이럴 순 없다고 발벗고 나서게 됩니다. 이에 최영섭 대령과 임성채 해군 군사편찬과장은 해군 자료와 학도병 회고담을 뒤진 끝에 11명의 이름이 적힌 옛 기록을 찾아낸 후 국가에 탄원하여, 드디어 2018년에 선장 고(故) 황재중 님에게는 충무무공훈장이, 2019년에는 10명의 선원에게 화랑무공훈장이 수여되면서 비로소 국가유공자로 인정받았습니다. 🐼

이처럼 잊혀진 문산호 사망자들의 명예를 회복시킨 최영섭 대령은 2021년 7월 8일 눈을 감으니, 그의 아들이 최재형 전 감사원장입니다.

나라를 위해 목숨을 바친 이들에게 어찌 군인과 민간인 구분이 있을 수 있을까요?

오늘의 우리가 있도록 목숨을 바친 모든 순국 선열들께 깊이 머리 숙여 인사드리며 이야기를 마칩니다.

마치며

《알아두면 쓸데 있는 유쾌한 상식사전》 다섯 번째, '최초·최고 편'을
마치고자 합니다.

우리가 살아가는 이 우주의 출발에서부터 가슴이 먹먹해지는 우
리 근현대사까지, 그동안 잘못 알려졌거나 잊혔던 여러 분야의 이야
기를 모아봤네요. 재미있고 유익하게 읽으셨나요?

앞으로도《알아두면 쓸데 있는 유쾌한 상식사전》시리즈는 계속
됩니다.

다음 편은 또 어떤 이야기로 찾아뵐까요? 저도 궁금하네요. 🐻

참고문헌

1부. 문명 이전의 최초 · 최고

《코스모스》, 칼 세이건 지음, 1980, 범우사, 사이언스북스

《우주의 역사》, 콜린 윌슨 지음, 1986, 범우사

《친절한 과학사전 지구과학편》, 이영기 지음, 2017, 북카라반

《이기적 유전자》, 리처드 도킨스, 1976, 을유문화사

《생명의 도약》, 닉 레인 지음, 김정은 옮김 2011, 글항아리

《한국의 공룡화석》, 허민 지음, 2009, 궁리출판

《공룡 오디세이》, 스콧 샘슨 지음, 2011, 뿌리와 이파리

《진화의 키, 산소 농도》, 피터 워드 지음, 2012, 뿌리와 이파리

2부. 의식주 분야 최초 · 최고

《문익점과 목면업의 역사적 조명》, 김해영 등 지음, 2003, 아세아문화사

《화석은 말한다》, 도널드 R 프로세로 지음, 2019, 바다출판사

EBS 다큐 〈인간세〉 2018년 방영

《인삼의 세계사》, 설혜심 지음, 2020, 휴머니스트

3부. 과학 · 경제 분야 최초 · 최고

《코로나 사이언스》, 고규영 등 공저, 2020, 동아시아

《팬데믹과 문명》, 김명자 지음, 2020, 까치

《팬데믹 1918》, 캐서린 아놀드 지음, 서경의 옮김, 2020, 황금시간

《로숨의 유니버설 로봇》, 카렐 차페크 지음, 1920, 리젬

《 The lazy project manager》, 피터 테일러 지음, 2009, Infinite Ideas

《로봇의 진화》, 나카지마 슈로 지음, 이원 옮김, 2020, 북스힐

4부. 언어 · 예술 분야 최초 · 최고

《문구의 모험》, 제임스 워드 지음, 김병화 옮김, 2015, 어크로스

《샤프를 창조한 사나이》, 히라노 다카아키 지음, 박영진 옮김, 2006, 굿모닝북스

미국 항공우주국(NASA) 홈페이지 (www.nasa.org)

《점자로 세상을 열다, 박두성 이야기》, 이미경 지음, 2006, 우리교육

《루이 브라이》, 마가렛 데이비슨 지음, 1999, 다산기획

《공병우 자서전》, 공병우 지음, 2016, 지식산업사

《책공장 베네치아》, 알레산드로 마르쵸 마뇨 지음, 2015, 책세상

《이탈리아 르네상스의 문화》, 야코프 부르크하르트 지음, 2003, 한길사

5부. 우리 근현대사 최초 · 최고

《안중근 의사 자서전》, 안중근 지음, 2014, 종합출판 범우

《안중근 평전》, 황재문 지음, 2011, 한겨레출판

한국방정환재단 홈페이지(http://www.korsofa.org)

논문 〈두 개의 어린이날〉, 서울대 국제대학원 한영혜 교수

《소년운동을 민족운동으로 승화시킨 방정환》, 조성운 지음, 2012, 역사공간

〈자객 고영근의 명성황후 복수기〉, 이종각 일본 주오대학 겸임강사 기고문,

신동아 2009년 9월호

일본 주코쿠신문 연재 기사 – '한일 역사의 틈새에서 禹 父子의 발자취'

(1~4) 이토 마사유키 기고, 2009.8.12~15

《우장춘 박사 일대기, 나의 조국》, 츠노다 후사코 지음, 우규일 옮김, 2019,

북스타

《백두산함》, 최순조 지음, 2017, 리오북스